★　★　★

本书受到以下研究项目资助

浙江省哲学社会科学规划项目（编号：07CGJY021YBX）：
　　问题与出路——综合理科课程实施研究

教育部人文社会科学项目（编号：11YJC880040）：
　　探究式科学教学的实效性、问题及改进策略的实证研究

浙江省教育科学规划重点项目（编号：SB98）：
　　探究式科学教学的实效性研究

★　★　★

A Theoretical Study on and Empirical
Analysis of the Implementation of the
New Science Curriculum of
Junior Middle School

初中科学新课程实施的
理论研究与实证分析

蒋永贵◎著

ZHEJIANG UNIVERSITY PRESS
浙江大学出版社

序

21 世纪初,我国基础教育新一轮课程改革方案提出"在初中设置综合的科学课程替代原先的物理、化学、生物等分科课程"[①]。甫一公布,立即获得一片赞美之声。可是曾几何时,当时踊跃开设科学课程的一些省、市学校先后"画上句号,回归分科教学",犹如一块石头扔进水中激起一片水花,片刻之后就复归平静。现在,除了在此之前已经开设综合性科学课程的浙江、上海等地之外,已经很少有学校,特别是成行政区域继续在初中开设综合性科学课程了。开设科学课程似乎是大家都拥护的,为什么落得这个结果?笔者认为,除了在课程设计和设置方面有其不足之外[②],在课程实施方面也存在很大的问题。可惜,一些人只是空叹条件不好,没有抓住主要的原因,于事无大补益。

与上述情况不同,蒋永贵博士所著《初中科学新课程实施的理论研究与实证分析》一书深入地研究了科学课程的实施问题,对进一步搞好科学课程乃至其他课程的实施很有助益,颇有能使读者眼前一亮之感。

亮点之一,比较系统地阐述了课程实施的理论。

课程实施是课程改革中的一个重要环节,但人们对它的复杂性往往

---

① 《教育部关于印发〈义务教育课程设置实验方案〉的通知》(教基〔2001〕28 号)。

② 吴俊明等:《关于科学课程的内容、体系及设计》,《化学教学》2012 年第 6 期,第 3—6 页。

估计不足,认为"只要课程计划完善就可以自然地达到预期结果",导致形成自由主义倾向。至于课程实施理论,就更少有问津了。作者在书中就课程实施的内涵、基本取向、影响因素、实施程度及其测量以及教师适应等问题做了比较系统的概括,介绍了国内外学者对这些问题的主要的代表性观点,这无疑是有益的。书中特别提出了教师实施初中科学新课程程度的分析量表,将教师实施初中科学新课程从低到高地分为未实施、仅知道、有倾向、偶尔会、表演性、常规化、求精致、思创新 8 个不同的程度,提取了相应的教师行为特征,使之具有较强的可操作性;还依据影响程度把初中科学新课程实施的因素分为强影响因素、一般影响因素和弱影响因素 3 类,以便于实际掌控,丰富和强化了课程实施理论对实践的指导作用。

亮点之二,比较深入地研究了浙江省科学课程的实施情况,有利于提高浙江省初中科学课程实施水平。

没有教师的积极参与和合作,就没有课程改革的成功。在该书中,教师是课程实施的核心主体。教师不再被视为国家课程变革方案的忠实执行者,而是逐渐成为制定国家课程计划的参与者、课程开发者和课程计划的创造性实施者。该书聚焦于初中科学课程的实施主体——教师,重点研究实践场中浙江省初中科学教师与规划课程之间交互作用的心智过程,从教学内容的处理、教学策略的运用、教学目标的凸显、教师对教学过程的反思等方面着手,弄清规划课程与课程实施之间的现实关系,最终弄清教师实施初中科学课程的真实情况,不单有利于进一步搞好浙江省初中科学课程的实施,也为优化初中科学课程实施的环境以及讨论课程实施理论奠定基础。

亮点之三,该书的思想方法能给人启示。

该书注重从复杂性系统的角度思考课程改革、课程实施等问题。值得称道的是,书中讨论课程环境时并没有就事论事,而是站在更高的高度,关注课程的制度文化环境、哥本哈根环境和科学教师专业化环境,为科学课程的实施构建可靠的基础。其中隐含的思想方法,为该书增色不少。

总之,该书是一本颇有特色、值得一读的书。

这一轮基础教育课程改革已经历时十多年了,需要回顾、反思、总结、坚持和适当调整，同时还需要努力探索新问题、改革、创新，使我们的基础教育课程有新的提高和发展。为达到这个目的，希望有更多的这类新书问世。

吴俊明

2014 年 2 月

目　录

第一章 引 论

本章主要由三节内容组成:第一节交代研究的背景;第二节初步提出研究的问题域;第三节阐述研究的意义。

第一节 研究的背景

一、初中阶段设置科学课程[①]的必要性

基础教育课程改革的一项具体目标是,"改变课程结构过于强调学科本位、科目过多和缺乏整合的现状,整体设置九年一贯的课程门类和课时比例,设置综合课程,以适应不同地区的学生发展的需求,体现课程结构的均衡性、综合性和选择性。"[②]为此,课程"综合化"是在调整课程结构方面的一个重要突破,成为本次课程改革的一个重要目标。初中阶段建议设置科学课程,正是这次课程改革的一项重要实践。究其原因,已有不少专家、学者进行过理论探讨和论证,结果表明这是由多种因素综

[①] 为避免词义理解混乱,文中(引文除外)如果没有专门说明,"科学课程"特指"合科科学课程",如果表达分科含义,将用"理科课程";引文中出现的"科学课程""理科课程"等是指"分科"还是"合科",将视情境进行理解或作一注明。

[②] 刘明远:《21世纪,谁来教综合课》,北京大学出版社2002年版,第1页。

合决定的。概括地说,主要有如下几方面。

(一)科学技术发展与教学的矛盾

20世纪以来,科学技术进入了有史以来发展最快的历史时期。一方面,在以相对论、量子论、DNA双螺旋结构和板块学说的提出为标志的科学革命的推动下,科学理论无论在深度和广度上均得到迅猛发展。信息技术、现代生物技术、新材料技术、新能源技术、航天技术等迅速地改变着世界的面貌,推动着社会的进步。另一方面,在科学技术与社会发展的同时,也产生了生态环境恶化、资源枯竭等一系列负面的问题,严重阻碍了社会的可持续发展。这些都对教育提出了严峻挑战。① 教育要面向科技新发展,要面对各种社会问题,"但是学生在校学习的时间是个常数,它是短暂而有限的。如何处理有限与无限的矛盾? 如何既减轻学生的负担,又提高教育的质量,这是一个永恒的矛盾。"②

解决这个矛盾的最重要且可行的途径之一,就是加强课程的综合化设置,重新整合理科课程,即"淡化不同学科之间的人为界限,要注重它们之间的融通和有机联系,要注重用跨学科的统一的科学概念去融合与联结物理学、化学、生命科学、地球、宇宙与空间科学等多门学科的基本概念原理和方法,帮助学生从各学科相互渗透和影响、科学综合知识网络和科学方法的角度去认识自然界普遍联系、相互作用的现象与规律,认识不同运动形式中的特殊现象与规律,理解和把握各单科知识点和综合知识网的关系,进而逐步建立起正确的、比较完整的科学知识体系。"③

(二)儿童心理学研究的启示

教育的主要目的之一是要促进学生的发展,因此,教育工作者应对学生的发展以及学习过程的本质有所了解。不顾学生的身心发展特点

---

① 中华人民共和国教育部:《全日制义务教育科学(7—9年级)课程标准(实验稿)》,北京师范大学出版社2001年版,第1页。

② 吕达、张廷凯:《试论我国基础教育课程改革的趋势》,《课程·教材·教法》2000年第2期。

③ 中华人民共和国教育部:《全日制义务教育科学(7—9年级)课程标准(实验稿)解读》,湖北教育出版社2002年版,第7页。

而设计的课程,其效果自然不会理想。[①] 20 世纪儿童心理学的迅速发展,为科学教育工作者探讨科学教育改革提供了一种非常有意义的途径。其成果告诉我们,初中阶段是学生从童年走向青年的过渡时期,是人生发展的重要阶段。这一时期,他们在心理发展上有一系列新的特点:(1)按照认识发展理论,初中学生的思维正处在形式运演阶段,他们可以在头脑中把形式与内容分开,形成了解决问题的形式逻辑思维,由大小前提得出结论,不管有无具体事物,都可以了解形式中相互关系与内涵的意义。(2)在此阶段,初中学生的辩证逻辑思维也得到迅速的发展,虽然它落后于形式逻辑思维。他们对自然现象之间的联系如因果关系的认识能力正在迅速地发展。假设—演绎思维、系统思维的能力也开始发展。[②] 儿童的这些心理认知特点,为促使初中学生从综合角度去探索和理解自然现象提供了心理学基础。

此外,建构主义理论对课程改革有着重要启示。建构主义对科学教育的本质影响在于,它使科学教育的知识观发生了根本性改变,即科学知识不再是纯粹客观性的,它可以看成是假说和模型构成的系统,该系统是描述世界"可能是"而不是"是"什么样的。由此看来,学生自主地"探究式学习"较被动地"接受式学习",对儿童发展更为有效。

(三)国际科学课程改革的主要趋势

20 世纪 70、80 年代,综合科学课程在西方发达国家出现后,在世界上得到迅速发展和扩散。1984 年,联合国教科文组织向当时的 161 个成员发出一份问卷,调查各国(或地区)科学和技术课程的设置情况,以及科学和技术课程在普通教育学校中的地位。此项调查共回收了 97 份问卷,1986 年联合国教科文组织在题为《科学技术教育在学校课程中的地位:一项全球调查》的报告中,公布了调查结果。调查显示,绝大多数国家和地区都在中学阶段设置了综合科学课程,在亚洲寄回问卷的国家和

---

① 陈菊:《初中科学课程理念与实施》,广西师范大学 2003 年版,第 5 页。
② 中华人民共和国教育部:《全日制义务教育科学(7—9 年级)课程标准(实验稿)解读》,湖北教育出版社 2002 年版,第 7 页。

地区中,仅有中国和老挝只设置传统的物理、化学、生物课程。[①] 由此可见,课程综合化是国际科学课程改革的主要特征。

具体来说,国际科学课程的发展主要表现为,20 世纪后半叶开始的西方国家三次改革浪潮。澳大利亚学者华莱士和劳顿概括了这三次改革的本质特征。将第一次改革称为"作为学科知识的科学"时期,目标是培养科学家,在学校为新的科学发现奠定基础;课程改革的焦点是学科知识的现代化、结构化。第二次改革称为"作为相关知识的科学"时期,目的是将科学作为改善个人和社会生活的工具;课程改革的焦点是理解科学与社会之间的关系。第三次改革称为"作为不完善知识的科学"时期,目的是缩小计划课程与实际实施课程之间的差距,其焦点是个人、社会和文化对科学知识形成产生的影响。[②]

显然,第一次浪潮主要强调学术性分科课程,第二次浪潮表现为科学课程的迅速发展,第三次浪潮是对科学课程的综合性发展的深入。结果是,建立了在相关性转变为统一性基础上的科学课程,至今仍在进行过程中。

(四)初中理科课程存在的问题急需解决

基础教育的传统课程设置中,初中理科课程主要由四门学科课程组成,分别是物理、化学、生物和自然地理。针对初中理科四门课程的教材和教学情况,于 1988 年 6 月至 1989 年 11 月,浙江省教委组织有关人员对当时的情况进行了调查研究,结果表明存在三个急需解决的问题:

一是理科课程门类多,教材内容要求过高,学生负担过重。理科课程过深过难是造成初中学生严重流失现象的原因之一。二是理科各科知识都以本学科为体系,各科教学之间缺乏有机联系。又由于强调各自知识体系的完整性,造成知识重复。三是学生毕业参加工农业生产后,感到实用知识和技能掌握得少,所学课本知识与实际生产生活联系不

---

① 中华人民共和国教育部:《全日制义务教育科学(7—9 年级)课程标准(实验稿)解读》,湖北教育出版社 2002 年版,第 29 页。

② 同上,第 15—16 页。

上,综合应用自然科学的能力更差。[①]

初中理科课程存在的现实问题,促使关心科学教育的教师不得不思考更好地解决问题的途径。解决问题的思路很多,变革也是其中一个途径和选项。由此,为初中科学课程改革提供了一个难得机遇。

二、举步维艰的我国初中科学课程改革

在我国近代教育史上,受杜威教育思想的影响,早在 20 世纪 20 年代,就已经有了现代意义上的科学课程。按照 1922 年颁布的“壬戌学制”,规定初中理科课程采用混合制,教材编写采用两种方法:(1)物理、化学、生物三门理科课程分别编写;(2)物理、化学、生物三门科目混合编写成一门理科。并且,当时出版了多本科学教材:《实用自然科学》(郑贞文,1923)、《自然科学教科书》(杜亚泉等,1923)、《实用自然科学教科书》(高锆,1924)、《初级中学混合理科教科书》(徐镜江,1924)、《新中学初级混合理科教科书》(钟恒臧,1924)等。后来,随着教育思潮的更迭和科学教育的发展,科学课程逐渐被理科分科课程取代。

直到 20 世纪 80 年代,我国理科教育界的一些有识之士才开始探索理科教育的新途径,如 STS 教育和科学课程实验。1985 年 10 月,中央教科所受联合国教科文组织委托,在苏州召开中国理科教师能力问题研讨会,正式提出了“科学、技术与社会”教育在中国的实施问题。此后,STS 课程在我国不少中学以“第二课堂”的形式得到开设。1986 年 4 月,《中华人民共和国义务教育法》颁布,在义务教育课程改革中,东北师范大学附中以及上海和浙江开始进行初中科学课程改革实验。此后,北京市于 1998 年颁布了科学课程标准,并在小范围内开展了初中科学课程实验。这些实验给我国初中科学课程改革带来了活力,为新一轮课程改革提供了颇有价值的实践素材。

随着基础教育新课改的全面铺开,自 2001 年秋起,全国课改实验区陆续开设了初中科学课。然而在实践中却在全国范围内遭遇了未曾想到的重重障碍,陷于难以为继的困境,许多学校纷纷退出。[②] 北京市海淀

---

① 邵宗杰:《浙江省义务教育课程教材改革调查报告》,见浙江省义务教育办公室编:《浙江省义务教育课程教材改革资料汇编》,浙江教育出版社 1991 年版,第 227—228 页。

② 戴劲松、卢娟:《初中科学“开”还是“停”》,新华网,2005-03-24。

区是首批国家级课程改革实验区之一。起初,有 9 所学校开设了科学课,后来只剩下了 3 所。而且,这 3 所中学中的 2 所,已把科学课由必修课改为选修课,课时大幅减少至每周一节。即便全国唯一在全省范围内成功开设科学课的浙江省也非风平浪静。据浙江省物理、化学、生物、地理四个学科的学会最近调查的结果,多数教师不赞同开设此课程。据此,浙江省科学协会曾提议恢复分科课程。

可就是在有这些"前车之鉴"的背景下,武汉市教育局于 2004 年 9 月仍然选择在全市初一年级试行科学课。参与实验的大部分学校感到措手不及:现有任课教师只经过暑期 20 天左右的培训就仓促上马;部分学校因缺师资,只好照搬以前的教学模式,甚至有的学校让体育老师代课。如武汉六中初中部主任张文亭说,科学课综合性强,教师需要同时具备物理、化学、生物和地理等各科的知识,而现在绝大部分教师都不可能在短时间内达到这一要求,能完全胜任的教师几乎没有。更大的压力还是来自学生家长。"如果中考、高考相应改革不跟上,还不如以前分科踏实!""孩子现在学的是综合性课程,进入高中后则要分科学习,到了高考又是学科拼盘方式,这是不是有点不近情理?"

教育界争论不休,家长们疑虑重重。但在不少学生心中,科学课轻松、有趣。有同学就说"体育课是身体运动的训练,科学课则是思维运动的锻炼,教我们解决生活中各种复杂问题的方法。一提到上科学课,同学们都精神十足。""每堂课都能自己设计实验,稀奇古怪的主意还能得到老师的表扬!"……武汉市科学课实验教学有关负责人陈系林通过抽样分析全市 210 名考生的试卷后说,学生科学的兴趣及相关能力有明显提高,学习方法和态度有了改进,特别是探究的热情被激发出来了。他说:"刚开始,学生大都在等老师告诉他们该怎么做,结果是什么。慢慢地,学生改变了这种被动等答案的习惯,常常主动参与,有时还主动设计简单小实验来寻找答案。"

综上所述,我国的初中科学课程改革存在着两大矛盾:宏观上,时代对初中设置科学课程的呼唤与现实推进过程中的重重困难的矛盾;微观上,教师难以胜任科学教师与学生非常喜欢科学课的矛盾。两大矛盾的突显,促使我们不得不进一步思考和研究初中科学课程改革的相关的问题。

第二节 问题的提出

基于以上初中科学课程改革关于宏观和微观的两大突出矛盾,毫无疑问,我国初中科学课程改革遇到了极大冲击和挑战,成为我国基础教育新课程改革的"最大难点"。[①] 针对这一富有挑战性的难题,很多专家、学者、教研机构对我国的初中科学课程从不同角度进行了理论和实践探讨。

在博士论文方面:郭玉英博士从世界科学课程整体改革和发展的角度考察了综合科学课程的发展,概括出综合科学课程发展呈现出两种形态——传统和现代,分别选取典型案例苏格兰、英国国家科学课程以及我国浙江省的科学课程改革进行深入研究,最后通过对三个案例的比较,探讨了世界科学课程改革的经验,并对我国的科学课程改革和建设提出了建议。[②] 周勇博士研究了综合理科课程的设计问题,通过比较国内外科学课程设计的特点和经验,试图从国际科学课程设计特点和经验,探寻促进我国新世纪义务教育科学课程设计进一步深化和发展的借鉴方略和启示意蕴。[③] 潘苏东博士基于科学素养反思初中理科课程、审视科学课程,重点研究了科学课程设置的问题,试图解决科学课程改革的两大问题:"为什么要进行科学课程改革"和"如何实施科学课程改革"。[④] 王秀红博士选取了我国 20 世纪 80 年代初中科学课程改革的两个案例,采用访谈、文献分析、实地观察等多种研究手段,考察了它们产生的背景、研制的方式、课程的特征和实施过程,总结了初中科学课程改

---

① 支撑这一观点的数据还可见一些文章和新闻报道,如李建平的"综合课程,你了解吗?"(中国教育报 2002 年 12 月 1 日)和"科学课程实验难在哪儿"(中国教育报 2003 年 10 月 10 日),常安驹的"中小学科学教育改革进入关键时期"(中华读书报 2003 年 2 月 26 日),蓝栏的"致力挑战传统教育观、科学课四处碰壁步履维艰"(中新网 2003 年 8 月 13 日)等。

② 郭玉英:《从传统到现代——综合科学课程的发展》,2001 年北京师范大学学位论文。

③ 周勇:《综合理科课程设计》,2003 年华东师范大学学位论文。

④ 潘苏东:《从分科走向综合——初中阶段科学课程设置问题的研究》,2004 年华东师范大学学位论文。

革的特征,寻求进一步推动我国初中科学课程改革的启示。[①]

　　同时,有多篇硕士论文对科学课程的资源开发、设计、实施、评价等方面进行了研究,如郭长江的《全面提高科学素质的综合理科课程研制初探》、黄晓昆的《综合理科课程的教学与科学素养培养》、张雨强的《综合理科课程开发及其支持体系的构建》、刘玲玲的《初中综合科学课程开展的现状分析及对策探讨》等。此外,浙江省教育厅教研室对初中科学课程改革做了十年总结,从课程设置、课程实施、教学研究、调查报告等四个方面作了理论和实践的回顾与反思。[②]

　　从上述研究的具体内容看,四篇博士论文的研究视角虽有不同,但整体上较侧重科学课程改革的理论建构或历史回顾。郭玉英、潘苏东、王秀红的研究涉及初中科学课程的实施问题,但其实施研究针对的都是2001年科学课程标准颁布之前的科学课程。具体地说,郭文主要是通过问卷对浙江省部分地区的初中科学课程实施进行了统计分析,而其研究方法的单一性以及内容的宽泛性决定了对实施研究难以深入;潘文研究的实施范畴是指课程设计和推进模式,显得更为宽泛,更是无法认清初中科学课程实施存在问题的本质;王文把浙江省初中科学课程实施总结为小规模实验、全省大规模试用、改革艰难进行、坚持与妥协之间、改革的相关政策、专家的支持、教师的专业发展、评价制度的改革等,更侧重于社会、学校层面且是国家新课改之前的课程实施,而对现行初中科学新课程实施尤其是课堂教学关注较少。

　　大多硕士论文较为注重科学课程改革的实证分析,却存在研究方法不够科学、不够有效,内容分析缺乏深入等问题。浙江省教育厅教研室对科学课程的十年回顾和反思,其实是一个不同研究者成果的集合,涉及面虽然较广,但并不是一个系统研究,并且研究成果缺少实证分析。

　　总体上看,已有关于我国初中科学课程改革的研究成果比较忽视其实施层面的系统、深入研究,尤其是缺少对科学课程标准颁布后初中科学课程实施的系统、深入研究。回首课程发展史,人们经常会发现一个

---

　　①　王秀红:《我国初中综合科学课程改革与发展的个案研究》,2007年东北师范大学学位论文。

　　②　浙江省教委教研室:《初中综合理科的理论与实践——浙江〈自然科学〉十年》,浙江教育出版社1999年版。

奇怪的现象:许多重大的甚至影响深远的课程改革计划不是昙花一现、中途夭折,就是其实施结果与原先的理想相去甚远。反思其中的原因,人们发现,这些课程改革的倡导者往往过多地沉醉于描绘改革的理想或蓝图,而对课程计划的实施过程极少关切。① 事实表明:要想比较成功地推行一项改革,必须自始至终地深入研究改革方案的实施过程,在实施过程中及时地调整和修订方案,使之不断臻于完善。因此,我们说课程实施是整个课程发展历程中重要的一环,是课程改革成败的关键所在。②

基于以上讨论和分析,笔者将研究兴趣聚焦于初中科学新课程实施中的相关问题,如国家科学课程标准颁布后的初中科学课程实施状况到底怎么样? 影响其实施的深层因素是什么? 如何更好地推进我国初中科学新课程实施?

第三节 研究的意义

根据课程与教学界的已有共识,课程改革的关键往往在于实施。显然,研究初中科学新课程实施具有较强的理论及实践意义。

一、有利于有效指导初中科学新课程的实施

初中科学新课程改革的根本目的在于提高学生的科学素养,促进学生的发展。课程改革的规划内容究竟如何影响和改变学生的发展,需要对课程实施过程进行界定和直接测量,以便了解课程实施的真实过程,诸如初中科学新课程实施的困难是什么、是什么因素造成这些困难的、哪些因素是深层次影响的等问题。只有认清了初中科学新课程实施存在问题的本质,才能更有效指导其实施。研究表明,大多课程规划内容付诸实施后,而实施效果并不像规划者所预想的那样乐观。如果没有对初中科学新课程实施的深入细致研究,就很难发现实施过程中的问题,

① 张华:《课程与教学论》,上海教育出版社 2000 年版,第 330 页。
② 唐悦:《教师关注与课程实施》,2005 年上海师范大学学位论文。

自然难以对实施进行有效指导。因此,专注于初中科学新课程实施研究恰好便于促进其更为有效地被实施。

二、有利于科学地修订国家科学课程标准

《科学(7—9年级)课程标准》是初中科学新课程改革的蓝图,与初中科学新课程实施是理想与现实、预期结果与实现过程之间的关系。并且,这些关系极其复杂、多元,甚至难以预料和控制,由此导致了制定和修正初中科学课程标准的复杂性。根据课程改革的一般规律,我国初中科学课程标准修订工作已经启动,如果不深入考察初中科学新课程实施过程,就难以解释学生学习科学的结果;为了了解学习结果与各种可能的决定因素之间的关系,考察初中科学新课程实施过程是必需的。研究初中科学新课程实施可以为初中乃至小学科学课程标准的修订提供科学的依据,有利于进行科学的修订。

三、有利于促进初中科学教师的专业发展

毫无疑问,初中科学新课程实施的核心主体是教师。但现在的初中科学教师,不论是在认知方面还是心理方面都面临着严峻挑战:初中科学教师基本都是理科分科背景,改教初中科学后,需要花费相当多的时间和精力来适应"新环境"。所以,教师在初中科学新课程实施中发挥作用的状况,对其今后的专业发展具有重要意义。同时,通过考察初中科学新课程实施中的教师,也利于职前中小学科学教师的培养。因此,对初中科学新课程实施的系统、深入研究,有利于调整和完善中小学尤其是初中科学教师的职前培养和职后培训模式,最终促进科学教师的专业发展。

四、有利于丰富和完善有关课程实施的理论

理论是行动的先导,指导着行动中的实践者。因此,理论研究将非常有必要。就课程理论研究的内容而言,人们更多地关注课程目标、课程内容、课程评价、课程设计等方面的研究,而对达成课程目标的过程即课程实施关注较少。原因在于,虽然大家都认为课程实施是课程改革中的一个重要过程,但它往往被人视为课程改革过程中理所当然的事情。

于是,课程实施的内涵及相关理论问题的研究一直未被深究。本研究虽集中于初中科学新课程实施方面的研究,但这也是课程实施研究的范畴。因此,通过对具体学科课程实施的研究,更有利于丰富和完善与课程实施有关的理论。

第二章　文献述评

课程实施作为课程改革过程中的一个实践环节,近几年受到了国内外课程与教学界尤其是课程改革研究者的一致关注。相应地,对课程实施的研究也呈迅速增长之势。综观课程实施的研究现状,虽然课程论、教学论、教育基本理论以及诸如科学、语文、数学、英语等不同科目的学科教育研究者,对课程实施这一领域均表现出越来越多的兴趣,但该领域所受的关注程度并不均衡,仍有许多问题没有得到很好回答甚至尚未触及。

鉴于本研究的问题,期冀文献书评不仅能够为本研究提供一个比较广博的背景,而且方便阐明本研究相比已有研究所处的位置和所做的贡献,同时还可夯实本研究理论框架建立的基础。所以,本研究文献述评主要围绕两个方面的问题展开:一是有关课程实施的基本理论;二是有关初中科学课程的实施。

第一节　课程实施的基本理论

课程实施在课程改革系统运作中处在什么位置,目前对此认识还较为混乱,不利于对课程实施的理解。因为课程实施在课程改革过程中的位置不同,其应发挥的功能和作用将有所不同。相应地,对其研究出发点和侧重点也会有差异。因此,厘清课程及其改革过程是理解和研究课程实施的关键前提,有助于对课程实施内涵的已有研究进行更合理的理解和批判。

一、课程及其改革过程

(一)什么是课程

1918 年,博比特(Bobbit)率先发表了《课程》一书。自此以后,许多学者发表了有关课程问题的著作和文章,提出了各种各样的课程定义。1973 年,鲁尔(Rule)发现,有关"课程"的定义已经多达 119 个。[1] 尽管课程的定义"五花八门",学界难以达成共识,但对于具体的课程问题研究,譬如课程实施、课程评价、课程设计等,还是应表明研究者对课程的理解。因为,在自己的研究中,采用哪一种课程定义,或者说更趋于哪一种观点来看待课程和研究课程,这是进行具体的课程研究的一个前提。[2] 究竟应如何理解课程? 以下是学界基本认可或推崇的几种观点,现分别作一述评。

1. 课程即教学科目或学科

课程等同于教师教和学生学的科目或学科,这是古今中外长期持有的一种课程观。具体而言,譬如我国古代的"六艺"即礼、乐、射、御、书、数;欧洲中世纪初的"七艺"即文法、修辞、辩证法、算术、几何、音乐、天文学。对这一课程观的学理探讨,《辞海》中有着明确定义:课程即教学科目。可以指一个教学科目,也可以指学校的或一个专业的全部科目,或指一组教学科目。[3] 这与王道俊、王汉澜主编的《教育学》中的课程定义基本吻合:课程有广义、狭义之分,广义是指为实现学校目标,而规定的所有学科(即教学科目)的总和,或者指学生在教师指导下各种活动的总和;狭义指某一门学科。[4]

---

① 王斌华:《校本课程论》,上海教育出版社 2000 年版,第 26 页。

② 马云鹏:《课程实施探索——小学数学课程实施的个案研究》,东北师范大学出版社 2001 年版,第 21 页。

③ 辞海编委会:《辞海(教育心理分册)》,上海辞书出版社 1985 年版,第 5 页。

④ 王道俊、王汉澜:《教育学》,人民教育出版社 2004 年版,第 34 页。

这一课程观的两种界定都强调课程即教学科目,但后者又对前者进行了超越,在于课程从形态上不仅仅是静态的文本,还应包含动态的师生活动。究其本质,课程即教学科目就是要求教师传授给学生学科知识体系和技能,而忽视了其他维度如情感、态度、价值观等的目标,其局限性显而易见。

2. 课程即目标或预期学习结果

课程视作目标或预期学习结果,这是北美在 20 世纪 60、70 年代课程理论界较为流行的课程观。对此,约翰逊(Johnson)清楚地阐明了其内涵:课程不是关注学生在学习情境下做了什么,而是关心他们学到了什么,或者说,他们经过了"做什么"的过程能够学会干什么。课程关注的是产生什么结果,而不是关心发生了什么。①

从约翰逊的定义中不难理解:首先,此定义是对之前课程与教学之间关系——教学从属于课程——的重新定位,即把课程与教学严格分离开来了,课程研究与教学研究成了两个并行的研究方向。其次,目标或预期学习结果应作为课程规划和实施的基础,即课程改革的首要事情就是制定一套有结构、有序列的目标或预期学习结果,所有的教学活动都是为达到事先制定的这些目标或预期学习结果服务的。

然而,课程改革过程中存在着"此人制定目标而彼人实施"的问题,即课程改革的目标或预期学习结果主要是由课程决策者制定的,而教师几乎没有参与的机会。这样我们很容易推出结论,并且在实践中已经得到证实:作为具体实施者的教师,只能根据自己对目标的理解来建构教学活动,在从目标到实施的转化过程中预期要发生的事情将会发生变异。此外,把焦点放在预期的学习结果上,容易忽略非预期的学习结果。②而非预期的学习结果可能也会对学生发展产生较大影响。

3. 课程即学习者的经验

这一课程观较早是由卡斯维尔(Caswell)和坎贝尔(Campbell)提出,他们通过对"课程即教学科目或学科"观点的批判,反对将课程仅仅定义

---

① Mauritz Johnson. Appropriate Research Directions in Curriculum and Instruction. Curriculum Theory Network,1970—1971,No. 6,p. 25.

② 施良方:《课程理论——课程的基础、原理与问题》,教育科学出版社 1996 年版,第 5 页。

为教学科目或学科，认为课程是"由教师指导下的学生拥有的所有经验组成"①。随后，国内外很多学者都对这一定义表现出很大兴趣，采用了与此类似的课程内涵界定。古德莱德(J. I. Goodlad)确定的五种不同课程就含"经验的课程"，认为它是学生体验到的东西。因为每个学生对事物都有自己的特定理解，即使两个学生听同一门课，也会有不同的体验或学习经验。② 靳玉乐认为：课程是学生通过学校教育环境获得的旨在促进其身心全面发展的教育性经验。③ 王伟廉继承前人观点，也认为课程是"在学校当局指导下，学习者所经历的全部经验"④。

课程定义为学习者的经验，突出了学生学习主要取决于自己的行为方式，弱化了教学中教师的主体地位，更关注每个学生在对学习活动的思考中获得了哪些东西，体现了人本主义课程理论。的确，该定义对当代课程改革很有诱惑力。回到我国的课程实践中，我们会发现，这一课程观只能是一个美好的设想，其实际的操作难度太大。因为我们现在的办学条件，还远未达到其实践要求。譬如，一个教师不可能同时满足几十个学生独特的个人发展需要，国家、地方、学校包括教师也不可能为每一个学生制订合适的课程计划等。

4. 课程即有计划的教学活动

课程等同于有计划的教学活动，这是一些学者试图对课程有一个全面了解所采用的界定方式。例如，塞勒认为，"课程就是向受教育者提供一系列学习机会的计划。"⑤对教师而言，对学生学习机会的提供需要一系列有计划的教学活动，即把教学目标、教学内容、教学方法、教学设计等凡是与有计划的教学活动相关的东西都组合在一起。我国学者将这一定义进一步具体化，"课程是指一定学科有目的的、有计划的教学进程。这个进程有量、质方面的要求，它也泛指各级各类学校某级学生所

---

① Hollis L. Caswell & Doak S. Campbell. (1935). Curriculum Development. New York：American Book Company. p. 69.

② J. I. Goodlad. (1979). Curriculum Inquiry：The Study of Curriculum Practice. New York：McGraw-Hill Book Company. pp. 60-64.

③ 靳玉乐：《现代课程论》，西南师范大学出版社 1995 年版，第 16 页。

④ 王伟廉：《课程研究领域的探索》，四川教育出版社 1998 年版，第 8 页。

⑤ J. Galen Salor. (1981). Curriculum Planning for Better Teaching and Learning. New York：Holt，Rinehart and Winston. p. 8.

应学习的学科总和及其进程和安排。"①简言之,正如王策三所言,课程是教学内容和进程的总和。② 著名课程论学者吕达也持相同观点,认为课程的基本含义是指学校课业内容及其进程。③

相对其他课程定义而言,这一定义考虑得较为周全,包容性很强。其实,该定义的缺陷恰好出在它"包容东西太多"上,容易导致不同人对其解读出现较大偏差。富有经验、教育功底深厚的教师,其解读能力较强且全面,对课程实施较为有利。而对于新手教师,由于受到各方面条件的限制,就很有可能片面理解甚至误解此含义,比如认为"有计划"的东西仅仅指文本呈现的一些材料而忽视非文本的教学计划,更关注一些学科中心、能力为本的课程而忽视学生的经验课程等,这样做不利于课程实施。

5. 课程即社会文化的选择

劳顿(Lawton)认为,课程是一种社会文化的选择。④ 在他看来,课程改革的首要阶段就是对社会文化进行分析和归并,然后与现行的课程进行对照。在这个过程中,人们总是要考虑课程的社会文化价值问题。同时,他也主张在规划与实施课程的过程中,要尽可能发挥教师的作用。每一位教师,都有按照自己方式进行社会文化选择的权利。而教师的这种选择是与教师自身的背景、教师的能力、教师的知识水平、教师对相关问题的理解,以及教师对待课程的哲学观点等方面的因素有关。⑤ 所以,同样的教学内容交由不同教师来组织,将会建构出完全不同的课堂。

从劳顿观点中可以发现,教师在社会文化的选择和确定中具有最终的执行权,在一定意义上赋予了教师对课程的理解权利。但是,教师对课程的理解受到较多因素影响,照此定义的课程将会多种多样、参差不齐,如果处理不好,仍会制约课程实施。

---

① 吴杰:《教学论》,吉林教育出版社 1986 年版,第 5—6 页。

② 王策三:《教学论稿》,人民教育出版社 1985 年版,第 202 页。

③ 吕达:《中国近代课程史论》,人民教育出版社 1994 年版,第 1 页。

④ Lawton,D. (1989). Education,Culture and the National Curriculum. London:Hodder and Stoughton.

⑤ 马云鹏:《课程实施探索——小学数学课程实施的个案研究》,东北师范大学出版社 2001 年版,第 22 页。

综合以上对课程的理解,界定一个学界都认可的课程内涵将非常困难。对课程进行定义不仅受界定者的哲学观、价值观、课程观、教学观、知识水平及观念、科学素质、人文素养等因素的影响,还与其看问题的维度、层次、视野等有关,同时社会政治、经济、文化的发展水平也不同程度地影响着界定者对课程的理解。因此,只有接受课程定义的多元性,全方位、多维度地理解课程,才能尽可能看到课程的全貌。否则,容易犯以偏概全的问题,不利于课程的实施。

其实,不论对课程做何理解,课程必应包含人和物两种要素,并且人和物这两种要素在课程中既可能显性呈现,也可能隐性潜藏。基于这一对课程理解的思想,不难构建课程理解的分析框架(见图 2-1)。

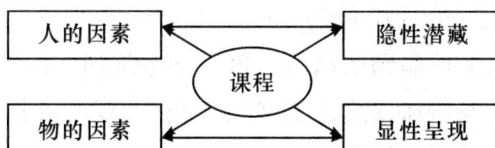

图 2-1　课程理解的分析框架

(二)课程改革过程

关于课程改革过程,美国著名课程论专家古德莱德(J. I. Goodlad)提出了五种不同运作层次的课程,可视作课程改革过程的"五段论",内涵如下。[①]

1. 理想的课程(ideological curriculum)

这是指由一些研究机构、学术团体和课程专家提出应该开设的课程。由于这些课程尚处于这些人的观念之中,因而又叫"观念的课程"。古德莱德认为,有成千上万的"观念的课程"被倡导,同时也有几乎同样多的课程被抛弃,这些被抛弃的课程在后来又往往以某种形式复活。这类课程是否产生实际影响,关键要看它是否为官方所采用。

2. 正式的课程(formal curriculum)

这是指由教育行政部门规定的课程计划、课程标准和教材,也就是列入

---

① 　J. I. Goodlad. (1979). Curriculum Inquiry:The Study of Curriculum Practice. New York:McGraw-Hill Book Company. pp. 60-64.

学校课程表中的课程。其实,我们许多人理解的课程往往就是这类课程。

3. 领悟的课程(perceived curriculum)

这是指任课教师所领会的课程。由于不同教师对正式的课程会有各种理解和解释方式,因此教师对课程"实际上是什么"或"应该是什么"的领会,与正式的课程之间有一定的距离,从而会对正式课程作用的发挥产生某些积极或消极的影响。

4. 操作的课程(operation curriculum)

这是指教师在课堂上实际实施的课程。观察和研究表明,教师领会的课程与他们实际实施的课程之间也会有一定的差距,因为教师要根据学生的反应随时进行调整。

5. 经验的课程(experiential curriculum)

这是指学生实际体验到的东西。每个学生从同一课程中所获得的体验或学习经验是不同的,因而对课程的实际理解也有所区别。古德莱德认为这是所有五类课程中最重要的课程,是被内化和个性化了的课程,该层次的课程是对课程组织的最终检验,即每一个学习者究竟受到怎样的影响。

古德莱德的五种不同层次的运作课程,表明了课程改革从决策、设计到实施等所经历的五个具体阶段的层次转化。从以上具体内涵可以看出,理想的课程和正式的课程都是课程改革的规划问题,因此可以合起来称为课程规划;领悟的课程和操作的课程都是由教师完成的,对应的主要是教师课前备课和课堂教学两个阶段,其实这是真正意义上的课程实施;而经验的课程因其强调对课程组织的最终检验,在较大程度上是对课程的评价。因此,古德莱德的五段运作课程实质上暗含了课程改革的规划、实施和评价三个阶段(见图 2-2)。

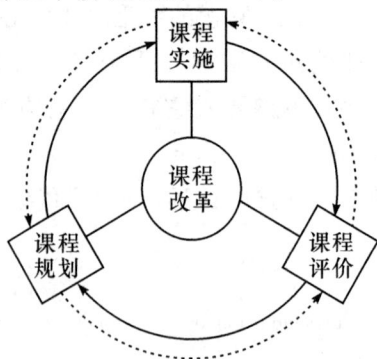

图 2-2 课程改革过程

其实,课程改革不管分为几个阶段,都是一个复杂性系统工程。从哲学层面看,复杂性是跨越层次之间的不可以直接还原的相互关系。它以层次性为基础,强调层次的跨越。① 复杂性至少蕴含着三层含义:(1)不论多么复杂的系统,其内部都隐含着一定的层次;(2)各层次之间并不是彼此孤立而是相互作用的;(3)从方法论上,对过程分层研究不失为解决复杂性问题的一种较好途径。

二、课程实施的内涵

国际上,20世纪上半叶之前的课程研究文献中很少有专门涉及"课程实施"的。直到60年代末,发现那场肇始于美国、影响波及全球的"学科结构运动"未达到预期的目的后,人们深入研究、系统反思这场课程变革,惊奇地发现花了巨额资金设计出来的课程,实际上根本没有得到实施。至此,"只要课程计划完善就可以自然在实施过程中达到预期结果"的假设受到普遍质疑,课程实施研究才逐渐成为课程与教学研究中的一个重要领域。②

我国课程理论工作者对课程实施的关注始于20世纪80年代中期,当时贺曼华在总结我国中小学课程实施中存在的问题时,指出在课程计划的实施中存在严重的自由主义倾向,提出为保证课程实施要改革教学管理,加强督导评估等建议。③ 初步意识到即使较为完善的课程计划也不一定在实践中自然而然地发生,但并没有对课程实施的相关理论进行深入研究。80年代末,课程实施研究在我国正式起步,其标志是两部具有代表性的课程理论著作,即《课程论》(陈侠,1989)和《现代课程论》(钟启泉,1989),这两部课程理论著作分别以长篇幅或专门章节论及了课程实施问题。

何谓课程实施? 综观我国课程实施研究二十年所走过的历程,④有

① 郭元林、金吾伦:《复杂性是什么》,《科学技术与辩证法》2003年第12期,第26页。

② 孟凡丽、于海波:《课程实施研究二十年》,《西北师大学报》2003年第3期,第1页。

③ 贺曼华:《试谈我国农村中小学课程改革问题》,《课程·教材·教法》1985年第6期。

④ 这是孟凡丽、于海波通过对课程实施研究(1979年至1999年)文献的梳理得出的结论,详见原文:《课程实施研究二十年》,《西北师大学报》2003年第3期。

两条主线交相辉映:一是课程理论研究的深化和本土化,使人们看到课程实施研究的重要性,并在借鉴吸收的基础上逐渐构建了自身的理论体系;二是课程实施研究置身于课程改革的背景,积极应答课程发展的需要,并以此为背景,丰富了自身研究的内容。具体地说,国内外主要涌现出如下几种代表性观点。

(一)课程实施是将课程计划付诸实践的过程

这种观点基本上可以看做是富兰(Fullan)等课程理论界先驱在 20 世纪 80 年代对课程实施本质的转译。[①] 他认为,课程实施是指任何课程改革的实际使用状态,或者说是改革在实际运作中所包括的一切。随后,我国很多学者都认可这一定义。譬如:

江山野:课程实施是把某项改革付诸实践的过程,它不同于采用某项改革(决定使用某种新的东西),实施的焦点是实践中发生改革的程度和影响改革程度的那些因素。[②]

李子建、黄显华:课程实施是把课程计划付诸实践的过程,它是达到预期的课程目标的基本途径。[③]

施良方:课程实施是指把新的课程计划付诸实践的过程。课程实施的研究所关注的焦点是课程计划在实践上发生的情况,以及影响课程实施的种种因素。[④]

从中可以看出,这一定义简洁明了,指出了课程规划与课程实施的联系与差异,强调把课程实施作为课程改革过程的一个实践环节,突出了课程实施对课程改革的重要性。在较多的课程实施内涵探讨中,这是一种最具有代表性且为多数人所接受的观点。

但是,该定义显得"过于开放",包容的东西太多。这样虽给课程实施者留出了较大理解和实践空间,但容易导致分工不清、主体难以各司

---

① 黄甫全:《课程与教学论》,高等教育出版社 2003 年版,第 327 页。

② 江山野主编译:《简明国家课程百科全书》,教育科学出版社 1991 年版,第 156 页。

③ 李子建、黄显华:《课程:范式、取向与设计》,香港中文大学出版社 1994 年版,第 311 页。

④ 施良方:《课程理论——课程的基础、原理与问题》,教育科学出版社 1996 年版,第 128 页。

其职等问题,从而产生较为混乱的局面。比如,教材编写是课程计划还是课程实施呢?不少人认为,教材编写建议是课程计划的事情,而具体的教材编写应是课程实施内容。现实状况是,作为课程实施的主体——教师,却鲜有参与的机会。所以,教材编写作为课程实施内容将引发很多矛盾。

针对该定义所存在的上述问题,有学者试图将这一定义具体化,其中有两种观点较为流行:①课程实施即教学;②课程实施即变革。就第二种观点而言,施良方认为,课程实施通常是要把新的课程计划付诸实践,使现实发生预期的变化。一般来说,实施新的课程,要求实施者(主要是教师)的行为和思维方式、教学方法、内容安排,以及教学组织形式都发生一系列变化。[①] 如果依此解释,这与第一种观点基本是大同小异。

(二)课程实施即教学

课程实施即教学,这是对"课程实施是将课程计划付诸实践的过程"的具体化,有不少学者持此观点。他们认为,课程主要是以下四个因素的整合(见图 2-3):教师、学生、内容和环境。而每个因素又有各自的构成要素,教学则依赖于教师、学生、内容和环境各要素之内以及各因素之间的互相作用关系。在课程的四个要素中,教师是课程实施的主体。课程实施的实质是:在一定的环境下,教师把自己对课程的理解转化为课堂的实际运作,使课程对学生产生影响,从而让课程内容变为学生的精神财富。[②]

坚持"大课程论"的学者,也比较倾向于"课程实施即教学",认为"站到人和儿童的本性是'活动'的高度,把课程看成是'一段教育进程',课程将不仅仅是存在于'观念状态'的可以分割开的'计划''预期结果'或'经验'了,课程根本上是生成于'实践状态'的无法分解的、整体的'教育'活动"。因此,"课程实质上就是实践形态的教育""课程实施实际上

---

① 施良方:《课程理论——课程的基础、原理与问题》,教育科学出版社 1996 年版,第134 页。

② 钟启泉等:《〈基础教育课程改革纲要(试行)〉解读》,华东师范大学出版社 2001 年版,第 127 页。

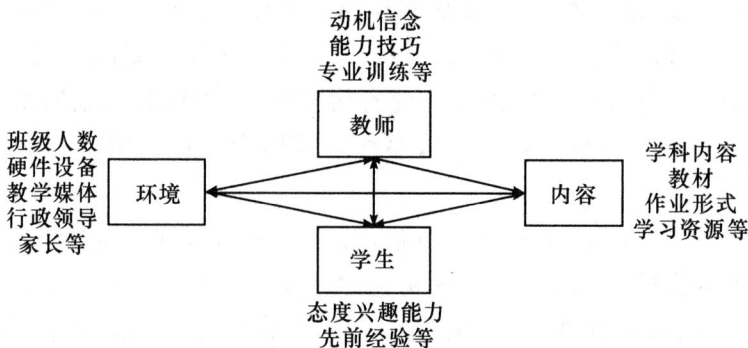

图 2-3　课程因素相互作用

也就是教学"。[1] 此外,也有学者虽未直接表明"课程实施即教学",其实是该观点的坚实拥护者。例如,黄政杰认为,教学过程就是对课程计划的实施过程,凡是依照教育部公布的课程标准施教的教学就是正常化的教学,凡是未按照课程标准施教的,都是不正常的,是应该加以改变的。[2]

课程实施即教学,确有其合理性。因为教师作为课程实施的主要主体,大家并无异议,而教师职责就是教书育人。关键是课程实施的主体仅仅是教师吗? 答案是否定的,教研员、校长、学生甚至家长也应是课程实施参与者。同样,即使教师层面的课程实施也不能简单等同于教学,因为课程实施从某种程度上规约着教学。严格地说,教学不是课程实施的全部,课程实施内在地包含着教学,教学不过是课程实施的主要途径。

(三)课程实施即教师的情境性实践

日裔加拿大学者 Aoki(2005)质疑一向很少被质疑的根本问题:"如何理解课程实施?"他认为,课程实施的工具主义思考笃信"技术的进步",相信课程专家能够创造出一套内容全面且易于操作的课程,送到不同情境中使用。这种科技理性的意识形态,忽视了教师在与课程方案境遇时的诠释性的活动,"剥夺了教师自我发展的内在追求,将教师视为存

---

[1]　黄甫全:《大课程论初探》,《课程·教材·教法》2000 年第 5 期,第 3 页。

[2]　黄政杰:《多元社会课程取向》,师大书苑有限公司 1995 年版,第 131 页。

有的一台'机器',使教师成为脱离他的主体的技术存在"。① 他用现象学和批判理论来分析课程实施,依据教室情境中的人类的经验,即教师和学生共同生活的经验的世界,企图将"课程实施"再概念化,将课程实施视为教师的情境性实践(situational praxis)。②

对于实践的理解,Aoki 采用了 Freire 的观点,即"实践是对世界的反思和行动,以便将现实改变"③。Aoki 进一步解释说:"为理解实践,我们需脱离理论和实际的二元(对立)的观点,而将它们视为一个现实的两面,不是理论引导实际,而是将理论视为实践中的反省的时刻。在行动导向的语言中,实践是反省性的行动,依据所做的事来反省。"Aoki 还强调,Freire 的实践观提供了课程实施的新的见解。所以(作为)课程实施者的教师不是物的存有,而是个人,关心他自己和他的生成,但工具性的实施观将教师技术化,剥夺了教师的主体性。④

由此观之,课程实施不再是"官僚"的概念,合理化行政人员对教师专业的控制,而需仰赖教师"沟通的行动和反省的能力,课程现实是在行动者的小区中建构或再建构的"⑤。其实,课程实施的这一观点,我国学者也有着深刻阐释。张增田和靳玉乐从解释学视域界定了课程实施:传统解释学认为,课程实施是试图恢复和符合课程设计者的思想和意图的过程;而哲学解释学认为,课程实施是师生和课程设计者的视界融合过程,是师生与文本的对话和课程意义的创造与生成过程,是师生精神相通、经验共享的过程。⑥ 从内涵中不难看出,其本质仍是强调教师的情境性实践。

从中外学者对课程实施这一观点的诠释分析,教师的情境性实践更强调师生的生活世界以及共同行动和共同创造课堂文化,其深层内涵也

---

① Aoki,T. T. (2005). Curriculum in a New Key—The Collected Works of Ted T. Aoki. Pinar, W. F. ,R. L. Iriwin(eds.). New Jersey:Lawrence Erlbaum Associates. p. 115.

② 欧用生:《课程实施的叙说研究》,见钟启泉、崔允漷:《第八届两岸三地课程专家论坛论文集》,2006 年版第 2 页。

③ Freire,P. (1972). Pedagogy of the Oppressed. Hamondsworthe:Penguin.

④ Aoki:Curriculum in a New Key. 转自:欧用生:《课程实施的叙说研究》,见钟启泉、崔允漷:《第八届两岸三地课程专家论坛论文集》,2006 年版第 3 页。

⑤ 欧用生:《课程实施的叙说研究》,见钟启泉、崔允漷:《第八届两岸三地课程专家论坛论文集》,2006 年版第 3 页。

⑥ 张增田、靳玉乐:《论解释学视域中的课程实施》,《比较教育研究》2004 年第 6 期,第 1 页。

许用德国文化教育学家斯普朗格的话概括更为合适：教育绝非单纯的文化传递，教育之为教育，正在它是一个人格心灵的"唤醒"，这是教育的核心所在。教育最终目的不是传授已有的东西，而是把人的创造力量诱导出来，将生命感、价值感"唤醒"，"一直到精神生活运动的根"。[①] 这可以看做是教学的真谛所在。因此，这一定义其实是对"课程实施即教学"具体内涵的深刻理解。

（四）课程实施是"家庭式餐厅"

台湾著名课程学者欧用生在对 Aoki 的课程实施观理解和吸收的基础上，借用"家庭式餐厅"[②]的隐喻指出了课程实施的特质：[③]

首先，课程实施具有叙说性质。如 Schon(1983)所说，假如教师真心聆听学生的声音，他会重视行动而非教学计划；假如教师愿意对经验或成就作质的判断或叙说的思考，则绩效责任、评鉴或督导将有新的意义。

其次，课程实施是解构文本。后结构主义的课程观和课程实施观强调作者、读者和文本间的复杂关系。如 Apple(1993)指出，每一门教科书都有多元的文本，蕴含着矛盾，有多元的解读，不同的使用方式。在课程实施过程中，决策者、教师、学生或其他人等，在与文本交互作用中创造意义，只有在这种人类理解的互为文本的行动中，文本的可能性才会存在。

第三，课程实施是多声音的，祭典式的，具有 Bakhtin 所说的对话的性质。Bakhtin(1981)强调对话的论述分析，他认为，说话者进到与他人的对话的场域上发声，为了解声音的内容，必先了解说话者与其他人的交互作用的位置。所以每一句话包含"两个文本"，一半是自己说的，另一半是他人说的。因此，课程实施是合作过程(Posner,1992)，课程发展者、视导人员、教师、学生和课程研究者在课程实施中扮演着不同的角

---

① 邹进：《现在德国文化教育学》，山西教育出版社 1992 年版，第 73 页。

② 这里的"家庭式餐厅"与我们理解的"私人厨房"有所不同，它具有下列的特质：(1)是一种事业，营利不是唯一目的；(2)实现人的基本需求，而友谊、沟通等也是重要的；(3)是有活力的、创意的、效率的工作场所；(4)关心质量、型态和美学；(5)满足所有的感觉；(6)是有趣的。

③ 欧用生：《课程实施的叙说研究》，见钟启泉、崔允漷：《第八届两岸三地课程专家论坛论文集》，2006 年版第 6—8 页。

色,而且这些角色是混乱的、流动的、跨越的,教师不只是执行课程发展者的意图,学生也不只是合法化知识的接收者。在每一个阶段,他们要不断地协商、对话、妥协,寻求多元的实施途径。

第四,课程实施具有美学的特质。Eisner(2005)强调,教学是复杂的过程,同时是思虑周密的、艺术的和实践的,应该有美学的要素,需要发挥敏感性、想象力和创意。教师利用语言、图、表、绘画、诗、歌等形式,将所感、所觉、所察、所知表达出来。所以,教学研究已从追求理论知识(episteme)转向实践智慧(phromesis),进而转向艺术性(artistry)的追求。

第五,课程实施是即兴演奏。即兴演奏是对有秩序的、可预测的普遍性的科学理念的挑战,质疑现代性课程的明确目标、有序的教学程序、预期的因果关系等。

欧用生对课程实施的界定启示我们:

首先,课程实施具有多元性,只有多维度理解课程实施,才能真正把握其内涵;其次,课程实施的主体不仅仅是教师,而是以教师为核心,但也包括课程决策者、学生或其他人等;还有,课程实施中教师应不断地反思,追求实践智慧的形成,在此基础上对课程计划进行调适。

课程实施毕竟不是"家庭式餐厅",二者的很多要素以及影响这些要素的因素都有着很大差异,以"家庭式餐厅"活动来对应课程实施过程,其结论的可靠性将会让人质疑。还有,对课程实施的多维解读,虽能使人较为全面理解其内涵,但过多的维度显得烦琐,让人难以真正把握其核心内涵。

综合以上学者的观点,尽管他们对课程实施的理解不尽相同,但也存在着一致的方面:课程实施是一个复杂性的动态过程,强调实施者对规划课程内容的解构和建构;课程实施研究的重点并不是规划课程内容本身,而是规划课程内容在课程改革中的被实践情况。相应地,课程实施研究的焦点在于实践中有哪些规划课程内容在实践中被执行了,在执行过程中实施者又对哪些内容做了调适,影响实施过程的因素有哪些,如何更好地推进课程实施等。

三、课程实施的基本取向

课程实施的取向是对课程实施过程本质的不同认识以及支配这些

认识的相应的课程价值观。① 显然,对课程实施的不同认识和理解,将会对其取向产生不同思考方式。House(1979)回顾了教育改革的有关文献,认为可以从三个角度来认识课程实施的问题:科技的角度、政治的角度和文化的角度。从科技的角度看待教育改革并把眼光集中于改革的本身,就是看改革所规定的内容和方法是否得到了落实。从政治的角度来看待改革,是在一定的背景下来看待改革,这种政治角度可以是宏观的政治,但它更多地涉及了地方政府和学校的微观的政治方面,这种观点在于重点强调背景的重要性。用文化的观点来看待改革,是从更基本的方面来研究问题。这种观点假定一个更优化的社会,在一组人群中有更一致的价值观,学校中一组人一定是一种次文化(subculture),这对学校内实施的改革起着重要的作用。②

后来,根据美国学者 Snyder 等人的归纳总结,课程实施主要表现为三种基本取向:忠实取向(fidelity orientation)、相互调适取向(mutual adaptation orientation)和课程缔造取向(curriculum enactment orientation)。我国学者姜勇在对我国课程实施的"自上而下"取向批判的基础上,借用施瓦布的课程实践理论,倡导课程实施的实践取向。下面对以上所述的课程实施取向分别作一评述。

(一)忠实取向

课程实施的忠实取向是指课程实施过程中,忠实地执行课程改革计划,这是占主流的取向。衡量课程实施成功与否的基本标准之一,就是看实施的课程与预定的课程改革计划之间的符合程度。一般认为,符合程度越高,则课程实施越成功。反之,则认为课程实施失败。因此,持忠实取向的课程实施者集中于关注两个方面:一是测量一项特定的课程改革在实践中的实施程度;二是确定影响课程实施过程中的有利或不利因素。

其实,忠实取向的课程实施是建立在如下假设之上:

• 课程是预定的,不能随意改变且有待实施的材料,它独立于实施过程之外;

---

① 张华:《课程与教学论》,上海教育出版社 2001 年版,第 335 页。

② 马云鹏:《课程实施探索——小学数学课程实施的个案研究》,东北师范大学出版社 2001 年版,第 30 页。

　•这种预设的课程方案适合于任何学校的情境,适用于任何教师和学生;

　•课程实施是预定的课程方案的展开,要求绝对忠实于对课程方案做出的任何变革;

　•课程实施过程可以被精确测量和严密控制。

从课程实施的忠实取向不难看出:

1. 忠实取向研究的基本方法是量化研究。因为忠实取向研究的基本问题是测量课程实施对预定课程变革计划的实施程度,以及确定影响课程实施程度的基本因素(促进因素和阻碍因素)。所以,课程实施研究要运用严格的教育与心理测量的方法。研究计划中的每一个概念都应给予操作化界定,要开发具有一定效度和信度的测验等。

2. 课程改革是一个线性的程序化过程。因为在课程实施的忠实取向下,课程是指狭义的教学内容如教科书、教案、教辅材料等,课程知识主要是由课程专家在课堂之外,用他们认为是最好的方法为教师的实施创造的。教师是课程专家所制定课程改革计划的忠实执行者。由此,课程专家制定出改革计划,教师按照计划忠实地地执行预设的课程方案。从而,教师基本上是按照一个"死"程序来"操作"课程,难以实现真正意义上的教学。

(二)相互调适取向

课程实施的相互调适取向是指课程改革计划与班级或学校实际情境在课程目标、内容、方法、组织模式诸方面相互调整、改变与适应的过程。它包括两方面内容:课程计划为适应具体实践情境和学生的特点而进行的调整,课程实际情境为适应课程计划而可能发生的改变。持相互调适取向的课程实施者,容易将课程实施的本质理解为"协调中的变革",课程实施更重要的是个过程。由此,人们更信奉富兰的一句话:"变革是一个过程,而不是一个事件。"[1]在课程改革过程中,实施者对课程计划做出修改是难以避免的,这要求课程实施者与课程规划者之间进行相互调适。早在 1976 年,McLaughlin 就首先提出在教育研究方案实施过

---

① 　M. Fullan(1982). The Meaning of Educational Change. New York:Teachers College Press. p.41.

程中的互动策略。在他的研究中发现,研究方案的实施不只是策略和技术的直接应用,而且是一个研究方案与具体的实施者之间的一个互动的过程,只有在这种互动调适下才能是一种成功的实施。[①]

相互调适取向的课程实施主要探讨两个方面的问题[②]:第一,从社会学中借用新的方法和理论以发现那些关于各种教育问题的详尽的、描述性的资料。也就是说,相互调适取向的研究致力于探讨课程实施过程中所产生的各种教育问题。通过对教育问题的研究而深入探讨课程改革过程的本质。第二,确定促进或阻碍课程按原计划实施的因素。特别是各种组织变量。这一点似乎与忠实取向的研究相似,但出发点却有所不同。前者是为了提高课程实施对原计划的忠实程度,主要探讨影响课程按原计划实施的因素;后者则着眼于提高课程实施过程与预定课程计划相互调适的效果。

从课程实施的相互调适取向可以看出:

1. 相互调适取向并不是旨在精密测量课程实施的程度,而是把握课程实施的具体过程。因此,它要求研究方法更宽泛,既包括量化研究,更注重质的研究。

2. 相互调适取向把课程实施看成一个连续的、动态的、相互调适的过程。这一取向下的课程是可以调整和改变的,教师可以根据自己的情况以及对课程的理解,对课程的某些方面进行调整和改造。

（三）课程缔造取向

课程缔造取向是课程实施的具有后现代倾向的取向。这种取向认为,课程并不是在实施前就确定下来的,真正的课程是教师与学生联合缔造的教育经验。由此,课程缔造取向下的课程实施,本质上是在具体教育情境中缔造新的教育经验的过程,原有课程计划只是这个经验缔造过程中可供选择的媒介之一而已,课程实施反而更看重参与者(如教师

---

① 马云鹏:《课程实施探索——小学数学课程实施的个案研究》,东北师范大学出版社 2001 年版,第 32 页。

② 张华:《论课程实施的涵义与基本取向》,《外国教育资料》1999 年第 2 期,第 30 页。

和学生)在课堂教育情境中建构教育经验。[1]

与忠实取向相比,相互调适和课程缔造取向的基本假设表现出自己的明显特征:

- 课程方案与教育情境相互之间在课程实施中不断发生调整;
- 实施者对课程方案的调整与改造具有合法性和合理性;
- 课程方案与实施过程统一而不分割;
- 应使用多种方法研究课程实施过程。

课程缔造取向主要研究三个方面问题[2]:第一,课程缔造的经验是什么? 教师和学生怎样缔造这些经验的? 怎样赋予教师和学生权力以缔造这些经验? 第二,像课程资料、程序化教学策略、各级教育政策、学生和教师的性格特征等外部因素对缔造的课程有怎样的影响? 第三,实际缔造的课程对学生有怎样的影响?"隐性课程"有怎样的影响?

从课程实施的课程缔造取向容易得出:

1. 课程缔造取向的目的在于把握教师和学生从事课程缔造过程的真实情况,很多研究者比较青睐个案的深度访谈。因此,该取向研究方法比较倚重质的研究。

2. 课程缔造取向能够在课程实施过程中最大限度地发挥教师和学生的作用,课程改革成为教师和学生发展的过程。但是,教师也面对很大挑战,如教师能否承受较大压力、能力能否胜任、课程资源是否充足等。

综上所述,课程实施的三种取向表明,它们都有其存在的合理性,因为它们从不同角度揭示了课程实施本质的一个方面。譬如,忠实取向强化了课程专家和课程政策的主导作用,相互调适取向调动了课程规划者和实施者的互动,课程缔造取向则解放了教师和学生。

但是,上述课程实施的三种取向的局限性也较为明显。忠实取向将教师看成操作机器的"技术员",限制了教师作用的发挥;课程缔造取向基本上是个理想主义的课程实施取向,夸大了教师和学生的作用;相互调适取向则具有折中主义色彩,兼具其他两种优点的同时,也不可避免地具有了它们的局限性。

---

[1]　Snyder,J. F. Bolin & K. Zumwalt(1992). Curriculum Implementation. In Jackson P. W. (ed.),Handbook of Research on Curriculum. New York:Macmillan. pp. 418-427.

[2]　张华:《论课程实施的涵义与基本取向》,《外国教育资料》1999 年第 2 期,第 31 页。

（四）实践取向

姜勇认为我国当前的课程实施主要是"自上而下"取向,也称为程序化取向。这种取向的基本假设是:课程实施的主要方式是"忠实"地反映课程设计者的意图,以便能达到预定的课程目标。由此可见,程序化取向等同于上文中的忠实取向,不足较为明显。他认为,应该提倡一种实践取向的课程实施观。[①]

实践取向的课程实施最早由美国课程论专家施瓦布提出,但他所指的实践取向的课程只是针对传统的"理论"的课程探究模式而提出的,缺乏对实践取向完整、具体和详细的阐述与说明。姜勇认为,课程实施的实践取向是指课程实施应从教育场出发,根据教育场中发生的实际情况,作为课程实施者的教师应与课程设计者展开对话、沟通与交流,在此基础上达成共识,并在课堂教学实践中不断修改与完善课程实施的一种过程。

由此看出,实践取向的课程实施主要有三个特征:

第一,在课程实施中倡导课程设计者与教师进行现场研究。影响课程实施的因素是多种多样的,必须从现场出发,研究如何进行课程实施。具体研究方法主要是整体分析和反复研究。

第二,实践取向的课程实施提倡课程设计者与课程实施者之间的理解、对话与合作。在双方对话过程中,不断形成新的想法、观点,不断形成新的理解。因此,实践取向的课程实施是意义创造与课程重建的一个过程。

第三,实践取向的课程实施有两个前提与基础:一是实践取向的课程实施说明了课程计划不是如后现代主义课程学者所批评的一种"宏大叙事"式的完整、全面、周到、精细的课程设计方案;二是教师既是课程实施者同时也是课程设计者。

从上不难看出,课程实施的实践取向较倾向于课程实施者与课程规划的各方面内容相互调适。在一定意义上说,基本上没有对相互调适取向进行超越,不过是对相互调适取向的同义解读。因此,其优点显而易见,但局限性仍然存在。譬如,作为课程实施者的教师与课程设计者能够展开多大程度的对话、沟通与交流? 有效性又如何? 所以,课程实施

---

① 姜勇:《实践取向的课程实施刍议》,《比较教育研究》2002年第6期,第41—42页。

的实践取向还是显得过于理想化,难以保证其操作性。

综上,关于课程实施取向的认识是研究课程实施的一个基础。这涉及我们从什么角度来认识课程的实施,从什么地方入手来研究课程的实施,以什么样的观点来分析和解释在具体的课程实施过程中所发生的事实。① 本研究中我们假设合理的、符合实际的调适应当是有效地进行课程实施所必须的。至于究竟坚持什么取向才能利于且有效促进课程实施,我们在研究的基础上再做进一步讨论。

四、课程实施的影响因素

课程实施研究的一个重要方面,就是探讨哪些因素促进课程实施、哪些因素制约课程实施,即分析影响课程实施的因素。对此,国内外不少学者曾进行过深入研究。

Fullan 最早对课程实施的影响因素做了比较系统的论述,将影响课程实施的因素分为三大类共九个因素。后来,Snyder,Bolin 和 Zumwalt (1992)对课程实施的综述中,在 Fullan 和其他一些人的研究成果基础上,列出了影响课程实施的 4 类 15 个因素:②

1. 第一类,变革的特征。

前 4 个因素与变革的特征有关:

(1)变革的需要和迫切性,包括实施者认识到的需要。认识到的变革的需要越大,实施的可能性越大。

(2)课程变革目标的明确性。对目标和对变革带来的东西理解得越透彻,实施的水平越高。

(3)复杂性。指变革所面临的困难和范围:"各种因素不断增加,变革的复杂性越大,实施的程度越高。"

(4)质量和可行性。指材料的质量和可获得性。

2. 第二类,学区层面。

6 个因素指向于学区层面的特征:

(1)学区试图变革的历史。如果学区先前的历史是受欢迎的,未来

---

① 马云鹏:《课程实施探索——小学数学课程实施的个案研究》,东北师范大学出版社 2001 年版,第 34 页。

② 派纳等:《理解课程(下)》,张华等译,教育科学出版社 2003 年版,第 724 页。

的项目就越有可能实施。

（2）采纳过程。认为计划的质量越高，实施成功的可能性越大。

（3）地方行政支持。支持越大，实施成功的可能性越大。

（4）教员发展与参与。

（5）时间系列和信息系统（评价）。当事件的发生时间被对实施过程的分享性理解所引导时，实施成功的可能性越大。

（6）董事会和社区的特点。

3. 第三类：学校层面。

下面 3 个学校层面的因素也是相关的：

（1）校长的角色。认为校长的支持越大，实施成功的可能性越大。

（2）教师与教师间关系。认为教师之间的同事关系、信任和公开交流的程度越高，实施成功的可能性越大。

（3）教师的性格和取向。认为教师的功效水平越高，实施的程度越大。

4. 第四类：外部因素。

最后，2 个外部因素也会产生影响：

（1）政府机构。认为地方需要、改革因素和客观现实之间的一致性越大，实施水平越高。

（2）外部支持。认为与地方学区的整合性越大，实施的可能性越大。

尹弘飚、李子建研究发现，关注教师心理因素是近年来课程实施研究表现出来的一个新的发展趋势（Richardson & Placier,2001；Goodson,2001）。然而，现有的课程实施研究中有关教师个人因素的分析基本上秉承了认知主义的研究取向，其研究焦点主要集中在教师的认知领域，如教师的知识、信念、理解等，对教师的情意因素则较少关注。由此，他们研究了教师心理变化与课程实施。

他们认为，教师改变包括教师外显的行为变化和内隐的心理变化。相对于行为变化来说，教师在课程实施中心理过程的变化更加抽象，更加复杂，也更难发生。然而，教师行为变化绝非如行为主义假设的"刺激—反应"那么简单。如果不了解主题内部的心理过程，我们就难以理解教师在课程实施中的行为及其变化。影响课程实施的教师心理变化因素主要包括教师信念、教师情绪、教师动机、教师态度等。[①]

施良方通过对课程实施及其影响因素的研究，认为影响课程实施的因素主要有五个方面：[②]

1.课程计划本身的特性。课程特性包括：（1）可传播性；（2）可操作性；（3）和谐性；（4）相对优越性。

2.交流与合作。

3.课程实施的组织和领导。西方研究：课程实施的最大障碍就是教师的惰性。

4.教师的培训。

5.各种外部因素的支持。社会各界尤其是家长的理解和支持。

黄甫全把影响课程实施的因素归纳为文化背景、实施的主体、实施的对象、实施的管理、实施的环境和实施的理论等六个方面：[③]

1.实施的文化背景。主要包括流行价值取向、课程实施态度和学校及社区的历史文化等。

2.实施的主体。主要包括教师、学生和校长。

3.实施的对象。影响课程实施的重要因素，还有课程"自身"，包括课程方案的清晰程度、可动度、课程材料的质量等都是影响课程实施的关键前提。

4.实施的管理。地方教育当局对待教育发展的态度和方法，直接影响到课程实施的难度和水平。

5.实施的环境。社区课程资源，包括博物馆、科学馆、青少年活动中心等。

6.实施的理论基础。实践已经证明，课程论发展状况、心理学研究进展、教学论研究成果等，对课程实施产生很大影响。尤其关于课程实施策略的研究成果，诸如，教师进修策略、资源支持策略、教师参与课程的策略等会直接作用于课程实施的全过程。

[①]　尹弘飚、李子建：《教师情绪与课程实施》，见钟启泉、崔允漷：《第八届两岸三地课程专家论坛论文集》，2006年版第55—62页。

[②]　施良方：《课程理论——课程的基础、原理与问题》，教育科学出版社1996年版，第145—147页。

[③]　黄甫全：《课程与教学论》，高等教育出版社2003年版，第332—339页。

汪霞通过对课程实施的理论探索,认为影响课程实施的因素主要表现为四个大的方面,并对每一方面作进一步细分:[①]

1. 课程计划的特征。主要包括:课程计划设计的合理性、课程计划的明确性、课程计划的复杂性、课程计划的实用性。

2. 教师的特征。主要包括:教师的参与、教师的课程决策、教师的态度、教师的能力、教师间的合作。

3. 学校的特征。主要包括:校长的工作、学校行政的工作、学校的支持系统、学校的环境、学生的学习。

4. 校外环境的特征。大致可分为两层:第一,学区或地区,即学校所在的行政区域;第二,社会。

综上,影响课程实施的诸多因素主要集中在三个层面:教师自身、学校和社会。由此,可以构建出影响课程实施的Ⅰ级、Ⅱ级和Ⅲ级因素(见表 2-1)。

表 2-1　影响课程实施的Ⅰ、Ⅱ和Ⅲ级因素

Ⅰ级	Ⅱ级	Ⅲ级
教师	教师的知识	学科内容知识;学科教学知识;实践性知识。
	教师的信念	关于学科的信念;关于教学的信念;关于学生的信念;关于教师的信念;教学效能感。
	教师的心理	教师的情感;教师的动机;教师的态度;教师的心理挫折。
学校	学校文化	办学理念;校本教研;备课;公开课;听课;评课;测验与竞赛等。
	学校课程资源	实物资源;信息材料;交流渠道。
	学校对教师的关照	教师的工作量和认可度;提供的专业发展机会;对教师生活的关心。
	学校成员的个人因素	校长领导风格;教师人际关系;学生反应。
社会	评价机制	对教师的评价;对学生的评价;对课程的评价。
	课程标准	目标与理念;内容标准;实施建议;附录案例。
	教材及教参	教材内容选择;教材内容整合;教材呈现方式;教参内容;教参设计;教参附录。
	教科研活动	专题研究;公开课;教科研评比;专家讲座等。
	社会课程资源	实物资源;信息材料;交流渠道。
	学生家长	社经文化背景;对学生的期望;与学校的互动。

---

① 汪霞:《课程实施:一个值得关注的问题》,《教育科学研究》2003 年第 3 期,第 7—8 页。

上述诸多因素对课程实施的影响程度一般会有不同,有的因素影响程度可能比较大,有的因素影响程度可能一般,也有的因素影响程度可能不大。同时,不同学科课程实施,各因素的影响程度也将会有所不同。因此,在确定课程实施的影响因素时,要从具体学科课程特征以及该学科课程所处特定背景、环境等因素综合考虑。唯有如此,才可能更为科学地确定哪些因素影响课程实施,以及这些因素的影响程度如何。

五、课程实施的程度

课程实施研究作为课程改革的一个重要范畴,除了研究其内涵、取向、影响因素、实施策略外,国外很多国家以及我国港台地区也比较重视测量或评监课程实施的程度。回顾有关课程实施程度研究的相关文献,主要围绕两个方面:一是对课程实施程度作何理解;二是对课程实施程度如何测量。

(一)课程实施程度的含义

根据 Fullan 和 Pomfret(1977),"课程实施程度"是指某新课程的实际使用与原本计划使用互相符合的程度。也就是说,新课程的实施过程中,在教学目标、教学策略、教学内容等方面,多大程度上与规划课程要求的东西相吻合。吻合的东西越多,课程实施的程度越高。显然,Fullan和 Pomfret 是基于课程实施的忠实观下,对课程实施程度的理解。而对于"相互调适观"和"课程缔造观"下的课程实施,本定义并未涉及。

Scheirer 和 Rezmovic(1993)则认为,"课程实施程度"是在某一时刻已发生改变的程度,而改变方向是朝着完全和恰当地使用某新课程。在一定程度上,这一理解可以看成是 Fullan 和 Pomfret 定义的同义反复。为何如此说呢?某一时刻发生的改变,其方向强调完全和恰当地使用新课程。言下之意,只有发生了与新课程要求相吻合的改变,才可认为是课程实施程度加强。由此得出,朝向使用新课程发生的改变越多,课程实施程度就越强。

当然,对 Scheirer 和 Rezmovic 定义中"完全和恰当地使用新课程"一语的理解不同,对课程实施程度将会有另一种理解。何谓完全和恰当地使用新课程呢?我们不妨从课程实施的水平来理解。美国学者比格

(Biggle,M. L.)立足教学过程的分析,提出了四种水平,包括自主发展水平、记忆水平、说明性理解水平和研究性理解或反映水平。[①] 这对研究课程实施水平有着重要意义。

后来有学者在比格研究基础上,进一步以教师对教材的认识程度和处理方式勾画出课程实施的三种水平,即记忆水平、理解水平和创造水平。根据这三种水平,处于记忆水平的课程实施,教师保守,常常将学生生活限制在教材范围,按照教材知识结构教学,把教材作为组织教学活动的中心;处于理解水平的课程实施,虽然教师仍然以教材为中心,但常常把自己视为文化的传递者和生产者,在一定范围对教材调整,在教学过程中,注重学生的理解,允许学生提出异议发表新见解;处于创造水平的课程实施,教师是文化的改造者和新文化的设计者,试图揭露教材文化中的矛盾,寻找解决矛盾的办法,重视学生的独立思考和探索精神,强调学生在掌握教材知识的基础上,研究一些实际问题,形成创造的态度和能力。[②]

由上可推出,课程实施的三种水平实际上表明了课程实施的三个程度:课程实施如果是仅仅忠实于规划课程内容,说明刚达到记忆程度;如果能够调适规划课程内容,表明已经达到理解程度;如果能够发现规划课程内容并加以解决,则达到较高的创造程度。由此发现,从课程实施水平理解课程实施程度,较好地照顾到了课程实施的几个不同取向,与课程实施的真实情况更为吻合,为理解课程实施程度开辟了又一蹊径。

综合以上几个定义,可以看出:课程实施程度界定必定以规划课程内容为参考系,关键在于是在规划课程内容框架之内还是之外进行界定。其实,框架之内还是之外问题,恰好反映课程实施程度具有狭义和广义两种理解。由此,课程实施程度可界定为:

狭义上,是指新课程实施的真实过程与规划课程内容相符合的程度。与规划课程内容吻合的越多,实施程度越高。广义上,是指新课程实施过程中对规划课程内容使用的水平,从低到高主要表现为记忆、理解和创造三种水平。使用水平越高,实施程度就越强。

---

① 比格:《学习的基本理论与实践》,张敷敏等译,人民教育出版社 1991 年版,第 356—357 页。

② 靳玉乐:《现代课程论》,西南师范大学出版社 1995 年版,第 411—414 页。

（二）课程实施程度的测量

课程实施程度研究的关键,在于如何测量课程实施程度。由 20 世纪 70 年代至现在,大部分有关测量课程实施的研究均属于忠实观,其目的是探究如何科学地量度"课程实施的程度"(degree of curriculum implementation)。换言之,课程实施不是全有全无的现象,在有无之间,可划分不同的程度。现将需要准确地测量课程实施程度的原因归纳如下:[1]

• 提供数据,以便全面地评监某课程的成效。评监者首先必须了解课程的实施程度,然后才可阐明学生的学习与课程实施的关系。

• 是其他有关课程实施研究的必要成分。例如被认为对课程实施有利的任何因素,必须与课程实施程度具有正相关关系。课程实施程度也可有效地显示某项实施策略的效能。

• 提供反馈,以便定期监察课程的运作和改进课程。

• 协助做出有关问责的决定,是判断某课程需要延续、扩展或终止的基础。

• 测量课程实施程度时常需要研究员具体地列出课程的特色和运作要求,这类详细的记录对新的课程使用者或修订该课程的人很有价值。

那么,如何对课程实施程度进行测量? 根据张善培对有关课程实施程度测量的文献梳理,较多研究采用行为观察法测量课程实施的程度。[2] 具体操作上,研究者通常首先依据新课程的原本意图,列出将要被观察的教师和学生行为、课室布置与设备,以及教材的性质和使用形式等,然后设计一套评分或编码系统,以便将观察资料量化。因此,观察表是针对某专门课程而设计的,并极注重资料之效度和信度。

例如 Gerstan 等人(1982)观察了 42 位教师的课程实施情况,他们的观察表预先列出了六项重要的教师或学生行为,观察员以 12 分钟为一节观察时段,记录教师和学生正确行为出现的次数。Gerstan 等人的报告指出,每位教师必须每星期被观察最少 4 次,才可保证观察资料的信度。

---

[1]　张善培:《课程实施程度的测量》,http://www.mrpad.com/Article_Print.asp? ArticleID=95.

[2]　同上。

由此看出,观察法测量课程实施将是一种花费人力物力的策略。并且,根据 Fullan and Pomfret(1977)的分析,课程实施至少应包含在五个维度的改变,即学科内容或教学材料、组织结构、角色或行为、知识和理解,以及价值内化。观察法很难直接测量教师或学生对课程的认识程度和态度。还有,根据 Cheung,Hattie,Bucat,and Douglas(1996a)的研究,观察资料或会过高估计课程实施的程度。

针对行为观察法存在的问题,有学者采用了问卷调查测量课程实施。采用问卷调查法,不仅可以节省时间,还可抽取较大和具代表性的教师样本,并可搜集在其他课程实施度向上的资料。例如 Kimpston(1985)设计了两份问卷,第一份问卷的目的是调查教师有没有四个不同年级之语文科学习目标,而目标数目可多达 25 至 35 个。第二份问卷则测量教师有否参与实施 28 项以课程目标为本位的工作,并搜集教师对该 28 项工作之重要性及障碍的意见。Kimpston 的研究结果显示,所有受访的 74 位教师的课程实施程度只属于低水平,但他并没有测试教师问卷资料之信度和效度。

Treagust and Rennie(1993)运用了问卷调查,测量六所学校实施科技教育的程度。他们设计了两份开放式问卷,以便搜集科技教育统筹导师对文件课程和实施课程的意见。他们也利用问卷,邀请负责教授新课程的教师报告他们在教学和使用教材上有什么改变。此外,为了理解学生对科技教育的态度,Treagust and Rennie 在两个不同时间向学生发出问卷,调查学生在态度上的转变。

但是,问卷调查法存在一个不可回避的问题,即收集数据的信度和效度如何保障。于是,Treagust and Rennie 还利用访谈法和文件分析法,一则可获得更丰富和全面的课程实施资料,二则可将多来源的资料相互印证,从而加强数据的信度和效度。可惜的是,资料三角测定或方法三角测定并不是 Treagust and Rennie 的研究焦点。

综合以上有关课程实施程度测量方法的文献述评,我们可以发现,目前对课程实施程度的测量主要存在三方面问题:

首先,"课程实施程度"是一个多度向的建构,与其他建构(如智力、自尊、性向等)一样,课程实施程度是不可被直接量度的。研究员只能事先界定一些测量指标,例如行为指标、心理指标及物质环境指标等等,以便推断课程实施的程度。因此,测量课程实施的首要工作,就是清晰界定课程的实施度向。

其次,由于课程实施的测量需要多种指标,研究员必须设计不同种类的量度工具,从不同来源搜集资料。但现今搜集课程实施资料的主要方法局限于观察法、教师问卷调查,以及教师访谈,极需要发掘其他有效的测量方式。

还有,由于课程实施是一个多度向的建构,研究者必须设法测试问卷或访谈资料的信度和效度,而保证研究工具收集资料的信度和效度是一个非常大的困难。

课程实施测量的以上问题促使我们思考,我国初中科学新课程实施程度如何? 怎样进行科学的、有效的测量? 笔者在本研究中试图对此问题做一探讨。

第二节 初中科学课程的实施

一、实施中的教师适应

我国初中科学课程改革专家余自强先生认为,从国内外经验来看,综合理科的困难主要来自两个方面——教材编写和教师适应。他通过对浙江省初中自然科学课程改革实施的八年总结,认为主要的困难仍在于教师。具体说,表现为如下五个方面:[1]

(一)教师情感问题。现有初中教师都是按分科模式培养的。现在,要他们放弃已十分熟悉的体系,重新去学习一个新的、不是以学科逻辑为主干的体系,便自然从心理上产生了一种抵触情绪。

(二)课程知识结构的变化。自然科学课程的知识结构,与原来的物理、化学、生物的学科体系相比,有了本质的不同,是按人类"认识自然,认识自身,利用自然,改造自然,保护自然,保护自身"的线索展开的。

(三)课程学科要素的变化。学科要素的变化需要教学法做相应的

---

① 余自强:《综合理科与教师的认知适应》,《课程研究》1999 年第 2 期。

改变,原分科教师只熟悉本学科的教学法,因而造成教学困难,教师缺乏信心。

(四)课程思维方式的变化。因高师院校的理科专业大多没有开设科学方法课或自然辩证法课,绝大多数初中理科教师不能理性地认识课程思维方式的改变。

(五)关键是教师认知结构的顺应。我国中学理科教学受"知识本位"的影响较深。认知心理学告诉我们,要使学习者理解学习材料的意义,学习者头脑中必须有能同化材料的上位的认知结构。

根据周海英的了解,自然科学教师普遍反映难教,甚至有个别学校仍沿用老教材,实行分科教育。她以浙江省某县的初中自然科学教学情况为例,对全县初中自然教师进行为期三个月的调查,发现教师自身能力的局限,客观上影响了新课程的实施。具体地说,就教师角度而言,她有两大发现:[①]

(一)教师职业惰性影响了自然科学课程的实施。因为,许多人看来,教师是一个比较稳定的职业,而不是革新创造。而实施新的课程,意味着教师要放弃原来的程序和方法,甚至是一些成功的做法,需要重新探索。由此看来,正如有的西方学者认为:"课程实施的最大障碍就是教师的惰性。"

(二)教师没有能够积极参与综合课程改革。长期以来,在我国教育改革中,课程的决策者、编制者和实施者(往往是教师)在具体的过程中相分离……许多教师从根本上没有意识到此项课程改革的必要性和重要性。而且,初中阶段是合科教育,高中阶段又是分科教育,致使教师们对新的自然科学课程抱怀疑和否定的态度。其次,在自然科学课程实施前,教师没有受到一定的培训。

浙江省教研室为了解本省自然科学教师的结构情况(包括年龄结构、学历构成和专业构成等)和教学情况,并对适应良好和适应不良的教师进行分析,找出其中因素,为教育行政部门的决策和教学研究工作提供参考,于1998年在全省范围内进行了一次问卷调查。就教师适应方

---

① 周海英:《实施综合课程的问题与对策——来自自然科学教师的报告》,《课程研究》1998 年第 3 期。

面,主要有如下结论。[①]

适应良好的教师情况分析:通过几年努力能进行合科教学的教师应是基本适应了综合理科教学的,属于适应良好的教师。归纳起来,合科教学的教师都有较强的成就动机,并愿意作出努力;他们绝大多数认为自己已胜任或基本胜任自然科学教学;目前存在的困难主要是工作量太大,教学方法需改进,还须加强理论学习和实验技能的培训。

适应不良教师情况分析:归纳后可以看出,自然科学教师都具有较强的责任心,许多分科教学的教师因担心合科教学影响教学质量和考试成绩(36.1%)而迟迟不进行合科教学,也有19.0%的教师想进行合科教学而学校领导不同意。在分科教学中有62.6%的教师想在今后进行合科教学,他们认为进行合科教学的主要困难是自己在知识和实验技能上存在缺陷以及教学方法的改进问题,他们最迫切需要得到正规的进修和培训。

魏冰、罗星凯、朱美健以深圳市南山区荔香中学为例,依据科学教师在专业、社会和个人三个方面的发展为线索,使用扎根理论的方法,从访谈和实地观察所得到的原始数据中归纳了科学教师在初中综合理科课程实施过程中的发展变化状况。分析表明:[②]

科学教师对于知识更新有迫切的需要,进修途径和方法多样,对驾驭专业以外的学科知识的信心逐步增强。在教学观念方面,科学教师对科学课程的根本目的有了深入的认识,重视学科之间的联系,力图从学生发展的角度而不是单纯的学科角度来选择教学内容、实施教学评价。学生对科学学习的兴趣激发了科学教师的教学热情,进一步密切了师生之间的关系。专业互补的需要和日常教学中所面对的共同问题把不同专业背景的教师凝聚在一起,促进了同事之间的关系。

郭玉英于1998年对浙江省部分城市的初中科学教师进行了问卷调

---

① 方红峰、韩颖、王耀村:《浙江省自然科学教师状况调查报告》(浙江省教委教研室编,1999年版)。

② 魏冰、罗星凯、朱美健:《综合理科实施中的教师发展》,注:该研究成果尚未公开发表。

查,关于教师适应问题,她有如下发现:①

对综合理科教师来说,知识内容和实验技能是主要困难。教师解决教学困难的主要方式不是通过组织和培训,而是通过请教相关科目教师和看书解决。在有限的培训时间内,教师所接受的培训以知识内容和实验技能为主,改革的整体思想和教学方法所占比例较少。教学方式和方法并未全面改革等。

在问卷的建议一栏,有三成教师提出了建议,主要涉及如下内容:建议分科教学、加强教师培训、降低考试习题难度、教材中存在的问题、减轻教师工作量、增加周课时数等。

刘恒玲运用问卷调查法,在 A、B 两个课改实验区对初中科学课程实施进行了案例研究。通过对问卷的统计分析,结果表明:②

教师习惯了教学大纲的直接操作性指导,对课程标准间接弹性的指导还需要一个适应过程。教师原有的教学观、教师的业务素养决定教师对科学课程标准的领悟程度,从而影响着教学的效果。不同的教师教学情况差异很大。重视知识传授的教师经常从分科教科书上找出相关的知识点补充到教学中,教学方式免不了以教师讲授为主。试图以学生为主体进行教学的教师,如果教学节奏把握不好,会出现先松后紧的现象。

综合以上文献,关于初中科学课程实施中的教师适应问题,我们可从如下几个方面进行评析:

(一)多数教师在初中科学课程实施中存在着不适应,或者说都至少要经历一个不适应的过程。概括说,实施中教师不适应因素更多的是来自教师自身,主要是教师的知识(学科内容知识、学科教学知识、实践性知识)、观念(科学本质观、科学教学观、学生观等)和心理(情感、态度、动机等)等。不难理解,这些因素在影响着初中科学课程实施。

(二)大多研究者较为侧重于初中科学课程实施中的教师不适应问题研究,只有浙江省教研室和魏冰等人重点研究了教师适应良好问题。其实,作为教师个人,适应良好和适应不良的因素一般同时存在。只有从正反两面来看实施中的教师适应问题,才能更有效地认清问题的真实

---

① 郭玉英:《从传统到现代——综合科学课程的发展》,北京师范大学出版社 2002 年版,第 108—112 页。

② 刘恒玲:《科学(7—9 年级)课程实施的案例研究》,2003 年北京师范大学学位论文。

面目。并且,以上研究更多的是对实施中的教师适应因素罗列,很少有人去剖析教师适应良好或适应不良的深层原因。余自强虽作了较多分析,但是以理论演绎为主,缺少教育科学的实证研究。

(三)采用的研究方法和研究过程较为单一。研究结论是否可靠,与研究方法的选择和研究过程有着密切关系。浙江省教研室、郭玉英、刘恒玲等基本是以问卷调查法为主,问卷调查法的局限性为结论打上了疑问。魏冰等采用了观察法和访谈法,虽能较为深入地分析教师适应问题,但一个学校七位教师的样本,其结论难具普适性。

(四)余自强、周海英、郭玉英以及浙江省教研室等对教师适应的分析,针对的都是上世纪末之前一段时间内的我国初中科学课程实施的情况。至今时隔基本上又是十年,原来的很多教师都有了一定基础,并且现在又出台了国家层面的科学课程标准。在这样一个背景下,现在的教师情况又如何呢? 相比过去是否发生了改变? 如果有改变,是哪些方面发生了改变? 若回答这一系列问题,就必须系统、深入地研究初中科学新课程实施情况。

二、实施中的影响因素

影响因素作为课程实施研究的一个关键范畴,初中科学课程实施的影响因素也受到了较多研究者的关注。

罗海梅以上海市几所学校为研究样本,采用问卷调查、访谈等形式进行实地考察和分析,进行了综合科学课程实施现状的调查与研究。她在肯定科学课程取得成绩的同时,也发现科学课程在实施中存在一些问题,亟待解决。具体而言,主要存在问题是:[①]

(一)科学课程教师的构成不合理。从科学教师调查问卷的统计结果分析看,担任科学课的教师很大一部分来源于原来的化学、物理教师,有些甚至来源于数学、语文老师,生物、地理教师占的比例很少。

(二)科学课程教师的负担过重。科学教师专职的很少,几乎没有,大多数任课教师担任了两三门学科,四个甚至五个班级的教学,有些甚至还同时担任了班主任的工作。

---

① 　罗海梅:《综合科学实施现状的调查与研究》,2006 年华东师范大学学位论文。

（三）科学课程教师的科学素养有待提高。主要表现在自身科学知识不足和教学能力欠缺两方面。

（四）科学课程的评价体系滞后。目前与科学课程配套的评价体系还没出台，与科学课程改革相适应的教育评价问题也尚无直接可借鉴的经验。

（五）科学课程资源不足。从问卷调查和实地考察的结果来看，我们发现许多学校存在科学课程资源开发和利用严重不合理的问题，亦即课程资源的匮乏和现有课程低效、片面地开发和利用的问题。

（六）科学教师的培训需要进一步加强。教师培训存在着如下问题：培训没有落到实处、职前培训的时间太短、培训方式较为单一。

刘恒玲采用问卷调查的方法，通过对国家两个课改实验区初中科学课程实施的案例研究，发现目前存在的主要问题是：[①]

（一）实验区教师的业务素养亟待提高。在本研究中，虽然多数教师的科学教育观符合科学课程的基本理念，但大多数教师并没有深刻理解实施科学课程改革的必要性。现有任课教师只具有单一专业基础，难以胜任综合科学教学。科学教学中实验众多，教师的实验技能也需学习提高。部分教师对科学探究从概念到实施都存在困难。

（二）教学配套设施不足。其一，实验室配套设施不足。许多学校实验仪器本来就陈旧缺乏，而新教材中有大量的学生实验，原有的教学实验条件很难满足教学需要。大部分学校没有多媒体教学设施，天文望远镜在实验区更是普遍缺乏。其二，教学资料不足。教师和学生都反映缺乏学习资料，学校原有的资料很难满足教师备课和学生阅读的需要。

（三）教师负担过重。在实验区 A 县，除了专家培训外，每个周六全县科学教师都以南北两片为单位集中学习交流。准备教学中的探究、实验（只有 14% 的学校有专职实验员），有时还需自制教具或采集实验材料。很多教师担任三至四个班的教学任务（周课时为 5 课时），有的还是班主任，每个班的人数又多，备课、研读课程标准和教材、上课，教师疲惫作战，根本没有喘息之机。

（四）科学课程评价问题急需解决。虽然科学课程标准提出了评价

---

① 刘恒玲：《科学（7—9 年级）课程实施的案例研究》，2003 年北京师范大学学位论文。

建议,但在实验区工作中具体到操作层面还面临很大困难。而现有的评价方式已经阻碍了科学课程的有效实施,必须着手建立适应科学课程的新的评价体系(关键是中考改革)。

此外,也有不少学者研究了科学课程实施中的问题,结论基本是大同小异。例如,汤菊芬认为科学课程实施主要存在四个问题:(1)观念问题;(2)教师问题;(3)评价问题;(4)培训问题。① 陈承声对综合理科课程实施存在的主要障碍进行过调查,结果如下:有67％的人认为教师素质是目前推行综合理科的主要障碍,而教材质量为37％,考试制度为26％,思想观念为23％,经费投入为12％等。②

综合以上文献,我们不难发现:

(一)从研究的价值取向看,基本是以初中课程实施的消极影响因素为主。消极影响因素阻碍着初中科学课程实施,对此研究理所应当。可是,同一因素如教师知识、评价机制、学校文化等,对 A 教师的影响是消极的,也许对 B 教师的影响是积极的。还有,如果研究初中科学课程实施的积极影响因素,也可为他人或实验区提供借鉴。因此,对初中科学课程实施的影响因素研究,从消极和积极两个取向入手,应该更为合理。

(二)从课程实施的影响因素分析框架看,还存在较多的不解问题。毫无疑问,以上研究都涉及影响初中科学课程实施的教师、学校和社会因素。但若比照Ⅱ级或Ⅲ级影响因素,我们将不禁有如下疑惑:以上研究者未涉及一些因素,如教师关于学生的信念、教学效能感、教师心理、校长领导风格等,是这些因素对初中科学课程实施的影响不重要呢,还是它们在起着积极影响而不在研究者的关注范畴之内? 或者是研究者未考虑到这些影响因素呢? 要解开这些问题,唯有进一步深入研究。

(三)从研究的内容和方法看,还缺少对这些问题的深入分析。以上研究者如刘恒玲、罗海梅等,虽在研究方法上都提到访谈、观察等,但研究结果的得出主要还是依靠问卷调查。由此,就很难深入分析这些影响因素,找出这些影响因素背后隐藏的深层原因。譬如,罗海梅提到教师

---

① 汤菊芬:《科学课程实施中的问题及对策》,《中小学教材教学》2003 年第 33 期,第 39—40 页。

② 陈承声:《综合理科教学情况调查与师资培训问题初探》,《学科教育》1999 年第 8 期,第 43 页。

的教学能力欠缺,但并未说明和解释教师主要欠缺哪些教学能力,以及造成教学能力欠缺的原因是学科教学知识不足,还是实践性知识缺乏或其他等。再如,她提到的科学课程资源不足,文中也未说明是哪些资源缺乏、开发和利用怎样的不合理等。刘恒玲和其他人同样存在诸如此类的问题。

(四)从研究样本选择的地域看,上海有其特殊的背景。上海市初中科学课程实施与其他地方如浙江、武汉、深圳等地有着很大不同,它仅仅在6、7两个年级实施合科教学,而从8年级开始沿用分科教学。所以,罗海梅研究中涉及的一些问题在其他地方是否存在、存在的程度如何,并不具普适性。譬如,科学教师结构在浙江至少不会存在语文教师来教初中科学,浙江科学教师目前也很少有人担任四个甚至五个班级教学,浙江基本已有配套评价体系等。所以,课程实施的影响因素也与当地的政治、经济、文化等有着重要关系。

(五)从教师专业发展的角度看,有些问题也还需要进一步的探讨。例如,一些教师对教授科学课程的信心在逐渐增强,但这是否表明他们对专业以外的知识能像本专业那样透彻理解,消除了学科间的"语言障碍";和谐的同事关系是不是刚开始实施科学课程的一个暂时现象,学科"壁垒"是否真的消失了;物理、化学、生物、地理等分科背景的科学教师在科学课程实施过程中经历了什么不同的心路历程;等等。

此外,还有一些问题对本研究也将是非常重要的。比如,在不同区域、不同教龄的教师实施方面,影响初中科学课程实施的因素是否都一样?如果不一样,主要在哪些因素上存在差异?造成这些差异的原因是什么?以上所有这些因素,是以什么样的方式或机制在影响着初中科学课程实施?程度又是如何?等等。

三、实施中的专业支持

当前,初中科学教师大学所读专业基本都是分科的,原来教的也是理科分科课程。因此,在专业知识、教学能力等方面缺口很大,急需各方提供各种帮助。根据科学课专业支持实践,专业支持是确保新课程有效实施的不可或缺的重要因素之一,其积极意义至少表现在以下三个方面:第一,专业支持为教学第一线的教师提供了一个学习、研讨和交流的平台,促进了教师的成长。第二,专业支持促进了教学第一线教师对新课程理念的深刻理解,使教师能够较快适应新课程的教学并正确把握教学行为。第三,专业支持促进了校园文化建设。①

科学课程实施的专业支持组认为,教师是课程的实践者,对教学第一线教师的专业支持是专家组最为重要的任务,可以采取三种有效途径。第一,组织学科教学方面的专题培训。第二,在一定范围内组织教师就实施新课程进行研讨,学科专家与教师面对面交流,帮助教师解决教学实践中遇到的困难和困惑,促进教师对实施新课程的认识。第三,以教学片为单位组织教学研究活动,剖析鲜活的教学案例,让教师在实践中感悟新课程教学。专家组深入学校教学第一线和教师共同备课,组织教学片内同科目的全体教师进行公开教学,大家共同听课评课,就具体的教学案例共同开展研讨。在研讨过程中,首先让主讲教师讲述课程的设计思路,反思教学实施情况;其次,同科目的教师就课程教学情况进行研讨;最后,由学科专家进行点评。② 用这种形式,使教师亲历新课程教学,感悟新课程教学,促进教师的专业成长。他们的专业支持实践表明,这种形式操作性强,一线教师不仅十分欢迎而且取得了十分满意的效果。

浙江省萧山市对科学教师的专业支持,主要是靠教研科研活动,通过两个层面展开。③ 首先,在全市性的教研、科研活动中,抓住教材、教法、学法研究。为此,他们首先抓好课前研究工作,在"导""研""试"三字上下工夫。其次是抓好研究课后的评议活动,有意识地开设全市性的、由物理专业毕业教师上的化学内容研究课或者由化学专业毕业教师上的物理内容研究课,以增加研讨的兴趣与内容。研讨中突出"讲""议""理"三个字。其次是学校内部的教研、科研活动。他们的做法是:一抓集体备课,做到定时间、定内容、定中心发言人,并把新教材按单科加以划分,由各单科骨干教师负责制定教学计划、重点、难点、课时安排,并负

---

① 王较过、杜鸿科、张迎春、杨承印:《〈科学 7—9 年级〉课程专业支持的实践与思考——兼谈新课程实施中的专业支持》,《教育理论与实践》2006 年第 1 期,第 36—37 页。

② 同上,第 38 页。

③ 萧山市教委教研室.汤鉴澄、施志良(执笔):《初中综合理科课程实施的实践与研究》,《课程教材教法》1998 年第 11 期。

责讲解疑难问题及如何进行难点分化教学;二抓各章节重点内容的组内说课活动,进行"备课—说课—上课—评课"一条龙研究,强化教师的说评、研讨活动,讨论不同类单科的教学方法和特点,以适应各单科的教学特色,形成合科的新特色;三抓能者为师,开设讲座,互帮互学,适应教学。

此外,台州市在三年的理论积累和实践摸索中,以业务培训和理论读书会的形式,促进教师教育观念和知识结构的更新;以科研课题为载体开展主题鲜明的教研活动,促进教师自觉地探索和研究,形成了区域性的教研工作组织方式——主题教研。主题教研的组织方式和途径:(1)更新——组织以更新观念、调整知识结构为主的系统培训。(2)课题——以科研课题为载体开展网络式的学科教学研究。(3)读书——以读书会的形式促进骨干教师的再发展。[①] 宁波市推进合科教学,在以下几方面进行了探索与实践:(1)转变观念达成共识,坚持合科教学的导向。(2)健全教研网络,创设合科教研氛围。(3)分层分类备课,缩短教师适应过程。(4)组织实验培训,提高教师实验能力。[②]

毋庸置疑,初中科学课程的实施需要一定的专业支持,专业支持在一定程度上能够促进和保证初中科学课程的实施。并且,专业支持形式一般多是专家报告及引领、教研科研活动、同伴互助等。但是,什么形式的专业支持更能有效促进初中科学新课程实施?不同区域如城乡的初中科学新课程实施的专业支持又有什么特征?等等。为将初中科学新课程实施的专业支持落到实处,所有这些问题都还有待深入研究。

① 韩月红:《区域性综合理科教研工作组织方式的探索》,浙江省教委教研室:《初中综合理科的理论与实践——浙江〈自然科学〉十年》,浙江教育出版社 1999 年版,第 101—115 页。

② 励兰英:《推进合科教学的思考与实践》,《浙江教育》1997 年第 4 期。

第三章　研究的设计和过程

本章首先对第一章中初步提出的问题（域）进一步聚焦和阐述，然后建立本研究的分析框架，在此基础之上探讨有关的方法论问题，包括研究方法、对象的选择与确定，数据的收集、整理与分析，以及研究的信度和效度问题。

第一节　问题的聚焦及阐述

一、问题的聚焦

从国内外有关课程（含学科课程）实施研究现状来看，不难达成这样一个共识：课程实施作为课程改革过程中的一个实践环节，关系到课程改革的成败，具有极其重要地位。无论从促进改革有效地推行，还是调控改革进程以缩小理想预期与实际效果的差距，或者为改革的成功创造最必要的条件上说，我们都应当十分重视课程的实施。① 综观课程实施的相关研究，无论是与其相关理论研究还是实践研究，都亟待充实和深入。

---

① 严先元：《课程实施与教学改革》，四川大学出版社 2002 年版，第 5 期。

要对初中科学新课程实施进行有效且深入的研究,还需对"初中科学新课程实施"这个问题域进一步聚焦。正如陈向明所说,"寻找研究问题是一个不断聚焦的过程,从开始一个比较宽泛的视野,逐步缩小关注的范围,最后集中到自己认为最重要的一个或数个问题上。"①本研究关注的范围如何缩小?或者说,初中科学新课程实施研究的聚焦点是什么?

国外课程改革表明,教师不再被视为国家课程变革方案的忠实执行者,而是逐渐成为制定国家课程计划的参与者、课程开发者和课程计划的创造性实施者。没有教师的积极参与和合作,就没有课程改革的成功。在美国,虽然联邦政府、地方政府、教师联合会、研究所、家长、非政府组织和私人企业等都可参与课程开发,但最终仍然是由教师决定教什么和怎么教。英国传统上每个学校都可以根据自己的实际制定一套课程方案和实施的基本要求。而教师则有选择具体教学内容的权利和广泛的自由授课空间。可以说,教师在课堂教什么、如何教和如何评价学生等方面有着绝对的自主权。当然,自推行国家课程以来,学校和教师的教学都得围绕国家课程的标准而开展,教师的自主权受到很大的削弱。②

教师是课程实施的核心主体。当前,教师在课程实施中的重要性已日渐为人们认识。在课程变革中,教师具有比课程或教学材料更大的影响。从某种意义上讲,课程变革必须通过教师改变进而促使学生学习发生合意的变化。因此教师改变不仅是课程实施的重要途径,而且是课程变革的一个基本目标。③ 正如雅克·德洛尔所说,"没有教师的协助及其积极参与,任何改革都不能成功。"④古德森(Goodson)也强调,只有当教

---

① 陈向明:《质的研究方法与社会科学研究》,教育科学出版社 2000 年版,第 78 页。

② 王艳令:《发达国家基础教育课程实施的经验》,《外国中小学教育》2006 年第 5 期,第 13 页。

③ 尹弘飚、李子建:《课程实施与教师心理变化》,见钟启泉、崔允漷:《第八届两岸三地课程专家论坛论文集》,2006 年版,第 55 页。

④ 联合国教科文组织总部中文科译:《教育——财富蕴藏其中》,教育科学出版社 1996 年版,第 15 页。

师的个人投入被视为变革动力及其必要目标时,教育变革才最有成效。[①]

基于文献综述和我个人从事初中科学教师教育的经验和思考,本研究聚焦于初中科学新课程实施的毫无争议主体——教师,重点研究实践场中初中科学教师与规划课程之间交互作用的心智过程,目的在于弄清规划课程与课程实施之间的现实关系。具体操作上,在实践场中探索初中科学教师对规划课程所做的调适、影响初中科学新课程实施的因素以及这些影响因素背后隐藏的深层原因等,最终弄清教师实施初中科学新课程的真实情况,从而为构建初中科学新课程实施的环境以及讨论课程实施理论奠定基础。

简言之,本研究将初中科学新课程实施研究聚焦于教师实施层面。所以,总体上的研究问题可界定为:

P:教师是如何将初中科学规划课程实施的? 或者说,教师是如何实施初中科学新课程的?[②]

二、问题的阐述

具体地说,本研究旨在探讨如下五个具体问题:

P_1:初中科学规划课程有何特征?

$P_{1.1}$:关于教学目标的特征?

$P_{1.2}$:关于教学内容的特征?

$P_{1.3}$:关于教学策略的特征?

$P_{1.4}$:关于教学评价的特征?

P_2:初中科学新课程实施有何特征?

$P_{2.1}$:关于教学目标的特征?

$P_{2.2}$:关于教学内容的特征?

$P_{2.3}$:关于教学策略的特征?

$P_{2.4}$:关于教学反思的特征?

---

① Goodson, I. (2001) Social Histories of Educational Change. Journal of Educational Change,2(1), pp. 45-63.

② P 为 Problem 的首写字母,代表总体上的研究问题。下文中 P_n 代表总体上的研究问题下的第 n 个具体研究问题,$P_{n.m}$ 则代表第 n 个具体研究问题下第 m 个更为具体的研究问题。

P₃:影响初中科学新课程实施的因素是什么？

    P₃.₁:关于教师层面的因素？

    P₃.₂:关于学校层面的因素？

    P₃.₃:关于社会层面的因素？

P₄:不同区域、不同教龄教师对初中科学新课程实施分别有何差异？

    P₄.₁:关于实施特征有什么差异？

    P₄.₂:关于实施程度有什么差异？

    P₄.₃:关于影响因素有什么差异？

P₅:初中科学新课程实施应需要什么环境？

    P₅.₁:关于实施的制度文化环境？

    P₅.₂:关于实施的哥本哈根环境？

    P₅.₃:关于实施的科学教师专业化环境？

本研究的总体研究问题与具体研究问题呈现如下结构（见图 3-1）。

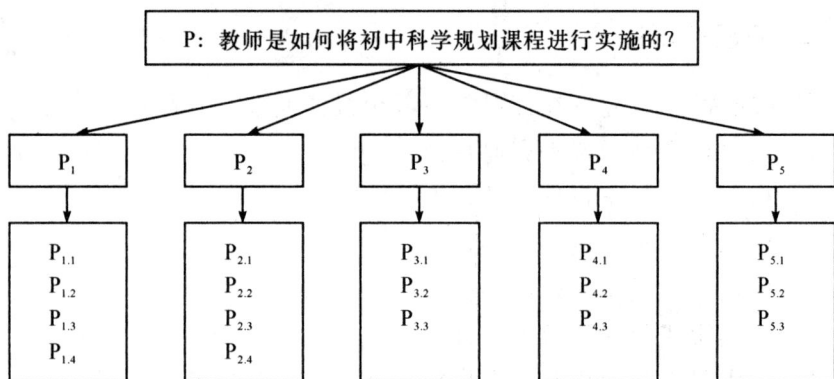

图 3-1　研究问题结构

第二节　研究的分析框架

为科学、深入地探究"教师是如何将初中科学规划课程实施的"这一问题，有必要先澄清本研究涉及的一些关键概念，并建立一个思想上的分析框架以引导本研究。

一、关键概念界定

(一)科学课程

科学课程具有狭义和广义之分。狭义上,科学课程是指两门或两门以上的理科课程,按照某一种或多种方式整合成一门学科的课程;广义上,即是联合国教科文组织的修正定义,凡是科学概念和原理的阐述是为了表明科学思想在本质上的统一性,都可以认为是科学课程。本研究中的初中科学课程是指科学课程的狭义含义,且是初中科学新课程。

(二)初中科学规划课程

规划课程是指由教育行政部门组织相关专家研制而成的诸如课程计划、课程标准和教材等系列课程。初中科学规划课程主要是指《科学(7—9 年级)课程标准》、科学教科书、科学教学参考书等材料。本研究中的科学教科书及教参是确定的而不是泛指的。根据研究规范的需要,在此不做明确说明。

(三)初中科学新课程实施

课程实施是一个复杂性的动态过程,强调实施者对规划课程内容的解构和建构。课程实施研究的重点并不是规划课程内容本身,而是规划课程内容在课程改革中的被实践情况。相应地,课程实施研究的焦点在于实践中有哪些规划课程内容在实践中执行了,在执行过程中实施者又对哪些内容做了调适,影响实施过程的因素有哪些等。就初中科学新课程而言,教师实施主要表现为四个方面:

• 教什么,即教学内容的处理,主要是指科学教科书内容;

• 怎样教,即教学策略的运用,主要涉及教学方法、时间安排和组织方式;

• 为何教,即教学目标的凸显,这里主要基于科学课程标准规定的五个具体目标;

• 教如何,即教学过程的反思,从教学内容、教学目标、教学策略三方面考察。

由此,教师对初中科学新课程的实施可用图 3-2 进行分析。

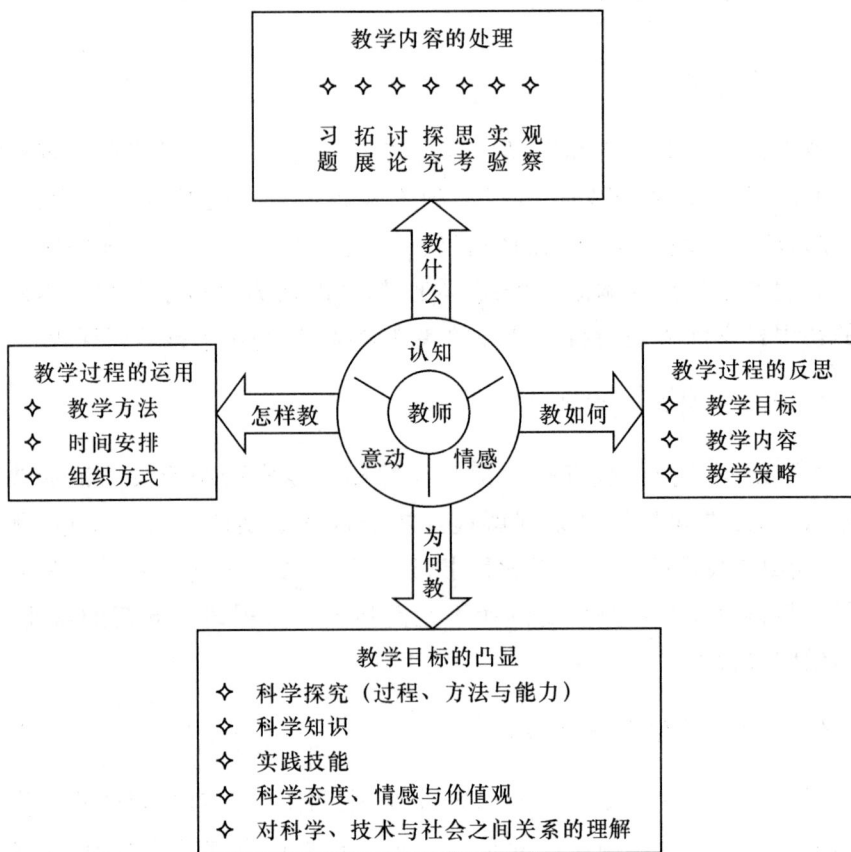

图 3-2 教育实施初中科学新课程的分析框架

以上四个方面主要表现为初中科学新课程实施中教师的外在行为。此外,教师的情意因素(如情感、意志、动机、态度等)也应是课程实施中不可忽视的方面,它们可被看作初中科学新课程实施中教师的内在行为。

(四)影响初中科学新课程实施的因素

根据文献综述中关于影响课程实施的 Ⅰ、Ⅱ 和 Ⅲ 级因素,我们可以建立一个考察影响初中科学新课程实施因素的框架(见图 3-3)。

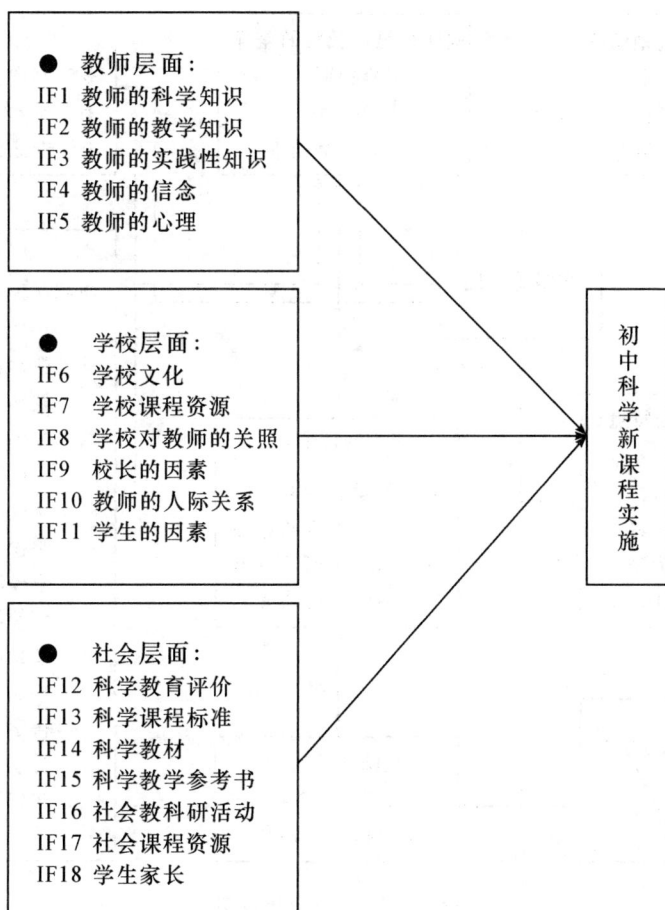

图 3-3 一个考察影响初中科学新课程实施因素的框架

注：IF，即 influence factor 的首字母缩写，表示影响因素。

二、分析框架建立

根据本研究的总体研究问题和具体研究问题，以及对关键概念的界定，可构建出本研究的分析框架（见图 3-4）。构建研究的分析框架的目的，在于更为全面、直观地把研究问题及其相互关系呈现出来，以引导本研究的进行。

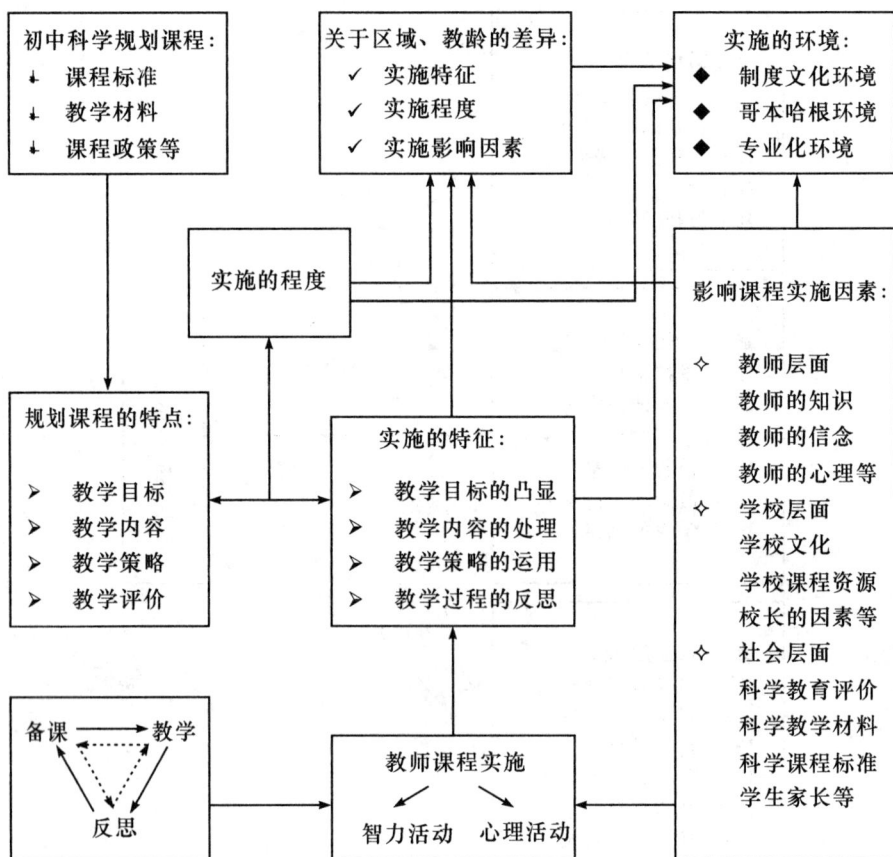

图 3-4 研究的分析框架

第三节 研究方法的选择与确定

一、选择的理论依据

关于课程实施的研究方法,有不少学者进行过理论探讨。黄政杰认为,课程实施的研究方法,不外观察、调查、晤谈和内容分析。这些方法的采用,应根据研究主体的性质,不可盲目拘泥于某一方法。[①]张华阐释了课程实施的不同取向下的研究方法,课程实施的忠实取向探究的基本问题是测量课程实施对于预定计划的实施程度以及确定影响实施程度的基本因素。所以忠实取向研究的基本方法是量化研究。相互适应取向的研究重心不是测量课程实施的程度,而是把握课程实施的具体过程,它要求更为宽广的方法,既包括量化研究也包括质的研究。课程创生取向的研究方法更倚重质的研究。[②]

南京师大"课程的社会学研究"课题组提出课程实施研究的哲学方式、心理学方式、社会学方式。在哲学方式中,课程研究有两种基本方法,即思辨的方法和人文理解的方法。心理学方法包括理论与实证两条途径,探讨课程实施主要可用现场观察法、实验法、调查法,主要用于探明课程实施中的知识结构如何转化为教师的认知结构并进而转化为学生的认知结构,课程中所体现的价值观念如何影响学生的价值观念形成等。社会学方法包括理论探讨、比较分析、内容分析、现场分析、调查等方法,现场观察法主要用于课程实施过程的研究。[③]

从课程实施研究方法的理论探讨看,量的研究和质的研究是相得益彰的两大方法,选择时应视具体的研究问题而定。根据本研究中的具体研究问题,到底是应选择质的研究,还是量的研究,还是两大方法都应要呢? 在做出选择之前,应先厘清量的研究和质的研究两大方法的基本要义。

从方法论层面看,量的研究是以实证主义为基础,而质的研究则是以建构主义作为基础。而从方法角度,陈向明认为,量的研究(又称"定量研究""量化研究")是一种对事物可以量化的部分进行测量和分析,以检验研究者自己关于该事物的某些理论假设的研究方法。量的研究有一套完备的操作技术,包括抽样方法(如随机抽样、分层抽样、系统抽样、整群抽样)、资料收集方法(如问卷法、实验法)、数字统计方法(如描述性统计、推断性统计)等。而质的研究是以研究者本人作为研究工具,在自

①　黄政杰:《课程设计》,台湾东华书局 1991 年版,第 395—426 页。

②　张华:《课程实施的含义与基本取向》,《外国教育资料》1999 年第 2 期。

③　孟凡丽、于海波:《课程实施研究二十年》,《西北师大学报》(社科版)2003 年第 3 期,第 4 页。

然情境下采用多种资料收集方法对社会现象进行整体性研究,使用归纳法分析资料和形成理论,通过与研究对象互动对其行为和意义建构获得解释性理解的一种活动。并且,她根据有关文献以及自己的研究经验总结出了两大方法的一些主要区别(见表 3-1)。[①]

表 3-1　质的研究与量的研究比较

	量的研究	质的研究
研究的目的	证实普遍情况,预测,寻求共识	解释性理解,寻求复杂性,提出新问题
对知识的定义	情境无涉	由社会文化所建构
价值与事实	分离	密不可分
研究的内容	事实,原因,影响,凝固的事物,变量	故事,事件,过程,意义,整体探究
研究的层面	宏观	微观
研究的问题	事先确定	在过程中产生
研究的设计	结构性的,事先确定的,比较具体	灵活的,演变的,比较宽泛
研究的手段	数字,计算,统计分析	语言,图像,描述分析
研究工具	量表,统计软件,问卷,计算机	研究者本人,录音机
抽样方法	随机抽样,样本较大	目的性抽样,样本较小
研究的情境	控制性,暂时性,抽象	自然性,整体性,具体
收集资料方法	封闭式问卷,统计表,实验,结构性观察	开放式访谈,参与观察,实物分析
资料的特点	量化的资料,可操作的变量,统计数据	描述性资料,实地笔记,当事人引言
分析框架	事先设定,加以验证	逐步形成
分析方式	演绎法,量化分析,收集资料之后	归纳法,寻找概念和主题,贯穿全过程
研究结论	概括性,普适性	独特性,地域性
结果的解释	文化客位,主客体对立	文化主位,互为主体
理论假设	在研究之前产生	在研究之后产生
理论来源	自上而下	自下而上

---

①　陈向明:《质的研究方法与社会科学研究》,教育科学出版社 2000 年版,第 10—12 页。

续表

	量的研究	质的研究
理论类型	大理论,普遍性规范理论	扎根理论,解释性理论,观点,看法
成文方式	抽象,概括,客观	描述为主,研究者的个人反省
作品评价	简洁、明快	杂乱,深描,多重声音
效度	固定的检测方法,证实	相关关系,证伪,可信性,严谨
信度	可以重复	不能重复
推广度	可控制,可推广到抽样总体	认同推广,理论推广,积累推广
伦理问题	不受重视	非常重视
研究者	客观的权威	反思的自我,互动的个体
研究者所受训练	理论的,定量统计的	人文的,人类学的,拼接和多面手的
研究者心态	明确	不确定,含糊,多样性
研究关系	相对分离,研究者独立于研究对象	密切接触,相互影响,变化,共情,信任
研究阶段	分明,事先设定	演化,变化,重叠交叉

　　从量的研究与质的研究比较中可以看出,两大研究方法各有自己的突出特点,如质的研究强调研究者的个人体验、注重研究结果的独特性以及对其解释性理解、分析以归纳法为主等,而量的研究则强调研究者之外的客观事实、注重对研究结果的普适性以及对其证实、分析以演绎法为主等。那么,两大研究方法孰优孰劣呢?

　　目前,虽然在文献中还经常看到关于这一问题的争执,但总的情况看,这种争论逐渐淡化。我们从上分析,尽管两大研究方法存在很多方面的差异,但二者之间并不存在非此即彼的矛盾,它们在一定程度上是可以相容的。譬如研究的问题,即使完全量的研究也不可能是事先确定的,也是要在文献综述、预研究等的基础上确定。再如研究结论,地域性就是一个很模糊的定位,一定程度上的地域性一定具有普适性。

　　为此,Howe(1998)提出了实用主义(Pragmatism)范式来调和质—量相争。实用主义认为,使用质的研究方法还是使用量的研究方法取决于研究的问题而不是研究的范式。实用主义范式奠定了混合方法论(Mixed Methodology)基础,为质的研究方法和量的研究方法的和谐共处提供了理论依据。[①]

二、确定的具体方法

根据研究方法的理论分析,联系到本研究的几个具体研究问题,不难确定本论文研究方法选择的整体思路,即量的研究与质的研究相结合的混合研究取向。具体而言,确定出了如下三种主要的研究方法:问卷调查表、实地观察和访谈。

(一)问卷调查表

问卷调查表由 38 个大问题(合计 68 个小问题)组成,详细内容见附录 1。所有问题的设计遵循了有关问卷制作的语言和形式方面的一般原则,并参考了部分与本研究相关的问卷调查表。[②] 为了保证所给的问题能被明确地回答,问卷调查表的制作过程中还向数名专家和初中科学教师作了技术性的咨询。

在概念上,整个问卷调查表的设计是以研究的分析框架(见图 3-4)为基础。大致来说,问题 1~5 是为了获取初中科学课程实施的背景资料,主要是一些关于教师客观具有的特征(例如,问题 4:"所学专业?");问题 6~37 是针对教师实施初中科学新课程中的教学情况,主要围绕教学目标、教学内容、教学策略、教学反思及其相关问题进行设计(例如,问题 17:"最常用的教学方法是?"),以了解教师实施初中科学新课程情况;问题 38(包含 18 个小问题)则是考察影响初中科学新课程实施因素的影响程度及方向,问题设计包含教师自身、学校和社会三个层面的影响因素(例如,问题 38.6:"学校文化(指办学理念、教研活动、备课模式等)的影响程度是?")。

---

① 魏冰:《科学素养教育的理念与实践——理科课程发展研究》,广东高等教育出版社 2006 年版,第 193 页。

② 问卷调查表设计参考了如下资料:刘志军:《教育研究方法基础》,人民教育出版社 2006 年版,第 89—94 页;陈时见:《教育研究方法》,高等教育出版社 2007 年版,第 126—146 页;万勇、王春华等:《物理教育研究方法》,首都师范大学出版社 2000 年版,第 73—85 页;范良火:《教师教学知识发展研究》,华东师范大学出版社 2003 年版,第 218—226 页;马云鹏、孔凡哲:《教育研究方法》,东北师范大学出版社 2006 年版,第 109—118 页。

表 3-2 直观地呈现出了问卷调查表中不同的问题与其对应的本研究的具体问题。

表 3-2 问卷调查表中不同的问题与其对应的研究问题

研究问题		问卷中对应的问题	合计(63)
教学目标		15	1
教学内容		10(2)、11、12	
教学策略		13(5)、14	6
教学反思		36(2)、37	3
相关研究问题	教师心理	22、23	2
	教科书	8、9(8)	9
	课程资源	30	1
	学生学习	29	2
	教师的信念	28、33、34、35	3
	社会培训	26、27	2
	校本教研	24	1
	备课	6、7、25	3
	学生家长	32	1
	教师适应性	16、17、18、19、20、21	6
	中考	31	1
影响因素	教师层面	38.1～38.5	5
	学校层面	38.6～38.11	6
	社会层面	38.12～38.18	7

注:问题1～5的目的在于收集有关初中科学教师的背景资料,并不属于研究问题的相关内容,所以未在上表中列出;表中()内数字表示该含有的小问题数量。

问卷调查表中并未把研究的分析框架涉及的全部研究问题考虑在内,其主要原因有两点:一是有些内容可以通过问卷调查表呈现,但因考虑到问卷的信效度而放弃了。例如,关于教学目标,原计划设计问题:"初中科学课程目标应是( )

A 科学探究 B 科学知识与技能 C 科学态度、情感与价值观 D 对科学、技术与社会关系理解 E _____"。显然,这样的问题提示性太强,不适合通过问卷调查了解教师对初中科学课程目标掌握及教学中体现的情况,对此还需借助其他研究方法(如课堂听课、面谈等)。二是一些内容确实难以通过问卷调查表呈现。例如,研究教师课堂教学对课前备课内容的调适情况,因这一研究问题需针对具体教学内容进行分析,由此无法用问卷调查表进行研究。不过,可通过其他研究方法来研究这一类及与其类似的问题。

因此,问卷调查的结果只能提供关于初中科学新课程实施的部分景象;特别是,因各种原因导致不能把所有问题都适合放在问卷中。为提高本研究的信度和效度,这也是本研究同时还确定选用实地观察和课前及课后面谈作为研究方法的一个重要原因。

(二)实地观察

观察是人类认识世界的一个基本方法,也是从事科学研究的一个重要手段。顾名思义,"观"是看,"察"是思考,两者放在一起便成为"一边看一边想"这么一种活动。因此,观察不仅仅是人的感觉器官直接感知事物的过程,而且是人的大脑积极思维的过程。[①] 观察有很多种类型,选择何种类型应视研究的目标和特点而定。根据本研究的问题,观察的内容主要围绕初中科学教师的课前备课、课堂教学等具体教学活动。显然,更为有效的观察应是实地观察,即观察者深入教师实施初中科学新课程的实践场,在与被观察者密切的相互接触和直接体验中,倾听和观看他们的言行。具体而言,主要采用如下形式。

1. 课内实地观察

如果说问卷调查表所涉及的是了解初中科学新课程实施及其影响因素情况,则课内实地观察的目的是,明确教师在课堂上究竟怎样教学,以及在教学中对备课内容做了哪些调适,从而可以在面谈中提出教师为何就一些备课内容做出调适的问题。在本研究中,课内实地观察即课堂听课被确定为一种具体研究方法,原因在于课程实施是一项复杂性的实践活动,实施中的许多东西往往是"隐蔽的"或"情景性的",它们只有在实际的课堂氛围中才能反映和显现出来。还有一个认识论上的依据是,

---

① 陈向明:《教师如何作质的研究》,教育科学出版社 2001 年版,第 122 页。

就如其被广泛接受的那样,人们所知道的要比他们能够说的要多,这是因为他们或者是不知道自己知道些什么,或者是无法用语言将自己所知道的东西表达出来。[①] 相比之下,教师的课堂教学行为却能展示他们所真正知道哪些东西。

根据本人的精力、财力以及本研究的基本需要,每个学校各有四名具有不同专业(物理、化学、生物至少各一人)、不同任教年级(初一、初二必含)的教师各被听课两次,其中每校至少有一位教师的两次听课是同一教学内容。课内实地观察的目的是从教学目标、教学内容、教学策略等方面明确教师在课堂上的实际教学,重点关注教师在这三个方面对备课内容的落实和调整情况。

下列问题旨在为课内实地观察应注意哪些值得观察的方面作一引导,每次课内实地观察前都会认真回顾这些问题,并针对这些问题设计课内实地观察记录表(见附录 2)。并且,所有的课内实地观察都用录音和笔记的形式进行了记载。

• 这堂课的主题是什么? 有哪些新的科学概念、原理(或规律)和过程?

• 这堂课实际上教了哪些具体内容? 调整了备课时(同一内容含上堂课)哪些内容?

• 这堂课实际上用了哪些具体策略? 调整了备课时(同一内容含上堂课)哪些策略?

• 这堂课实际上体现了哪些教学目标? 这些教学目标是以何种方式被体现出来的?

• 这堂课有没有"关键事件"发生? 如果确有发生,教师是如何处理的?

2. 课外实地观察

教师实施初中科学新课程的实践活动不仅仅发生在课内,课外也会发生非常重要的活动。因此,本研究的实地观察有必要关注课堂以外发生的各项相关活动,即课外实地观察。课外实地观察主要从两个角度进行:一是教师实施初中科学新课程情况,如备课、作业批改、相关交流等;

---

① 范良火:《教师教学知识发展研究》,华东师范大学出版社 2003 年版,第 57 页。

二是影响教师实施初中科学新课程的因素,如学校文化、科学实验室、图书资料、教学用具、有关的会议、教师之间的关系、校长领导风格等。同样,所有的课外实地观察都由录音和笔记的形式进行了记载。

从上可以看出,实地观察不仅能够从被研究的现象得到比较具体的感性认识,而且可以深入到被观察者的文化内部,了解他们对自己行为意义的解释。可是,实地观察可以比较明确地回答"谁在什么时间、什么地方与谁一起做了什么?",但很难准确地回答"他们为什么这么做?"[1]因此,为使研究的不断深入、揭开研究中"为什么"的谜底,还有必要对教师进行访谈。

(三)访谈

与其他研究手段相比,访谈具有自己独特而又十分重要的功能。访谈的主要特点:(1)了解受访者的所思所想,包括他们的价值观念、情感感受和行为规范;(2)了解受访者过去的生活经历和他们耳闻目睹的事件,特别是事件发生的过程;(3)从受访者的角度对研究现象获得多种描述和解释;(4)事先了解受访者的文化规范,如哪些问题是敏感性问题,研究时需要特别小心;(5)帮助研究者与被研究者建立关系,使双方由感觉陌生到彼此熟悉;(6)使受访者感到更加有力,因为自己的声音被听到了,自己的故事被公开了,因而影响到他们对自身文化的解释和构建。[2]

基于以上特点以及本研究的现实需要,访谈也是本研究的主要方法之一。研究中访谈的目的主要有三个:一是试图厘清问卷调查和实地观察中需要回答"为什么"的一些问题。例如,发现教学中增加(或删减)某个教学内容时,提出问题:"你为什么要增加(或删减)这个教学内容? 这个内容对学生会有什么影响?"二是补充问卷调查表和实地观察无法涉及的一些问题。例如,有关教师心理方面的问题:"你当初任(改)教初中科学时,对这门课程的态度(支持、基本接受、反对)、情感以及动机如何? 现在有什么变化?"三是问卷调查表虽有涉及仍问的一些问题。例如,有关备课方面的问题:"你备课时通常采用什么形式和方法(独自进行还是

---

① Whyte W. F. (1984). Learning From the Field. Newbury Park:Sage. p. 84.

② 陈向明:《教师如何作质的研究》,教育科学出版社 2001 年版,第 70 页。

同伴合作、完全按照教材还是自己组织思路、是否查阅其他资料等)? 你的备课计划或教案中常含有哪些要素?"需要说明的是,第三个目的的意图在于,访谈的数据与问卷调查和实地观察的数据进行三角检测。

本研究的访谈以半封闭性问题为主,也有适量的封闭性和非封闭性问题。封闭性问题指的是问题和回答都非常具体,受访者没有任何发挥空间。例如,"你能谈一谈你的求学(专业、学历、学校等)、教学(教初中科学年限、任教年级等)经历吗?"非封闭性问题则是指受访者可以不受任何限制地发表自己的观点、感受等。例如,"你对科学、初中科学课程、科学教学等总体上有什么认识?"而半封闭性问题介于封闭性与非封闭性问题的中间地带,受访者的回答虽有一定的预设范围,但基本上不受到限制。例如,"你有机会了解其他学校教师的科学教学经验吗? 如有,你了解到的具体经验是什么? 否则,能说出没有机会的原因吗?"

所有 28 个访谈问题(见附录 3)的设计中,参考了关于访谈问题设计的相关文献,以及其他研究者对学科教师课程实施研究的访谈问题设计。[①] 并且,根据研究的需要,访谈分为课前和课后两个时段进行。具体访谈时,并不是完全按照访谈提纲中的问题及其顺序提问,而是根据受访者的特点、进展情况以及研究的目标作出适当调整。

表 3-3 是访谈提纲的结构、对应问题及数量的统计。所有的访谈都在征询被访者同意的情况下做了录音,并随后被整理成文字记录以供分析。按计划,每人课前访谈 35 分钟,课后 15 分钟,合计 50 分钟。

表 3-3　访谈提纲的结构、对应问题及数量统计

	封闭性	半封闭性	未封闭性	合计
课前	1	2、3、5、7、8、9、10、12、13、14、15、16、17、18、19	4、6、11、20	20
课后	0	22、23、24、25、26、27、28	21	8
合计	1	22	5	28

①　访谈提纲设计参考了如下资料:陈时见:《教育研究方法》,高等教育出版社 2007 年版,第 163—169 页;马云鹏:《课程实施探索——小学数学课程实施的个案研究》,东北师范大学出版社 2001 年版,第 103—105 页。

三、研究方法的试验

以上三种研究方法从设计的初稿到定稿都曾经过小规模的试验，以检测怎样加以改进和使用研究方法。

（一）问卷调查表。在两所属于总体但不属于样本的学校任教的共 8 位教师，其中物理、化学、生物专业各 2 位，电子工程、农学专业各 1 位，同时有 1 位兼做校长，他们都回答了几乎是最后定稿的问卷调查。在收到这些问卷调查表之后，我和这其中不同专业的 5 位教师针对该问卷调查表的可行性进行了约 30 分钟的讨论。

（二）实地观察。被试验性实地观察的是上述做问卷的其中一所学校，听了该校分别具有物理、化学、生物和电子工程专业的 4 位教师的课堂教学，并跟随他们进行了为期三个工作日的课外实地观察。所有实地观察的内容都做了录音和笔记记录。

（三）访谈。上面被课堂听课的其中 3 位教师接受了访谈。进行访谈时试用了事先拟定的对教师访谈的提纲初稿，并在他们同意的情况下均作了录音。

实践表明，上述试验对研究方法的发展和改进是相当有帮助的，通过试验获得的反馈信息能够更好地修改和完善研究方法的初稿。譬如，问卷调查表初稿时存在选项不全面、没有提供补充选项、语言过于学术化、语义歧义等问题，都是经过试验予以改进和完善的。还有，有关试验也表明，总体上，这些研究方法在概念和技术两方面还是可行的。

第四节　研究对象的选择与确定

根据本论文的研究取向和方法，即量的研究与质的研究相结合的混合研究取向，主要采用问卷调查表、实地观察和访谈三种研究方法。由此确定了研究对象的选择思路：采用"点"和"面"相结合，即先确定总体的研究对象，然后从总体中选择若干教师作为样本。

一、总体对象

本研究中的总体对象由浙江省某市的 18 所公办和民办初中学校组成,约占当地所有初中学校数量的 15%。这一总体选择基于如下四条理由:

• 限于研究者本人的精力、物力的现实状况,以及追求深入研究的目标,从而决定了总体的范围难以较大。

• 浙江省是全国唯一在全省范围内实施初中科学课程的地区,并且现在已基本趋于稳定,考察这一区域具有更强现实意义。

• 量的研究与质的研究相结合的混合研究取向,客观上也要求总体的范围不宜过大,因为研究范围过大将不利于保持量的研究与质的研究之间适度的张力。

• 研究者本人就在该市的一所师范大学工作,与当地教研部门、较多初中学校有着良好的合作关系,这为本研究提供了很多便利。

为使本研究的数据尽可能反映普遍性问题,总体的 18 所学校是通过分层随机抽样法得到的。分层随机抽样又称类型抽样,是指对总体按主要标志分成若干层次(或类型),然后独立、随机地在每一层中选取样本。相比其他抽样方法,这一方法具有样本更具代表性、参数估计更准确、抽样方式更灵活等优点。

由此,本研究首先从地域上,将该市的所有初中学校(其中城、郊、农之间界限模糊的学校被剔除)分为城、郊、农三类学校,并对它们分别进行编号。然后根据"非比例"分层抽样采用编号抽签方式,每类各选 6 所合计 18 所学校组成了本研究的总体对象。

总体对象主要用来进行量的研究,其中的所有科学教师,不分专业背景和任教年级,都将被要求完成一份问卷调查表。

二、样本对象

根据研究问题的需要和研究的整体设计,样本主要用作质的研究使用。因此,质的研究取向下的样本确定时,笔者采用目标抽样的方式,从总体中选择对本研究能够提供尽可能多信息的学校作为样本。因此,在确定样本对象时,主要考虑具有比较强城市、郊区和农村特点的学校。

　　具体来说,分别选择符合下面几个条件的学校作为样本。城市学校:位于该市市区,学校规模和办学条件等中等偏上水平;郊区学校:位于该市市区与农村结合处,学校规模和办学条件中等水平;农村学校:位于该市的偏远农村,学校规模和办学条件中等水平。

　　依此思路,从总体对象中在城市、郊区和农村各选1所共3所学校作为研究的样本对象,并对3所学校进行编号:城校(C)、郊校(J)、农校(N)。并且,3所学校使用的科学教材都是统一的《科学》(根据国家科学课程标准建议编写而成)。

　　根据质的研究的取向,需要对样本对象中的初中科学教师做深入细致的研究。由此,笔者在每一所学校中确定了部分教师作为考察和研究的对象。确定的原则是:

　　一是确定的这些教师必须正在担任(或兼任)着正常的科学教学任务,并且集中在正担任初一、初二科学教学任务的教师。

　　二是在每所学校选择4位科学教师,其中物理、化学、生物专业至少各占1位,该校如有其他专业的教师任教,则必选1位。

　　基于以上原则,在样本对象的3所学校各选1位共12位科学教师参与了本研究。每位教师除了之前完成的一份问卷调查表,还需接受笔者的课堂听课2节、课前及课后访谈约50分钟及其他相关的一些活动。

　　表3-4是样本学校参与研究的初中科学教师背景上的一些数据。需要说明的是,郊校没有生物专业的教师参与研究,但一农学专业背景的教师成为研究对象。这不但没有影响本研究数据的收集,反而给研究带来了更丰富的数据信息。

表 3-4　样本对象学校参与研究的科学教师资料一览表

		性别	专业	原学历	现学历	年级	教龄	职务
城校	D	女	化学	本科	本科	初二	23	无
	Y	女	生物	本科	本科	初二	20	科学教研组长
	F	男	电子信息	本科	本科	初二	2	无
	T	女	物理	本科	本科	初一	8	无

续表

		性别	专业	原学历	现学历	年级	教龄	职务
郊校	H	男	物理	本科	本科	初一	7	教务主任助理
	Y	女	化学	本科	本科	初一	7	无
	W	女	物理	本科	本科	初二	8	备课组长
	Z	女	农学	本科	本科	初一	18	备课组长
农校	C	男	生物	本科	本科	初二	2	无
	L	女	化学	本科	本科	初二	8	无
	X	男	物理	专科	本科	初一	7	科学教研组长
	Z	男	物理	专科	本科	初一	7	无
备注	专业分类:物理5位、化学3位、生物2位、其他2位(农学和电子信息工程); 教龄分类:5年以下教龄2位、5至14年教龄7位、14年以上教龄3位。							

第五节　数据的收集、整理与分析

一、收集过程

本研究主要采用问卷调查表、实地观察和访谈三种方法收集数据。有必要说明的是,使用这三种方法收集数据的过程并不是线性的。即是说,数据的收集过程并不是按照问卷调查表、实地观察、访谈的顺序依次展开的,而是一个相互验证和不断补充的过程。下面对这一数据收集过程作一详述。

用于量的研究的18所学校确定后,在各校校长、教务主任或科学教研组长等人的帮助下,通过亲临现场、邮寄等方式完成了《初中科学新课程实施研究》的教师问卷调查。根据各校科学教师的人数,共发放问卷调查表217份,最终回收188份,回收率为86.6%,达到了问卷调查回收率的通常衡量标准。表3-5是三类学校问卷调查回收情况的统计。

表 3-5　三类学校问卷调查的回收情况

	城市学校	郊区学校	农村学校	合计
发放问卷数	95	47	75	217
回收问卷数	83	42	63	188
回收率(%)	87.4	89.4	84.0	86.6

根据教师对问卷调查表中问题 1～5 的回答,可以大致了解 188 名初中科学教师的基本概况,包括性别、年龄、教龄、所学专业以及现在学历等相关的一般信息,为我们从整体上了解该市初中科学教师的基本情况提供了参考。并由问题 3 对回收问卷从教龄的角度进行了统计(见表3-6),以考察不同教龄教师实施初中科学新课程的情况。

表 3-6　不同教龄段问卷数量统计表

教龄	4 年以下	5～14 年	15 年以上
问卷数	21	118	49

在对问卷调查统计分析的基础上,采用目标抽样的方式,确定出了研究的样本对象所要求的学校及其教师。然后征询这些教师是否愿意接受课堂听课和访谈。同时,每一位教师都被解释了课堂听课和访谈的目的。并特别说明计划听他们两堂常态课(不是复习或考试课),希望他们不要因为笔者的听课而作专门准备。此外,还强调他们的名字将不会出现在笔者的研究论文中,有必要时会用适当的代码替代。

通过与他们的沟通交流,所有这些教师都同意笔者的请求和要求。但在听课过程中,还是发现有个别老师因我的听课而做了专门准备,或略有紧张。笔者认为,这种情况应属于正常现象,不影响本研究数据的收集,反而能促进访谈的深入。譬如,就其专门准备的内容,我在课后访谈时可提出问题:"相比常态教学,你专门准备这些内容的目的是什么?你认为这节课上达到你的目的了吗?"

在条件允许的情况下,笔者有意把以下几种情况作为课堂听课的优先选择:一是同一教学内容,不同教师来教,目的在于考察不同教师尤其是不同专业教师的同课异构情况;二是同一教师,连续两节教同一内容,目的在于观察教师课堂教学的调整能力,重点关注第二节相比第一节课是否发生改变、改变了什么、学生有什么不同反应等;三是实验课,初中科学是以实验为基础,强调学生动手,但现实教学比较忽视实验教学,观察实验课具有更重要的研究价值。

访谈是一种研究性交流,是研究者通过口头谈话方式从被访者那里收集第一手资料的研究方法。[①]　本研究对每位教师的访谈都分成课前和课后两个阶段完成,目的在于课前访谈可以了解教师对这节课的构想以及其他相关问题,课后访谈则可研究教师的教学反思以及就课堂教学的某些行为进一步深入了解。在课前访谈之前,笔者都会收集和分析与所听课有关的信息,如教材的结构和特点、教师的课时计划和教学过程、学生的背景等。课后访谈一般程序是先让教师对这节课进行自我评价,然后我就我关注的问题与教师交流。

在课堂听课和正式访谈的过程中,笔者都有录音笔进行录音,并同时做笔记。根据本人的研究经验,做笔记至少有这么几个好处:第一,表示对被观察者或被访者的尊重;第二,有助于研究者根据以观察或访谈的内容及时整理思路,形成追问的问题;第三,有助于之后对观察或访谈内容的分析。对于课外实地观察收集数据,一般不做录音,但会利用一切机会尽可能通过笔记形式记录下来。

需要特别说明的是,以上收集数据的过程基本都是分两阶段进行。问卷调查首先是小规模试测,然后通过对试测问卷的统计分析来完善问卷调查表,最后进行大规模的问卷调查。实地观察和访谈的第一阶段是在离家较近的一所城校完成的,为期半个月,基本上有一个星期的时间全天在这所学校,主要围绕研究问题进行课堂听课、访谈、参加备课和教科研活动、与校长和学生交谈、参观校园等。在对第一阶段收集到的数据整理、分析基础上,然后开始第二阶段的实地观察和访谈,为期一个月。

二、整理与分析

(一)数据分析的原则

关于数据分析的策略和方法,较多研究方法类著作以及博士学位论

---

① 　陈向明:《质的研究方法与社会科学研究》,教育科学出版社 2000 年版,第 165 页。

文中均有阐述。其中，Miller 和 Crabtree(1992)的论述对本研究颇有启发性。他们把四种数据分析方法放在一个连续的过程中。在这个连续图中，"技术的""科学的"和"标准化"的方法处于一个极端。在这一端，研究者对研究持一种客观主义的态度，在数据分析之前就预制了一套分析框架。这种分析方法也叫"半统计式分析"。在另一端则采取"浸入式"方法，即研究者持主观主义的态度，在数据分析之前并没有一套分析框架，数据的分析主要依靠研究者的直觉和解释能力。处于二者之间的是所谓的"模板式分析"和"编辑式分析"。由"半统计式分析"，经过"模板式分析"和"编辑式分析"，研究者对数据的依赖性逐渐增强，受既定原则的约束逐渐减少。它们的关系可由图 3-5 表示。[①]

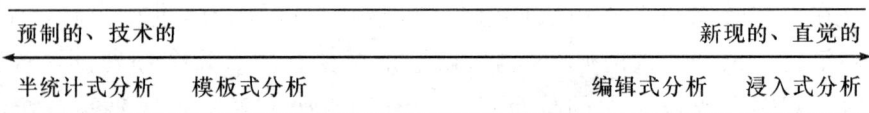

预制的、技术的			新现的、直觉的
半统计式分析	模板式分析	编辑式分析	浸入式分析

图 3-5　四种分析方式的关系

根据 Miller 和 Crabtree(1992)对数据分析的论述，结合数据的收集方式以及研究问题，不难确定本研究中数据分析应坚持的两条基本原则：

1. 数据分析应运用定性和定量两种方法。定量的方法主要用于来自问卷调查的数据，以获得初中科学课程实施的特征及影响因素的普遍性情况。定性方法主要用于来自实地观察和访谈的数据，以深入地厘清和阐释初中科学课程实施的特征及影响因素。实际上，这两种方法可相互证实、互为补充。

2. 关注不同区域、不同教龄的初中科学课程实施。为此，把从问卷调查表、实地观察和访谈中获得的有关教师的背景信息，尤其是他们所在的区域、教学经验（教龄），与教师在问卷、实地观察和访谈中反映的初中科学课程实施的情况，进行联系分析。例如，区域上可分为城市、郊区和农村三类地区，教龄上可分为 4 年以下 $(-\infty, 5)$、5~14 年 $[5, 15)$、15年以上 $[15, +\infty)$ 三个教龄段。

---

① 魏冰：《科学素养教育的理念与实践——理科课程发展研究》，广东高等教育出版社2006 年版，第 201—202 页。

（二）问卷调查表的数据整理与分析

为了便于整理分析，所有的问卷调查表都被编号，每个编号的分布见表 3-7。

表 3-7　问卷调查表编号分布表

	5 年以下教龄	5～14 年教龄	15 年以上教龄
城市	1 号—4 号	5 号—51 号	52 号—83 号
郊区	84 号—92 号	93 号—116 号	117 号—125 号
农村	126 号—133 号	134 号—180 号	181 号—188 号

对问卷调查表的检查表明，就少数几处原始数据资料进行一定的补充和校正处理既是必要也是可行的。例如，问题 3：“教龄（参加工作算起）A＜5　B[5,10)　C[10,15)　D[15,20)　E≥20。”这个题目非常关键，要依此对教师按教龄进行分段，如果回收的问卷无法确认选项将被视作无效问卷处理。但如果问题 2：“年龄　A＜30　B[30,40)　C[40,50)　D[50,60)　E≥60”进行了选择，比如编号 73 的教师回答自己年龄为 C（40 岁及以上），我们则可推断其教龄应在 16 年及以上，至于对应选项是 D 还是 E，对本研究并没有影响。当然，如果推断出的教龄不能对应于上面的分段，应被视作无效问卷处理。

再如，问题 26：“参加的培训（可多选）A 国家级　B 省级　C 市级　D 区级　E 校级。”这是一个多项选择的问题，而问卷编号 128 的教师只选了 B 项。根据问卷调查的该市初中科学教师的培训机制，完全可以推断出参加过省级培训的教师一般都参加过市、区、校级培训。因此，可以将该教师的实际选项修改为 B、C、D、E。

除此之外，那些无法适当修复（或是空白，或答非所问等）答案的问卷调查表，在分析时都被剔除在外。所有被补充或校正的问卷调查表，都会在后面章节中予以说明。问卷调查表经过补充或校正后，所有从问卷调查表得来的数据都被储存、处理和分析。整个过程的整理和分析主要运用了 Excel 软件。

因本研究需要从整体、区域、教龄三个角度全方位分析问卷调查数据，为使整理后的数据便于分析，特设计表 3-8 以体现整理和分析数据的思路（左表对应的是问卷调查的背景资料和实施情况，右表对应的是影响因素）。

表 3-8 问卷调查整理和分析数据思路

题号	A			B		
	城	郊	农	城	郊	农
教龄段						

题号		5	4	3	2	1
教龄段	城					
	郊					
	农					

（三）实地观察和访谈的数据整理与分析

实地观察和访谈的所有原始录音资料都被转换成文字，并对转换后的文字伴随着录音进行了核对。根据质化研究取向的数据整理和分析方法，本研究的实地观察和访谈的数据整理与分析过程如下（见图 3-6）。

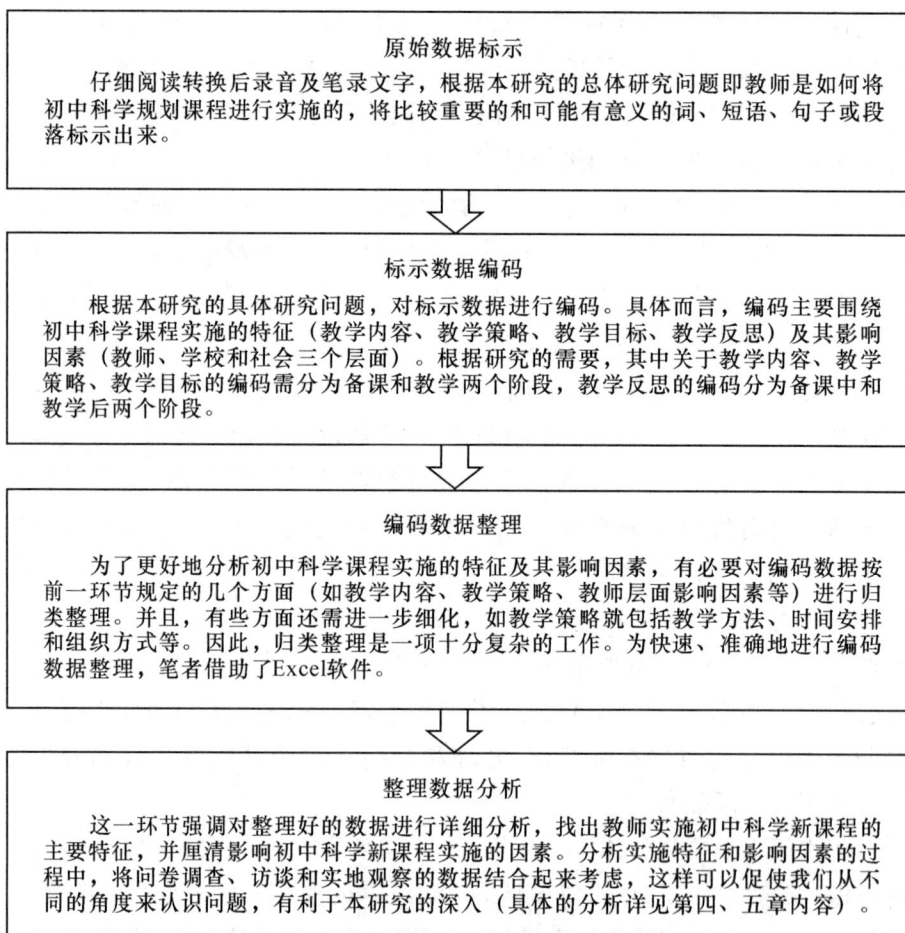

原始数据标示

仔细阅读转换后录音及笔录文字，根据本研究的总体研究问题即教师是如何将初中科学规划课程进行实施的，将比较重要的和可能有意义的词、短语、句子或段落标示出来。

标示数据编码

根据本研究的具体研究问题，对标示数据进行编码。具体而言，编码主要围绕初中科学课程实施的特征（教学内容、教学策略、教学目标、教学反思）及其影响因素（教师、学校和社会三个层面）。根据研究的需要，其中关于教学内容、教学策略、教学目标的编码需分为备课和教学两个阶段，教学反思的编码分为备课中和教学后两个阶段。

编码数据整理

为了更好地分析初中科学课程实施的特征及其影响因素，有必要对编码数据按前一环节规定的几个方面（如教学内容、教学策略、教师层面影响因素等）进行归类整理。并且，有些方面还需进一步细化，如教学策略就包括教学方法、时间安排和组织方式等。因此，归类整理是一项十分复杂的工作。为快速、准确地进行编码数据整理，笔者借助了Excel软件。

整理数据分析

这一环节强调对整理好的数据进行详细分析，找出教师实施初中科学新课程的主要特征，并厘清影响初中科学新课程实施的因素。分析实施特征和影响因素的过程中，将问卷调查、访谈和实地观察的数据结合起来考虑，这样可以促使我们从不同的角度来认识问题，有利于本研究的深入（具体的分析详见第四、五章内容）。

图 3-6 实地观察和访谈数据的整理和分析过程

第六节　研究的信度与效度

一、相关理论

通常说来,信度和效度是量的研究用来检测研究结果的可靠性的。信度是指研究的前后一致性以及研究能在多大程度上重复。而效度则是指研究的有效性,可分为内效度和外效度。内效度是指自变量与因变量的因果关系的真实程度,即研究结果的真实程度;外效度是指研究结果的可推广程度。

根据现有文献资料,对于质的研究的信度和效度问题,大多数质的研究者认为,量的研究意义上的"信度"这一概念不符合质的研究的实际工作情况,对质的研究没有实际意义。质的研究将研究者作为研究的工具,强调研究者个人的独特性和唯一性。因此,即使是在同一地点、同一时间、就同一问题、对同一人群所做的研究,研究者的结果也有可能因不同的研究者而有所不同。[①]

但也有学者认为,在质的研究中,如果两位或更多的研究者独立分析相同的资料并得出相似的结论,这是对内在一致性,即信度的强有力证明。[②] 质的研究中信度表现在所发现的事实材料不受意外情况的干扰,如果用同样的方法去搜集同一资料,是否可得到同样的结果,多次的比较分析就可以判断其可靠性。[③] 由此可以说,质的研究的信度具有理论上的可能性,但并不具备实际操作性。

二、提高措施

本研究因采用量的研究与质的研究相结合的混合研究取向,所以整体上看,在具体的研究设计和实施过程中,我们必须通过一些途径提高

---

① 陈向明:《质的研究方法与社会科学研究》,教育科学出版社 2000 年版,第 100 页。

② 威廉·威尔斯曼:《教育研究方法导论》,袁振国主译,教育科学出版社 1997 年版,第 268 页。

③ 裴娣娜:《教育研究方法导论》,安徽教育出版社 1995 年版,第 343 页。

本研究的信度和效度问题,只是质的研究部分不准备讨论信度问题。根据他人的研究经验及笔者对质的研究和量的研究两种方法技术的掌握程度,主要采用如下措施以提高本研究的信度和效度:

第一,掌握量的研究方法和质的研究方法技术的熟练程度。在正式开始本研究之前,我系统地学习了这两大研究方法,并且把它们结合起来做了预研究工作。在预研究过程中,通过对两大研究取向下的具体研究方法如问卷调查、实地观察和访谈的不断反思,在正式开始本研究前基本已有比较清晰的思路:采用三角测量的方法,综合运用问卷调查、实地观察和访谈等多方面的数据阐释研究的发现。

第二,制定切实可行的问卷调查表、实地观察记录表以及访谈提纲。3.3节对此已有详述:问卷编制严格按照规范程序执行,问题的表述尽可能简明扼要、通俗易懂、立场中立、措辞委婉等;实地观察遵守客观性、目的性、全面性和典型性的原则,有科学、合理的观察计划和记录表;访谈无论从方法、对象还是提纲都做了充分准备。

第三,科学、合理地对研究对象的总体和样本进行抽样。如3.4节所述,对研究对象的选择和确定采用"点"和"面"相结合的思路,即先确定总体的研究对象,然后从总体中选择若干教师作为样本。根据具体研究问题的需要,总体对象采用分层随机抽样,而样本对象则是目标抽样。

第四,对研究数据进行有效的收集、整理和分析。本研究主要采用问卷调查表、实地观察和访谈三种方法收集数据,但并不是按照这三种方法的顺序依次展开的,而是一个相互验证和不断补充的过程。数据的整理和分析坚持两条基本原则:一是应运用定性和定量两种方法;二是关注不同区域、不同教龄教师对初中科学新课程的实施。所有回收的问卷调查表都被编号,经过合理的补充或校正后,从问卷调查表得来的数据都被储存、处理和分析,并借助了 Excel 软件。实地观察和访谈的数据整理与分析采用如下过程:原始数据标示→标示数据编码→编码数据整理→整理数据分析(详见图 3-6 的内容)。

第五,研究者本人的气质和条件也能提高本研究的信度和效度。从气质上,我的亲人和比较熟悉朋友多认为,比较随和、细心、敏感、阅历较丰富等,我认为这些也比较符合真实的我。气质的这些方面,有助于我去观察、与人交流以及理解事实。从条件上讲,笔者就在本研究中该市的一所师范大学做教师,同时在该市的一所初中学校挂职科研副校长,并且与该市的科学教研员、很多校长和教师有着良好的合作以及私人关系,如此条件使我具有了得天独厚的条件和优势,利于本研究的深入开展。

第四章　初中科学新课程实施中关于教学内容的处理

　　本章以及紧接的后三章主要是在问卷调查、实地观察和访谈数据整理与分析的基础上,根据教师实施初中科学新课程的分析框架(见图3-2),从整体、区域和教龄三个不同角度深入了解浙江省某市教师实施初中科学新课程的真实情况。并且,调查和分析时采用三角测量的思想方法,具体见图4-1。

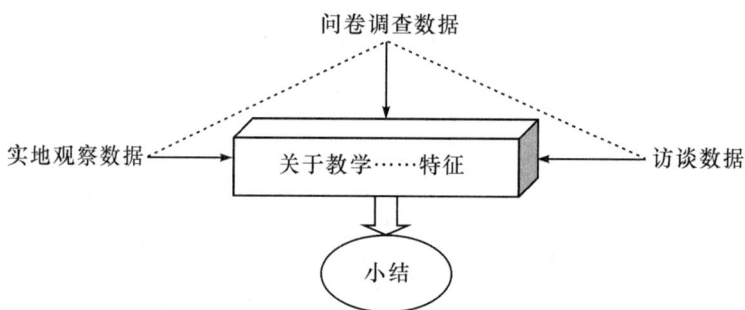

图 4-1　关于教学……特征调查和分析的思想方法

　　图 4-1 表明,通过问卷调查、实地观察、访谈三种不同来源的数据,分别考察初中科学新课程实施各方面的特征。然后对三种不同研究工具分析得出的结论进行小结,从而得出更为可靠、坚实的初中科学新课程实施特征。此外,对每一种研究数据都先从整体进行分析。如有必要,再分别考察不同区域、不同教龄的教师实施初中科学新课程的差异,从

而达到全面了解初中科学新课程实施的目的。

　　教学内容是"学校传授给学生的知识、技能、技巧、思想、观点、信念、言语、行为、习惯的总和"①。在西方一般是指"进入学校教学活动领域的文化"②。具体而言,是指"一门学程中所包含的特定事实、理念、原理和问题等"③。由此可见,教学内容具有狭义和广义之分。广义上,教学内容是指在教育活动中被传授的各种文化总和。狭义上,教学内容常特指学校中的学科教材,即根据教育的目的和学科的任务组织和编写的具有一定范围和深度的知识、技能以及体现情感、态度、价值观的一套体系,一般是指教科书。

　　本研究中的教学内容指其狭义含义,即是由体现科学探究(过程、方法与能力)、科学知识、实践技能、情感、态度、价值观以及科学、技术与社会关系等材料所组成的微观或宏观体系。宏观上,是指整个初中科学的教学内容,主要由物理、化学、生物、天文和自然地理等学科内容组成。"微观"上,一般是指整个初中科学教学的其中一节或几节内容,这里面包含着体现初中科学新课程目标的内容体系。

　　从研究数据的分析看,无论是问卷调查、实地观察,还是与教师的课前、课后的访谈,笔者发现教师往往是从某一个具体的教学内容出发来思考与其相关的问题,如教学方法运用、课堂组织方式、教学时间分配等。因此,本研究首先选择从教师对教学内容的处理来分析初中科学新课程实施情况。

　　对于初中科学新课程实施关于教学内容处理的调查和分析,重点并不在于教师对内容的如何理解,而是考察其对教学内容的处理方式及取向。比如,初二第一学期的教学内容——天气和气温,本研究分析的重点并不是教师对"天气是什么""气温是什么""天气和气温有什么区别"等问题的理解程度,而是对于这节课诸如讨论、实验、练习等内容,教师是完全按照教材设计的内容、增删其中某些内容、还是将某些内容更换

---

　　①　顾明远:《教育大辞典(1)》,上海教育出版社 1990 年版,第 257 页。

　　②　R. barrow & G. Milburn(1986). A Critical Dictionary of Educational Concept. Brighton:Wheatsheaf Books Ltd. p. 70.

　　③　T. Husen & T. N. Postlethwaite(ed.)(1985). The International Encyclopedia of Education(Vol. 8). Oxford and New York:Pergamon Press. p. 1151.

为其他相关内容等进行教学设计和课堂教学，以及教师为何做这样的处理。

第一节　问卷调查的结果与分析

问卷调查表的第 10、11、12 三个题目是有关教师对教学内容的处理，前两个问题主要是了解教师对教材中的实验和研究性课题的教学情况，后一个问题则是了解教师对教学内容的补充情况。

因问卷调查难以对教学内容的每个方面都有所涉及，而以上三个问题的设计是基于如下考虑：首先，初中科学是以实验为基础的，实验又是培养学生实践能力和创新精神的有效途径，由此将教学内容的实验部分单独考察是必然的；其次，初中科学新课程的目标、理念和内容都突出科学探究，而教材中的研究性课题正是针对科学探究所设计，有必要从整体上了解教师对研究性课题的完成情况；另外，从笔者的预研究中发现，较多的教师在教学中都会增加一些内容，所以设计了第 12 题以考察教师补充教学内容的情况。

一、对实验和研究性课题的实施情况

就实验和研究性课题的实施现状调查，问卷第 10、11 两个题目（实际上有三个小题）要求教师根据自己的教学，回答实际做的学生实验、演示实验和研究性课题约占整个教材的百分比。对于这个问题，所有 188 名教师都提供了有关信息，数据统计见图 4-2。①

从整体上看，有近八成的教师能够把演示实验做 70% 以上（含 100%），尤其是有三成的教师能够做到对教材中的演示实验全做；学生实验的所做情况虽不如演示实验好，但也有近六成的教师能够做 70% 以上（含 100%）。

相比实验教学情况，教材中研究性课题的完成情况则不太理想，能

---

①　对本研究中统计图的简要说明：(1)为便于区分整体与区域、教龄的统计，以及不同区域、不同教龄的比较，一般情况下，对研究数据的整体统计都是用柱状图，而关于不同区域、不同教龄的情况比较用折线图；(2)纵坐标的"百分比"用小数形式表示。

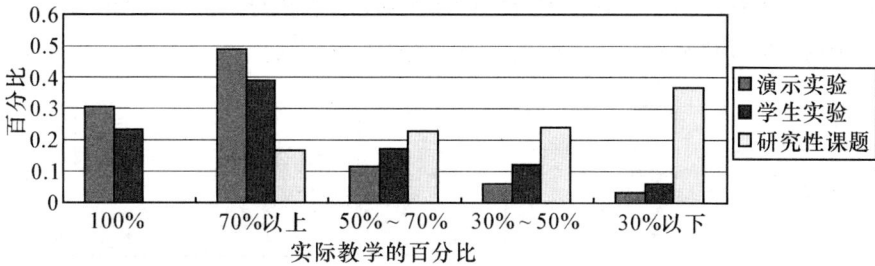

图 4-2 教师对教材中的实验和研究性课题的实施情况

够完成 70％以上（含 100％）的教师仅一成多点，而高达六成的教师完成不了一半。

由此可得出，教师对科学教材中演示实验和学生实验都比较重视，但对为响应新课程改革而设计的研究性课题则显得重视不足。

下面转向从区域、教龄的视角分别对演示实验、学生实验和研究性课题的实施现状做一分析。

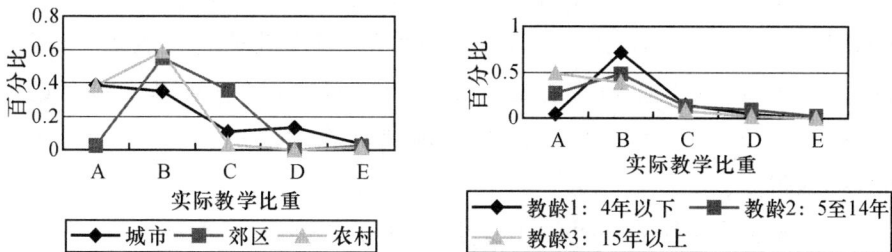

图 4-3 不同区域、不同教龄教师对科学教材中演示实验教学情况的比较

注：实际教学比重 A＝100％；B＝70％以上；C＝50％～70％；D＝30％～50％；E＝30％以下。

图 4-3 是不同区域、不同教龄教师对教材中的演示实验教学情况的比较。从区域上看，城市和农村教师比郊区教师更重视演示实验教学，前者有近四成的教师对演示实验全做，尤其是农村教师几乎都能做到 70％以上（含 100％）。相比较而言，郊区教师只有近六成的教师做 70％以上（含 100％）。值得注意的是，对演示实验教学不足科学教材一半的教师，城市远比郊区和农村多，前者有一成多而后者基本没有。

从教龄上看，三个教龄有八成以上的教师都能做 70％以上（含 100％），说明都还比较重视演示实验教学。相比较而言，教龄 3 的老教师显得最为重视,有高达五成的教师能够对教材中的演示实验全做,而教龄 1 的新教师则显得少一些,能够全做的不到一成。

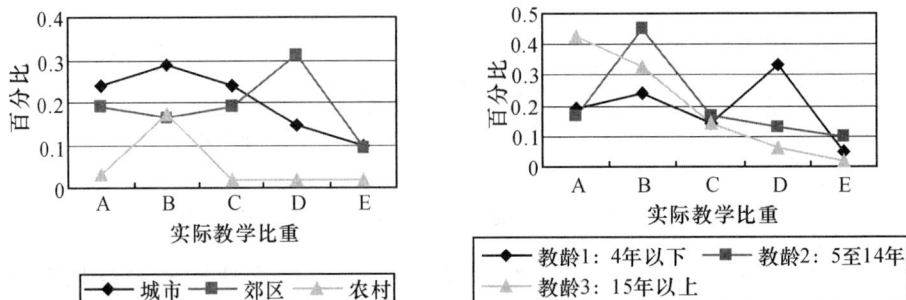

图 4-4

注:实际教学的比重 A＝100％;B＝70％以上;C＝50％～70％;D＝30％～50％;E＝30％以下。

图 4-4 是不同区域、不同教龄教师对科学教材中学生实验教学情况的比较。从区域上看,城市和郊区教师比农村教师较为重视学生实验。数据表明,能做 70％以上(含 100％)的教师,城市教师有五成多,郊区教师接近四成,而农村教师只有近二成。但不容忽视的是,郊区却有近四成的教师对学生实验教学不足 50％,城市的教师也占有二成多,而农村的教师则很少。

从教龄上看,对学生实验能够全做的,教龄 3 的老教师最多,有四成多点,教龄 1 和教龄 2 教师差不多,基本都是二成。但从完成 70％以上(含 100％)或不足 50％的角度看,教龄 1 的新教师完成得最少,没有教龄 2 和教龄 3 教师重视学生实验。

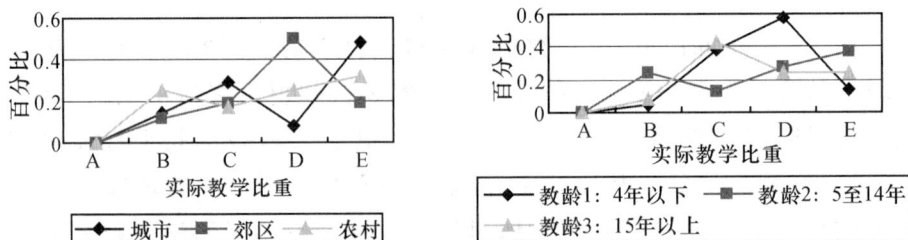

图 4-5　不同区域、不同教龄教师对科学教材中研究性课题教学情况的比较

注:实际教学的比重 A＝100％;B＝70％以上;C＝50％～70％;D＝30％～50％;E＝30％以下。

图 4-5 是不同区域、不同教龄教师对科学教材中研究性课题教学情况的比较。从区域上看，城市、郊区和农村教师都不太重视研究性课题，全做的基本上没有。能做 70% 以上也不多，只有农村教师有二成多，其他都是一成。尤其是城市教师，有将近一半做研究性课题不足 30%。

从教龄上看，仅有教龄 2 教师，超过二成完成 70% 以上的研究性课题，教龄 1 和教龄 3 教师都不足一成。但完成 50%～70% 的比例，教龄 2 的教师却远低于其他两个教龄教师。还有，完成不足 30% 的比重，教龄 2 教师远高于其他两个教龄的教师。由此可初步推断，教龄 2 教师对研究性课题的态度反差较大，分化较为严重。

二、对教学内容的补充情况

问卷调查表第 12 题要求教师根据自己的教学情况，回答在《科学》教科书中内容的基础上还常增加哪些方面的内容。所有 188 名教师都提供了该题目的有关信息，其中有一位教师对问卷中该题的选项"H. 其他"给予补充：物理部分常增加例题。其实，增加的例题仍是习题的一种形式，数据统计时就把它归为选项"C. 习题"。

因该题是多项选择问题，因此基于整体分析的数据统计采用两种方式：一是统计各个选项的百分比（见图 4-6）；二是统计每位教师补充教学内容项数的百分比（见图 4-7）。

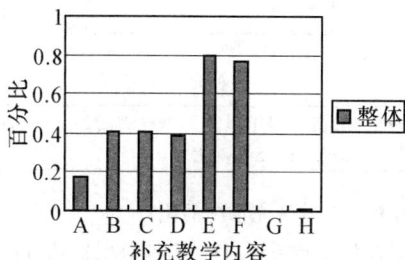

图 4-6　教师对教学内容的补充情况（选项统计）

注：补充的教学内容 A＝纯粹科学知识；B＝科学史；C＝习题；D＝培养学生情感方面内容；E＝与生活有关的内容；F＝激发学生科学学习兴趣内容；G＝没有增加；H＝其他。

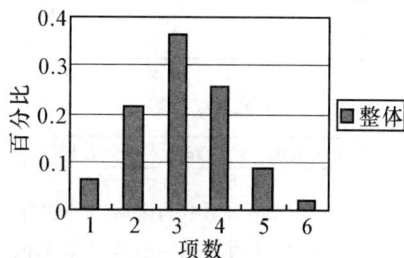

图 4-7　教师对教学内容的补充情况（项数统计）

注：横坐标项数是指每个教师补充教学内容的方面数，例如 3＝教师通常补充三个方面的内容。

从整体上看,图 4-6 表明,所有教师在教学中都会补充教学内容,其中有近八成教师补充的是与生活有关的和能激发学生科学学习兴趣的两个方面教学内容。其次,也有近四成教师喜欢补充科学史、习题和培养学生情感等三个方面的内容。相对来说,补充纯粹科学知识的教师并不是很多,但也有近两成教师补充这方面内容。

图 4-7 显示,很少有教师在教学中补充一个或较多(如五项、六项)项内容,更多的教师会补充二至四项内容,其中以补充三项内容的教师居多。从教师对教学内容补充情况的选项统计看,补充较多的三项内容多是与生活有关的、能激发学生科学学习兴趣的这两个方面教学内容,再加上科学史、习题和培养学生情感等三个方面内容中的一项。

图 4-8 是不同区域、不同教龄教师对教学内容补充情况的比较。从区域上看,城市和郊区的大多教师主要补充两个方面的教学内容,即与实际生活有关的内容和激发学生科学学习兴趣的内容,而农村教师除此之外,还有较多的教师补充科学史内容。

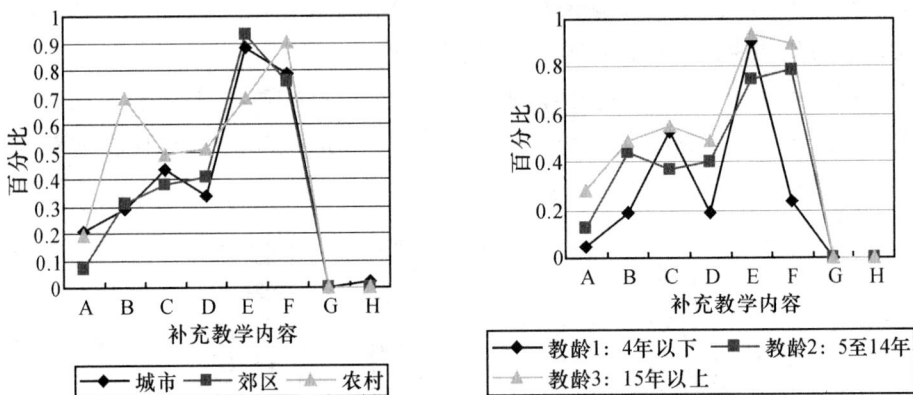

图 4-8　不同区域、不同教龄教师对教学内容补充情况的比较

注:补充教学内容 A=纯粹科学知识;B=科学史;C=习题;D=培养学生情感方面内容;E=与生活有关的内容;F=激发学生科学学习兴趣内容;G=没有增加;H=其他。

从教龄上看,八成左右的教龄 2 和教龄 3 教师补充与生活有关的和激发学生科学学习兴趣的教学内容,而教龄 1 的新教师除了最多地补充与实际生活有关的教学内容外,第二多是补充习题不是激发学生科学学习兴趣的内容。对于补充习题,也有五成多教龄 3 的老教师补充此内容。其实,不管哪类教师,问卷调查中至少表明,他们都有意补充与生活有关教学内容。

　　由上可以看出,初中科学新课程实施中教师并不拘泥于科学教材内容,而是能够灵活处理教学内容。从补充的内容看,多是倾向于与生活有关和能激发学生学习兴趣内容,较为接近新课程的理念和要求。现实是否如此,仅靠问卷调查数据还不足以得出可靠结论,还须通过对实地观察和访谈数据做进一步分析。

第二节　实地观察的结果与分析

　　与问卷调查相比较,实地观察 12 名教师对教学内容的处理情况,应具有更强的真实性和情景性。教师对有关教学内容的处理,本研究主要从两个阶段进行实地观察:一是课前备课阶段,主要是从有关的文件资料如教材、教案、课件等中详细分析教师在课前备课时是如何处理教学内容的;二是课堂教学阶段,这是在真实的课堂情景中进一步分析教师对教学内容又是怎样处理的。

一、课前备课阶段有关教学内容的处理

　　课前备课阶段的教学内容是以现行科学教科书中内容为基础,前文已述本研究的重点不在于教师对具体内容的理解上,而是根据该教科书内容设计的特点,考察教师对教学内容的处理方式以及取向。现行科学教科书的内容编排较传统教科书有了很大突破(详见附录 4),它一改传统的平铺直叙的模式,采用诸如讨论、观察、思考、实验、制作、探究、阅读、联系、读图等模块的形式将教学内容整合起来,并尽可能地不在教科书上直接给出一些讨论或思考问题的参考答案,这为教师对教学内容的处理留出了很大创造空间。

　　所以,具体地说,对课前备课阶段有关教学内容处理的考察,就是看教师在处理这些教学内容时,对科学教科书上所确定的模块内容是否有所改动,如果有改动,是增加了还是减少了一些内容,还是更换了其他类似内容。同时,从教师对教学内容的处理情况,进一步了解教师在处理教学内容上的行为取向。

　　鉴于以上思想,笔者设计了课前备课阶段有关教学内容处理的分析表,然后对照科学教科书详细分析 12 名教师的教案、课件等资料。表 4-1 反映了教师在课前备课阶段对教学内容的处理情况。

　　为更直观地从整体上了解教师在课前备课阶段对教学内容的处理情况,笔者将表 4-1 中的数据做了进一步的统计(见图 4-9)。

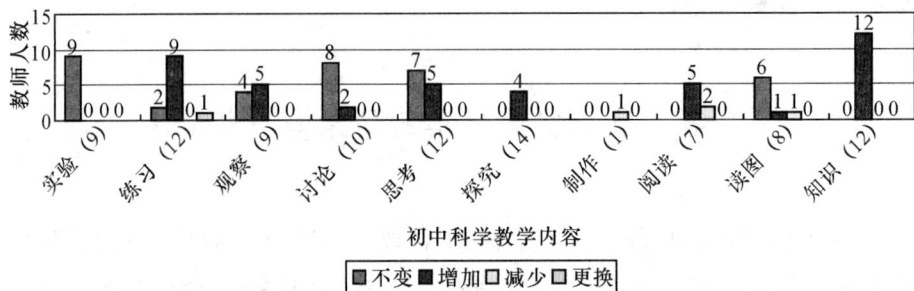

图 4-9　课前备课阶段教师对教学内容的处理情况

　　注:横坐标括号内数字＝实地观察的这节课教科书中有此模块(不管是否采用)的上课教师人数＋科学教科书中虽无此模块但以此模块形式上课的教师人数。

　　从表 4-1 和图 4-9 中可以看出,不论城市、郊区还是农村的教师,在课前备课阶段都能做到灵活处理教学内容。整体上看,大多教师倾向于对实验、观察、讨论、思考、读图等内容基本不作改动,特别是观察、思考、讨论等内容不但被完全使用,而且还有不少教师增加这方面内容。

　　尤为注意的是,几乎所有教师在课前备课时都增加初中科学教学的练习和知识方面的内容。只有两位教师对教科书中练习未作改动,但通过查看她们上课的教科书中的内容和与其访谈了解到,她们所上的内容都不是很难并且中考考点也不多,不用补充练习学生就能掌握,但她们也表示大多时候会增加练习的。这就表明,所有教师都会补充练习和科学知识方面的教学内容。

表 4-1　课前备课阶段教师对教学内容的处理情况

项目 / 教师	实验 不变	实验 增加	实验 减少	实验 更换	练习 不变	练习 增加	练习 减少	练习 更换	观察 不变	观察 增加	观察 减少	观察 更换	讨论 不变	讨论 增加	讨论 减少	讨论 更换	思考 不变	思考 增加	思考 减少	思考 更换	探究 不变	探究 增加	探究 减少	探究 更换	制作 不变	制作 增加	制作 减少	制作 更换	阅读 不变	阅读 增加	阅读 减少	阅读 更换	读图 不变	读图 增加	读图 减少	读图 更换	知识 不变	知识 增加	知识 减少
C1F	√					√				√				√				√				√					—			√			√						√
C2T			—			√			√					√		√		√					—				—			√					—			√	
C3Y	√					√				√				√				√					—				—			√					√			√	
C3D	√					√				√			√				√						—				—				—		√					√	
J3Z	√				√				√				√				√						—				—				—		√					√	
J2H			—			√				√			√						√				—			√					—		√					√	
J2W	√				—				—				—					√				√					—				√		—					√	
J2Y		√			√				√				√				√						—				—				—				√			√	
N2X	√					√				√			√					√				√					—			√			√					√	
N2L	√				√				—				√				√					√					—				—		√					√	
N2Z	√				√				√				√				√						—				—				√		—					√	
N1C			—		√				√					√			√						—				—				—		—					√	

注：（1）项目栏：不变是指完全按照教科书内容；增加是指补充教科书上部分教学内容；减少是指去掉教科书中无其他教学内容；更换不同于增加，是指将教科书中的教学内容替换为与其科目的相同的其他内容。（2）教师栏：数字表示教师所属的教龄组，1 代表 5 至 14 年，3 代表 15 年以上；数字前面的字母 C、J、N 分别代表城市、郊区城市、农村；数字后面的 F 是指城市 4 年以下教龄的 F 老师；数字后面的字母则是教师姓氏拼音的首字母。例如，"C1F" 是指城市处理的这节内容，教科书中无并且未增加某模块，就用 "—" 表示。（3）内容栏：教师对同一模块有多个增加、减少或更换，仍只用一个 "√" 表示。

　　还有,不论城市、郊区还是农村地区,都有教师增加探究内容,这说明初中科学新课程的科学探究理念还是能够被部分教师备课时所考虑。此外,只有很少的教师会减少或更换部分教学内容。研究中仅有一位教师更换了练习题目,她是一位物理专业的教师,当时讲电流内容,认为自己所找的题目比教科书上的题目更好一些。有四位教师减少了制作、阅读、读图等教学内容。对于制作和阅读方面内容,大多教师表示,把这些内容留给学生课后完成。

　　从区域、教龄上看,教师在课前备课阶段对教学内容的处理,总体上差异不大,只有个别内容稍有差异。区域上,只有讨论模块内容,城市教师(有 3 人增加)比农村和郊区教师(无人增加)看起来更重视学生的讨论。教龄上看,增加探究内容的都是教龄 1 和教龄 2 教师,而教龄 3 教师没有增加,这表明备课阶段教龄 3 的老教师并不是很注重初中科学新课程突出的科学探究内容。

　　综合以上课前备课阶段对教学内容的处理,可以看出,教师在初中科学新课程实施上并不是采用完全忠实的取向,而是一种混合取向。在忠实地执行部分规划课程内容的同时,能够对教材有所调适。但是,教师调适教学内容的指导思想较为消极,即基本都是围绕中考调整教学内容,仅有少部分教师增加新课程强调的科学探究内容。

二、课堂教学阶段有关教学内容的处理

　　以上是教师在课前备课阶段对教学内容的处理情况,基本上还是理想中的课程内容,并不能真实地反映初中科学新课程实施中有关教学内容的处理特征。因此,关键还是要看具体的课堂教学过程中,教师对教学内容的处理情况。针对课堂教学阶段,主要是考察教师在课堂教学过程中对课前备课内容的调适情况,分析的重点是教师对课前备课内容是否改变。

　　通过对 12 名教师课堂教学的实地观察数据的整理和统计,比照其课前备课的教学内容,理出了课堂教学阶段教师对教学内容的处理情况(详见表 4-2)。其中"微变"是指对课前备课内容的减少或少量增加,而"大变"则是指大量增加或调整课前备课内容。

表 4-2　课堂教学阶段教师对教学内容的处理情况

项目／教师	不变	微变	大变	减少的课前备课内容									
				实验	练习	观察	讨论	思考	探究	制作	阅读	读图	知识
C1F		√		√	√				√				
C2T		√					√				√		
C3Y		√			√		√						
C3D	√												
J3Z		√							√				
J2H		√			√							√	
J2W		√			√						√		
J2Y	√												
N2X		√					√						
N2L	√												
N2Z	√												
N1C		√			√		√						

从表 4-2 中可以看出,所有教师都没有对课前备课的教学内容进行大的改动,多是稍做微调。同时,也有部分教师没做任何变化,完全按照课前备课的内容进行教学。

从微调教学内容看,教师都是减少一些课前备课的教学内容,没有增加或更换其他内容的。表 4-2 表明,减少的教学内容多是练习和讨论,也有个别教师减少实验、探究、阅读、读图等方面的内容。这些内容的减少反映出两方面情况,一方面可以看出教师在课前备课时设计的内容尤其练习比较多,另一方面教师比较重视学生对所学内容的掌握情况,宁可减少也不硬塞。

针对教师对课前备课内容在课堂教学中不变或微变情况,究其原因,笔者认为主要有两个原因:

第一,也是最重要的一个原因,不论城市、郊区还是农村的教师都很依赖多媒体课件辅助教学。通过笔者的实地观察、自身的教学体验和深入的思考,教学依赖多媒体课件很容易阻碍教师的教学创造。课件指引下的教学过程,基本就是教师"读"至多是"解读"课件内容的过程,再加上大多教师因专业限制而不熟悉教学内容,由此课堂教学中对计划的教学内容改变不大甚至不变也就不足为奇了。

第二,从减少的具体内容看,多是由于教学时间不够而造成的,也有个别教师是由于课前准备不足造成的。例如,J2H 教师课后告诉我,这节课的读图内容之所以没有了,是因为课前最后一次备课时不知道怎么回事被删除了,上课时发现没有了,也就不说了。同时,这也充分表明了教师对多媒体课件辅助教学的较强依赖性。

如果从区域、教龄角度看,教师在课堂教学阶段对教学内容的处理情况,总体差别也不是很大。从课前备课内容在课堂教学中是否改变看,农村较城市和郊区教师、教龄 2 较教龄 1 和教龄 3 教师更不愿意进行改变。从微变的具体内容看,只有个别年轻或城市的教师减少了原先计划好的实验内容,阅读和读图内容的减少多是城市和郊区或教龄 2 的教师。而郊区教师没有减少讨论内容的,教龄 2 或农村教师则不会减少探究内容。由此,相比较而言,农村和教龄 2 教师对初中科学新课程理念实践得好一些。

我们把课前备课和课堂教学两个阶段的内容处理联系起来看,会发现大多教师课前备课时基本上能够灵活处理教学内容,能够做到对教科书中的内容进行有选择的取舍、补充甚至替换,而在课堂教学过程中对课前备课的内容基本是不变或稍微改动。从区域、教龄上看,教师对教学内容的处理没有太大差异。只是在探究上,教龄 3 的老教师显得没有其他教龄的教师重视。从教师对教学内容的处理取向看,教师并不是完全采用课程实施的忠实取向,实际表现出的是一种混合取向,也有少量的教师能够实践初中科学新课程的理念。

第三节　访谈的结果与分析

相比前两种研究工具,通过访谈的方式能够更深入地了解教师对教学内容的处理情况,即不但可以知道教师怎样处理教学内容,而且能知道教师为什么要这样处理。在访谈中,所有 12 名教师都被首先问到是如何处理教科书中的内容的,然后进一步询问前面未谈及且有必要了解的模块内容在教学中是如何处理的,以确保他们尽可能完整地给出更多教学内容的处理方式。

　　下面是根据教科书中的各种模块内容,分别描述教师对访谈问题所做的回答并给予分析。需要指明的是,针对教科书中的每种模块内容的处理,整理时并不一定将 12 名教师的回答一一罗列出来,具体分析时如有必要会做出解释。

　　练习。所有 12 名教师对教学内容中有关练习的处理给予了回答,他们几乎都强调教科书中的练习是满足不了课堂教学使用的,一般会作些补充。其中一位城市的新教师希望教科书中的练习编排最好有一定的阶梯性。以下是部分被访谈者的回答实录:

　　C2T:书本上这些练习肯定是不够的,我们一般都是要补充的,针对这节课的难点、重点,特别是有些我们认为它(指教科书)①讲的不是特别详细的但完全重要的东西,我们都会给它补充进去的。

　　C3Y:一般都会补充,特别是上前面那些(第三册第一章:生活中的水),学浮力、压强,那么这个地方就有比较多的例题下去,补充很多。

　　J2W:书上练习很少的,课堂上对书本上的练习就带带过的,基本都是一两道题目,而且蛮简单的,(补充的练习)主要用作业本、同步等。

　　N2Z:书本上的很少的,其实学生在活动的时候,就在做练习,有些就是在活动当中加深理解,我们也会补充很多。

　　N2L:书本上不够的,(补充的练习)主要是作业本。

　　C1F:我们这个练习,我觉得用的并不多,都是自己找的题目,像作业本的题目。书本上的题目,其实学生做做很快的。这个练习的排版,如果能有一定的阶梯性就好了。

　　我们从中还可以看出,大多教师在认为是重点、难点的知识方面增加练习,增加的练习多是作业本②上的题目。从中也不难理解,教师补充练习的表层原因主要有两个:一是教科书上的练习确实少;二是教科书上的练习较为简单。其实,隐藏于背后的深层原因是教师希望通过大量

---

　　①　括号中文字并不是被访者的话语,这是笔者为使读者更清楚地理解其含义或背景专门而添加的,下同。

　　②　《作业本》是浙江省教研室组织编写的一套教辅材料,被访谈的 12 位教师和他们的学生都在作为主要的辅助学习材料使用。

的练习,让学生能够考出更好的分数。

讨论。理论上,讨论模块内容能够激发学生的发散思维,促使学生在思维的碰撞中获得进步与提高。我们先看初中科学教学中教师对讨论内容是如何处理的:

C3D:讨论,但是有时候也不要讨论的。(研究者:为何不要讨论呢?)一看就知道了啊。有时候也会不用它的讨论,自己设计的。

C2T:我们也是讨论的,可让学生联系生活实际讨论。但有些学生不知道,我们就要告知他。

J2W:我们基本上每个讨论题都会让学生讨论,然后跟他们讲明白怎么回事情。

N1C:一般来说,讨论肯定是要讨论的。

N2Z:也不是按照它的讨论,也会做一些处理的。

整体上,我们发现大多教师还是比较重视教学的讨论内容的,并且能够对教科书中的讨论内容有所取舍或替换,特别是城市的 T 老师还强调让学生联系生活实际进行讨论。此外,城市的 D 老师认为有些讨论内容过于简单,并不适合于学生讨论。

从区域上看,城市、郊区和农村的教师对讨论内容的处理差异不大,只是郊区的教师不但会使每个问题都让学生讨论,而且讨论后还会给学生进一步讲解。从教龄上,新教师对讨论内容的处理更忠实于教科书上的设计,而其他两个教龄的教师多能灵活处理。

探究。初中科学新课程的核心理念和目标之一就是科学探究,同时,科学探究也是作为很重要的教学内容在教科书中呈现。对于教学中的探究内容①的处理,大多教师对此回答了自己的做法,还有的教师发表了自己的看法:

C3D:探究呢,我觉得有些探究太乱了。如果都上完的话,有时候时间是来不及的。但重点的探究,如浮力、压强,都会做的。生物上很多探究,我们不是很懂,嗯,不是很熟练的话,肯定按书上一步一步进行的,按探究的程序引着下来了。

---

① 教科书中的研究性课题是探究内容的一种形式,因此,这里的探究内容也包括研究性课题。

C3Y:有的探究是可以用来做的,适合学生去探究的,但有一些是很难做的,初一有个探究内容"为什么花能够吸引蝴蝶"。这种类型的,我们没做,但是我们就是(笑),嘿,纸上谈兵吧。实际上有些东西可操作性比较差的,那么没法做,或者要有很长时间,或者没有特别的材料,那我们就纸上谈兵,就给他们说你应该去控制哪些变量,你应该提出哪些问题,基本是按照科学探究的思路下来。

J2W:这个探究的话,我们要看实际上课的时间,如果说探究能够放到课外去做的,这样就让他们到课外去做,然后把成果带回来就行了。

N2L:操作性挺难的话,我们就不探究了。比如上学期有个探究,是"什么把蝴蝶吸引过来了",我们就没有去探究。

N2X:(探究)肯定要做的。哦,有一些,像"蝴蝶是怎样吸引到花粉上来的",这样的探究,我们是重点突出设计,过程可能就不做了。

被访谈的两名新教师除了认为探究有点形同虚设外,并没有回答别的什么内容,其他几位教师的做法因与上面列出的教师做法相似也没呈现出。[①] 从被访谈教师的回答实录看,不管哪个区域、教龄教师,对探究内容的教学都还不是很理想,基本上像两名青年教师所说的,有点形同虚设,比较难的内容或者没有时间的话就不做了,即使做的内容也基本是"表演式"的探究。从区域、教龄分别看,教师的做法差异不是很大。只是有的郊区教师可能让学生课外去探究,然后上交探究成果,这在一定程度上还是说明了对探究的重视。

当然,我们也不能否认,科学教科书中有的探究设计确实不适合初中生,如"蝴蝶是怎样吸引到花粉上来的",这个内容被教师普遍认为不具有操作性。但也有城市和农村的两位教师还是想法对此进行部分探究环节的教学,比如探究的思想、设计、控制变量等。需要说明的是,这两位教师都是学校的科学学科教研组长,是学校比较优秀的教师。由此看出,探究内容并不是能不能教学的内容问题,而是教师对此让学生探不探的态度问题。

阅读。从教科书的设计看,阅读主要是科学史料、相关的科学知识以及科技发展前沿等内容,其重要功能是扩宽学生的知识面、拓展学生

---

① 后面对访谈实录的呈现,如果情况与此相似就不再专门说明。

的视野。对此内容，我们看教师是怎样处理的：

C3D：阅读的话，也要讲的，因为上次好像有教研活动说，凡是书本上的都是中考的内容，这肯定要说的啊。

C1F：上课时候，有时间就讲，没时间就让他们自己看了，毕竟这块内容，考试涉及到的不多，它是作为知识的拓展，进一步理解的。

C2T：阅读，我们一般是引导学生要看的，因为这些阅读与生活联系还是比较紧密的。比如说我们后面讲到的蛇，有毒蛇和无毒蛇的区分，这对于学生来讲啊，到野外啊，玩的时候还是有一点作用的。

N1C：课堂处理的。先让他们自己阅读，然后我给他们讲一下。

N2L：有时间的话，我会课堂上处理，另外的话，课下让他们去看，一般在中间插的，课堂上都给他们看的。给他们2分钟，他们自己看一看。

J2W：教学中阅读，基本上看都是让他们看的，重要的提一提，不重要的让他们看过就过去了，当了解的。

我们从上述实录不难发现，所有教师在教学中对阅读内容都是处理的，只是处理的目的和方式有所不同。比如C3D老师因听说阅读也是中考内容而肯定讲，C2T老师因认为阅读与生活联系密切而引导学生看，更多的教师是有时间就说下，没时间就让学生课下了解。

实验。这是初中科学的基础，教科书中设计有大量的演示实验和学生实验，教师在处理这些内容时又是如何处理呢？先看他们回答的实录：

C1F：有条件就做，没条件也没办法。演示实验，学生不太有机会做的，最多就是让几个学生上来帮帮忙，过来读读数。

C3Y：能让学生做的，我还是尽量让他们做的。但有时候，有些实验哈，实验虽简单，但一堂课时间紧张，有时候怕学生，学生他没有那么顺手，你知道吗，(如果不顺利的话)那么很多时间就被他们浪费掉了。因为这个顾虑，可能就不(让他们)做了。如果课堂容量不是很大，时间比较宽余，就让他们做下。

J2W：上课的时候可能就是演示了，演示的话，可能会让学生上来做一下。如果演示实验让学生做的话，很多东西都要拿过来，可能就太麻烦了。

N1C：但是有些实验的话也做不好，没有条件来做。准备实验太烦琐了,没有时间来做。

N2X:90％以上(实验)都会做,实在没有条件的,那也没有办法。

N2Z:一个是与生活联系比较紧密的,我会给他们做,另外一点,就是考试的实验,我肯定会给他做的。我感觉真的没什么用,就不做了。

上述实录表明,针对实验内容的处理,从教师层面看,大多教师对教科书上能做的、有条件做的实验尤其是演示实验还是要做的。但从学生层面看,虽然多数教师有意让学生参与演示实验,但基本都不敢放开学生的参与而是形式参与,比如帮教师拿拿实验器材至多是读读数。其中原因,C3Y 老师给出的说法很有代表性,怕学生的不顺手而影响课堂教学的继续进行,所以要么让学生形式参与、要么就不让学生参与了。此外,也有个别教师是嫌实验准备的烦琐而降低了对实验的重视程度。

以上关于教师对实验内容的处理存在的问题,不同区域、不同教龄的教师都有所存在,因此整体上差异不大。相比较而言,教龄 3 教师更担心学生参与演示实验而影响自己的教学,农村的 Z 老师较为注重与生活联系紧密的实验,同时对考纲中的实验也一定会做,尽可能做到两头兼顾。

知识。科学知识在教科书中并没有用专门模块呈现,其实这是一个最大的模块。因本教科书设计的特殊性(前文已述),我也将它作为一个教学内容来考察,访谈时主要是问教师是否补充教科书以外的知识以及补充的缘由。所有 12 名教师的回答结果基本上与 J2W 老师的做法和看法大同小异:

J2W:教材上的内容其实不多,真正要考试的东西全都要补充进去的。教材上,比如说凸透镜成像,就这么一面,一张画,我要补充进去很多东西,它什么都没有啊,所以这套书根本不适合学生自学。

的确,笔者通过分析教材内容和中考大纲要求,很多知识点不像传统教科书那样呈现在书本上,而是要求教师和学生共同探索出来。显然,为应付考试,教师基本上都要把内容补充进去,从而出现每个教师回答这一问题时都表示会补充知识。

活动。这一模块在教科书中设计的并不是很多,但从理论上活动应是一个比较好的科学教学形式。现实教学中,下面两名教师的观点基本上代表了被访谈的 12 名教师对活动内容处理的现实状况。他们基本上在课堂教学中不会进行活动教学,原因主要如下几个方面:一是活动内容自身不适合课堂上教学使用;二是没有条件进行活动内容教学;三是愿意且有条件进行活动教学,但自己专业知识不够。

C2T:我们要看呢,有些活动是不适合在课堂上做的,像这类活动(制作地球仪),就不适合在课堂做,应在课外做。还有一些活动,它实际上是开展不了的,比如我们第四节的时候,观测星空,现在的条件是根本做不到的,像这种活动摆在那里也没什么意义的,而且中考也不考。

J2H:望远镜本来是我们都不讲的,今年呢,因为实验室进了一个望远镜,我们准备今年讲一下。自己都没用过,真的,望远镜啊,我感觉对我们老师来讲,非常有挑战,包括后面的星座,老实说,我对着天空,你说让我来找几个星座,是非常困难的。

其他模块内容。教科书中还有其他一些模块内容,如观察、思考、读图等。针对这些模块内容的处理,所有教师的方式基本差不多,都是要采用的,根据具体情况也会做适当的处理。比如读图模块内容的处理,如下教师的回答就反映出这种情况:

C3Y:我们一般都是保留的,比方说,这个内容(看图填表)让学生自己看后填表,那么这也是学生应该会的一种能力。那么,这就应该让学生自己做,学生做了以后,你老师才可以使用它。

J2H:用还是要用一下的,就是大致反映一下它的周期变化,具体的年限,你说真的反映出来,那也没有的。

综合以上对访谈数据的分析,从整体上看,教师对教学内容的处理表现出如下特征:大多教师基本上都能灵活处理教学内容,能够做到对各模块内容有所取舍或增加,只是对与新课程相关的探究、活动内容实施的处理还不是很好。

从区域、教龄上看,教师对教学内容的处理差异不是很大,只是个别模块内容的处理略有差异。比如教龄1教师更忠实于教科书设计的讨论内容,教龄3即老教师更担心学生参与演示实验而影响教学的进程,郊区的教师不但让学生讨论每个问题,还会在讨论后对问题作进一步讲解。

第四节　小　结

以上是三种不同研究工具分别对教学内容的处理调查研究的结论，其中有相同之处，但也存在一定的差异，下面对其做一总结（见表4-3）。

表 4-3　教学内容处理特征的总结

	教学内容的处理特征		
	整体	区域	教龄
问卷调查	实验：尤其是演示实验做得还是比较多，但对研究性课题做得较少；都会在教学中补充一些内容，多是与生活有关的和能激发学生学习兴趣方面的内容，也有近两成教师增加纯粹的科学知识。	实验：农村和城市比郊区教师做得多；研究性课题：差异不大，都做得很少；补充内容：差异不大，农村较其他地区补充科学史料多些。	实验：教龄3做得较多；研究性课题：差异不大，教龄2稍微做得多些；补充内容：差异不大，教龄3的老师补充得稍微多些。
实地观察	课前备课阶段：基本上能够灵活处理教学内容，能够做到对教科书中的内容有选择地取舍、补充甚至替换；课堂教学阶段基本上对课前备课内容不会有大的改变。具体地看，很多教师都会增加练习和知识方面的内容，但练习和讨论内容在课堂教学中往往会因各种原因而减少。	课前备课阶段：差异不大，讨论模块内容，城市教师比郊区和农村教师更重视些；课堂教学阶段：差异不大，农村教师比城市和郊区教师更不愿意改变课前备课内容。	课前备课阶段：差异不大，教龄3比其他教龄的教师增加探究内容少很多；课堂教学阶段：差异不大，教龄2比教龄1和教龄3的教师更不愿意改变课前备课内容。
访谈	大多教师基本上能灵活处理教学内容，能够做到对各模块内容有所取舍或增加。具体说，只是对与新课程相关的探究、活动内容实施得还不是很好。	差异不大，只是个别内容如讨论，郊区相比其他地区的教师，不但让学生讨论每个问题，还会在讨论后详细讲解。	差异不大，只是个别内容如演示实验，教龄3的教师比其他教师更担心学生参与演示实验而影响教学的进程。

从表4-3可以看出，教师对教学内容的处理主要表现为如下特征：

第一，备课时，大多教师能够做到灵活处理教学内容以及对科学教材中各模块内容有所取舍、增加或替换。从增加教学内容看，在教师增加教学内容频次的顺序上,问卷调查与实地观察和访谈的结果略有不同。但整体看来,初中科学课堂教学中增加的教学内容主要是练习和知识,其次是与生活相关和能激发学生学习科学兴趣的内容,而新课程重点突出的科学探究内容没有受到应有的重视。

第二,课堂教学中,几乎没有教师对备课内容做出大的改变。究其原因,就是教师对多媒体教学的依赖,让课件"牵着"教师的思路进行教学。相比备课内容,稍微的改变多是由于时间不够没有完成要讲的内容,这些内容一般都是练习方面的。

第三,不同区域、不同教龄的教师对教学内容的处理整体上差异不是很大,只是个别内容的处理略有不同。存在的差异主要表现为补充内容的多少、对课前备课内容改变程度、科学实验等方面。区域上看,农村教师对备课内容改变的最少,也没有城市和郊区教师重视讨论内容。但是,城市比农村和郊区教师做的实验少。教龄上看,教龄3的教师补充教学内容最多,更担心演示实验时学生参与而影响教学进程。教龄2的教师比其他教师更不愿意改变课前备课内容。整体上差异不大,原因主要是初中科学教师基本上是分科背景而教合科内容,彼此之间存在一种相互依赖和合作关系,很多教师基本上都是教学资源共享。

第五章　初中科学新课程实施中
关于教学策略的运用

　　教学策略是指"建立在一定理论基础之上，为实现某种教学目标而制定的教学实施总体方案。包括合理选择和组织各种方法、材料，确定师生行为程序等内容"①。通俗地讲，教学策略就是指教师在教学过程中为实现预定的教学目标而采取的一系列教学活动。广义的教学策略指为实现教学目标而制定的教学实施总体方案，包括方法、步骤、媒体、组织形式等教学措施；狭义的教学策略则单指为实现预定的教学目标而采取的最佳方法、技巧。②

　　本研究中的教学策略主要是指其狭义含义，重点探索教学方法。同时，还要考察课堂教学的组织方式和时间安排。由此，对教学策略运用的调查研究主要从三个方面展开，即组织方式、教学方法和时间分配。针对三种研究工具的各自特点，对于组织方式、教学方法和时间安排的具体分析会略有不同，这样反而有助于多角度看教师对教学策略的运用情况。

---

　　①　顾明远：《教育大辞典（增订合编本）》，上海教育出版社 1998 年版，第 712—713 页。
　　②　李蔚、祖晶：《课堂教学心理学》，中国科学技术出版社 1999 年版，第 184—185 页。

第一节　问卷调查的结果与分析

有关教学策略的运用情况,问卷调查表主要从两个方面设计具体问题:一是课堂教学中各个环节的时间分配,对应的是问题13(共有5个小题);二是教师最常用的教学方法,对应的是问题14。现对每个问题作一具体分析。

一、课堂教学各环节的时间安排

问题13是把课堂教学分为引入新课、讲解新课、练习、学生自主学习、其他等五个环节,重点考察教师在每节课上对这些方面的时间分配,意图在于从侧面了解初中科学新课程实施中教师的实施理念。图5-1是教师对课堂教学各环节的时间分配情况,研究中浙江省某市初中课堂每节课都是45分钟。

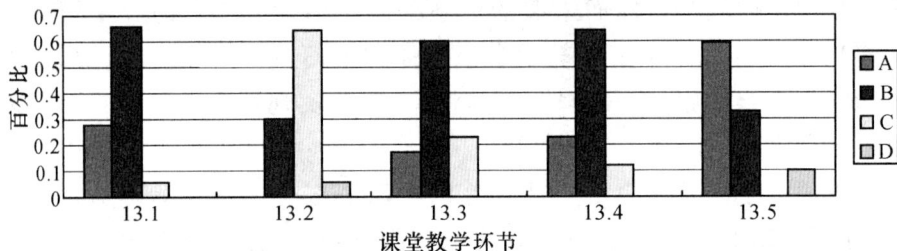

图 5-1　教师对课堂教学各环节的时间分配情况

注:因每个教学环节对应的 A、B、C、D 四个选项的内容不同,为方便对统计图的分析,特将问卷调查表中的原题附上(以下的从区域、教龄视角分析本题不再附原题)。

13. 以下这些教学环节,每节课在时间安排上(单位:分钟)

13.1 引入新课	A<2	B[2,4)	C[4,6)	D≥6
13.2 讲解新课(包括演示实验)	A<10	B[10,20)	C[20,30)	D≥30
13.3 练习(含教师讲和学生做)	A<5	B[5,10)	C[10,15)	D≥15
13.4 学生自主学习(含做练习)	A<5	B[5,10)	C[10,15)	D≥15
13.5 其他(如维持课堂纪律)	A<2	B[2,4)	C[4,6)	D≥6

从图5-1可以看出,引入新课上大多教师用时不超过4分钟,多是需用2~4分钟;讲解新课一般在20~30分钟之间,也有近三成的教师用时

不超过 20 分钟;练习上有约六成的教师用时 5 至 10 分钟,不超过 5 分钟和超过 10 分钟的教师各占两成左右;留给学生自主学习的时间多是 5 至 10 分钟,有两成多的教师留出的时间不超过 5 分钟,能够让学生自主学习时间超过 10 分钟仅一成的教师;用在其他方面的时间,大多教师用时不会超过 2 分钟。

所以,整体上看,大多教师把较多的时间用来讲解新课和做练习,两环节的用时约占 35 分钟。由此,除去其他环节的占用时间,学生能够自主学习的时间将非常少,更多的还是接受教师"灌输"的信息。这也表明,初中科学新课程理念下的课堂还未真正还给学生,并且相距还很远。

整体情况已明晰,那么不同区域、不同教龄的教师对这些教学环节的时间安排是否存在差异呢? 如果存在,又是什么差异呢?

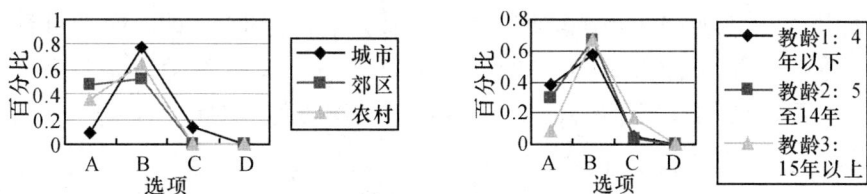

图 5-2　不同区域、不同教龄教师对引入新课的时间分配情况比较

注:横坐标选项 A <2;B[2,4);C[4,6);D≥6。单位:分钟。

图 5-2 是不同区域、不同教龄教师对引入新课的时间分配情况比较。从区域上看,城市较郊区和农村教师引入新课的时间稍微长些,有近九成的教师超过 2 分钟。从教龄上看,教龄 3 教师引入新课用时最多,有超过九成的教师会超过 2 分钟。

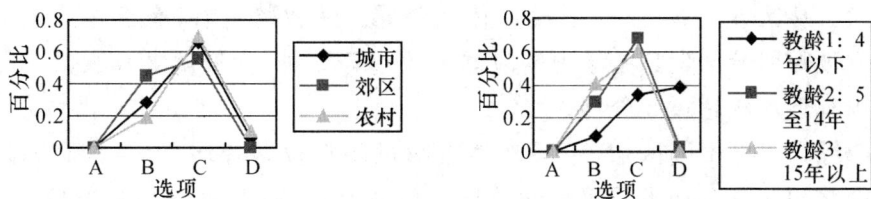

图 5-3　不同区域、不同教龄教师对讲解新课的时间安排情况比较

注:横坐标选项 A<10;B[10,20);C[20,30);D≥30。单位:分钟。

图 5-3 是不同区域、不同教龄教师对讲解新课的时间安排情况比较。从区域上看,差异不是很大,只是不超过 20 分钟的范围内,郊区比城市和

农村的教师略多些。从教龄上看，教龄 1 的新教师与其他教龄教师差异还是比较大的，他们约有四成的教师讲解新课超过 30 分钟，而教龄 2 和教龄 3 教师几乎没有超过 30 分钟的。

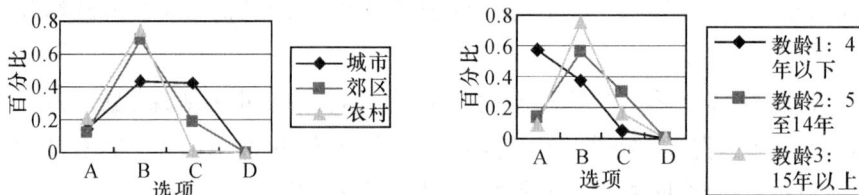

图 5-4　不同区域、不同教龄教师对练习的时间分配情况比较

注：横坐标选项 A <5；B[5,10)；C[10,15)；D≥15。单位：分钟。

图 5-4 是不同区域、不同教龄教师对练习的时间分配情况比较。从区域上看，农村教师讲练习的时间较短，一般都不超过 10 分钟。而城市教师更注重练习教学，超过 10 分钟的多达四成，其次是郊区教师也有两成。从教龄上看，教龄 1 教师用时最少，近六成教师讲练习不超过 5 分钟。

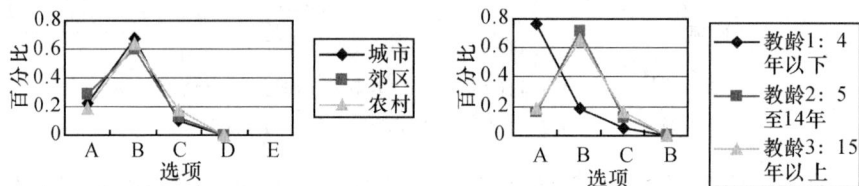

图 5-5

注：横坐标选项 A <2；B[2,4)；C[4,6)；D≥6。单位：分钟。

图 5-5 是不同区域、不同教龄教师对学生自主学习的时间分配情况比较。从区域上看，基本上没有什么差异。从教龄上看，有近八成的教龄 1 教师留给学生自主学习的时间不超过 5 分钟，而教龄 2 和教龄 3 教师则有近八成超过 5 分钟。

综合以上不同区域、不同教龄教师对课堂教学各环节的时间安排，教师之间还是存在不同程度的差异。区域上看，城市教师引入新课和练习用时最多，郊区教师讲解新课的时间比城市和农村教师略多些。教龄上看，教龄 1 教师比教龄 2 和教龄 3 教师讲解新课时间多，而做练习和让学生自主学习用时少。

二、课堂教学最常用的教学方法

问题 14 的目的是了解在初中新课程实施中教师最常用的教学方法。笔者从中观层面把教学方法分为 16 种，让教师进行多项选择。这 16 种教学方法的确定主要基于两点：一是关于教学方法的文献；二是预研究中教师实际使用的教学方法。

图 5-6 是对教师最常用的教学方法进行的统计，图 5-7 是对每位教师最常用教学方法的数量进行的统计。

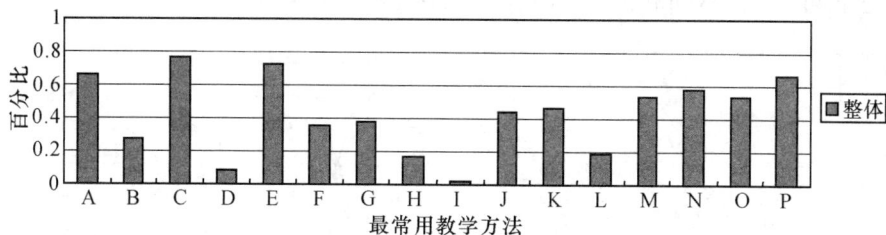

图 5-6　教师最常用的教学方法情况

注：最常用教学方法 A＝讲授法；B＝一般性提问；C＝启发式提问；D＝头脑风暴法；E＝师生合作学习；F＝生生合作学习；G＝教师参与学生自主学习；H＝学生独立进行自主学习；I＝学生板书；J＝让学生说（学生表述、讲解、发问等）；K＝鼓励学生运用多种方法解题；L 课内竞赛法做练习；M＝书本练习与自己设计习题结合；N＝设计有层次的习题；O＝教师演示；P＝电教手段。

从图 5-6 中可以看出，普遍使用的教学方法主要有四种，分别是讲授法、启发式提问、师生合作学习和电教手段。其次，较为常用的教学方法是让学生说、鼓励学生运用多种方法解题、书本练习与自己设计习题结合、设计有层次的习题和教师演示等。而运用得最少的教学方法是课内竞赛法做练习。

由此看出，从问卷调查数据反映情况看，教师课堂教学中运用的教学方法还是比较多样的：既有以教师为主的讲授法，还有激发学生思考的启发式提问，也有新课程理念下的师生合作学习。

图 5-7 表明，相比较而言，多数教师常用的教学方法有 6～8 种。不过也有超过 10％的教师常用的教学方法达到 10 种，个别教师甚至有 12 种常用教学方法。当然，实际上是否这种情况，笔者对此持怀疑态度，希望能通过对实地观察和访谈数据的分析得出更为可靠的结论。

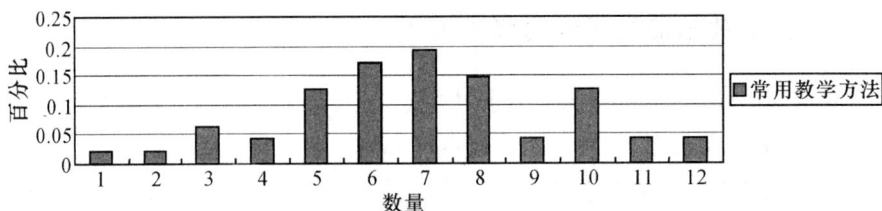

图 5-7　教师最常用教学方法的数量情况

　　下面再看不同区域、不同教龄教师最常运用教学方法的情况。图 5-8 是不同区域、不同教龄教师最常用的教学方法情况比较。

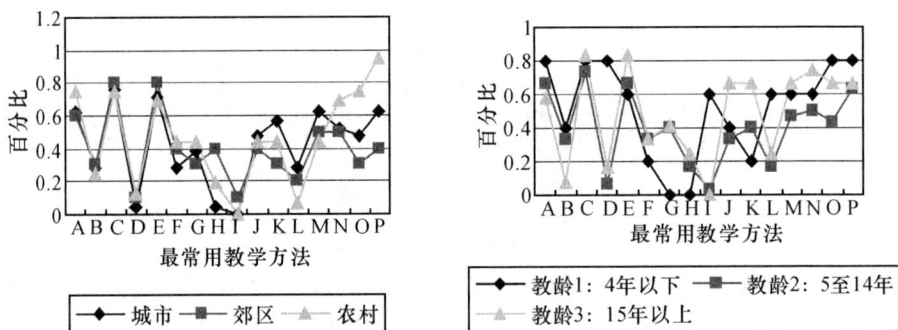

图 5-8　不同区域、不同教龄教师最常用的教学方法情况比较

注:最常用教学方法 A＝讲授法;B＝一般性提问;C＝启发式提问;D＝头脑风暴法;E＝师生合作学习;F＝生生合作学习;G＝教师参与学生自主学习;H＝学生独立进行自主学习;I＝学生板书;J＝让学生说(学生表述、讲解、发问等);K＝鼓励学生运用多种方法解题;L 课内竞赛法做练习;M＝书本练习与自己设计习题结合;N＝设计有层次的习题;O＝教师演示;P＝电教手段。

　　从区域上看,图 5-8 表明,不同区域教师最常用的教学方法基本上差异不大。相对来说,农村教师比城市和郊区教师更多地使用电教手段。而城市和郊区比较常用的让学生说的方法,农村教师并不常用。

　　从教龄上看,图 5-8 也显示,教龄 1 教师与其他教龄教师最常用的教学方法还是有不小的差异。比如,前者最常用的头脑风暴法、学生板书、课内竞赛做练习等教学方法,后者则不常用;而前者几乎不用的教师参与学生自主学习教学法,后者相对比较常用。

第二节　实地观察的结果与分析

相比问卷调查对教学策略运用情况的考察,通过实地观察搜集的数据更具真实性和情景性。这里的调查研究主要基于三个层面:一是课堂教学中实际运用什么教学方法;二是教师对运用的各教学方法在时间上又是如何分配的;三是在对前两个层面考察的基础上,分析不同课程理念下教师运用的教学方法。

一、在课堂教学中实际运用的教学方法

通过对实地观察数据的整理和分析,为便于下文对教学方法运用的分析,笔者从中归纳出 16 种不同的教学方法:

Ⅰ 讲授与一般性提问结合(讲授为主);

Ⅱ 启发学生思考(一般是指提出具有启发性的问题);

Ⅲ 讨论(包括让学生表述、讲述、提问等);

Ⅳ 电教手段(不包括纯粹的 PPT 文稿,主要指为讲解某个内容而使用的视频、音频、动画等素材);

Ⅴ 实验(或实物)演示;

Ⅵ 问答式复习;

Ⅶ 问答式练习;

Ⅷ 学生自主练习;

Ⅸ 让学生归纳、总结;

Ⅹ 让学生比较;

Ⅺ 让学生猜想;

Ⅻ 让学生设计实验;

ⅩⅢ 让学生动手(这里主要是指多数学生进行实验操作,不包括让个别学生参与实验演示);

ⅩⅣ 让学生板书;

ⅩⅤ 让学生读(或齐读)教学内容;

ⅩⅥ 让学生自学教材回答问题。

　　需要说明的是,以上 16 种教学方法并不都在一个层面上,并且与问卷调查的 16 种教学方法也不完全一致。之所以如此分类,主要是为了便于分析。如,课堂教学中教师运用讲授法时常伴随着提问,而这个提问只是浅层或习惯性的提问,从本质上分析还应是讲授法,但又不同于纯粹的讲授法,由此合称为讲授与一般性提问结合(讲授为主)。

　　上述 16 种教学方法反映了教师在课堂教学中不同性质的活动。以此为参考来分析每位教师在课堂教学中的表现,可以使我们更好地认识教师在初中科学新课程实施中运用教学方法的特点和取向。

　　下面将每一位教师在课堂教学中运用教学方法的情况列成表 5-1。从这个表中,既可以从整体上以及不同区域、不同教龄上分析所有 12 名教师在教学方法上的运用特征,同时可以看到每一位教师教学过程中运用教学方法的情况。

表 5-1　教师在课堂教学中运用教学方法的情况

方法＼教师	I	II	III	IV	V	VI	VII	VIII	IX	X	XI	XII	XIII	XIV	XV	XVI
C1F	√				√					√				√		√
C2T	√	√			√	√	√		√	√						
C3Y	√	√	√			√			√		√				√	
C3D	√	√	√		√		√									
J3Z	√		√			√	√								√	
J2H	√		√			√	√									√
J2W	√				√				√		√					
J2Y	√				√										√	
N2X	√			√	√					√	√		√			
N2L	√			√	√							√		√		
N2Z	√		√	√									√			
N1C	√				√	√				√			√			

　　由于表 5-1 的呈现方式并不便于直观、精确地分析教师在教学过程中运用教学方法的情况,于是对其中的数据从整体、区域和教龄上作进一步统计,结果分别见图 5-9、图 5-10、图 5-11。

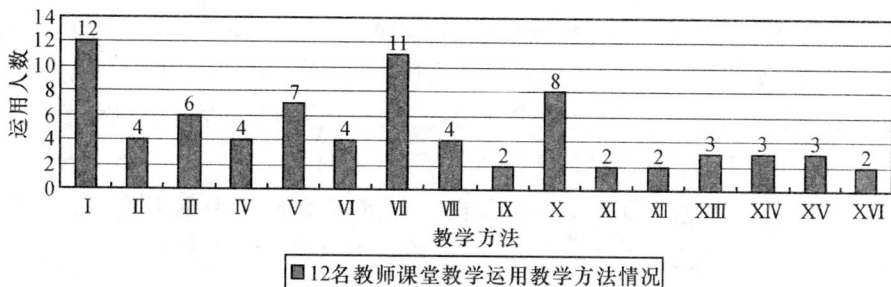

图 5-9　教师在课堂教学中运用教学方法的整体情况

注：教学方法Ⅰ＝讲授与一般性提问结合；Ⅱ＝启发学生思考；Ⅲ＝讨论；Ⅳ＝电教手段；Ⅴ＝实验（或实物）演示；Ⅵ＝问答式复习；Ⅶ＝问答式练习；Ⅷ＝学生自主练习；Ⅸ＝让学生归纳、总结；Ⅹ＝让学生比较；Ⅺ＝让学生猜想；Ⅻ＝让学生设计实验；ⅩⅢ＝让学生动手；ⅩⅣ＝让学生板书，ⅩⅤ＝让学生读（或齐读）教学内容；ⅩⅥ＝让学生自学教材回答问题。

从图 5-9 中可以看出，教师在课堂教学中用得最为普遍的教学方法是讲授与一般性提问结合（方法Ⅰ）和问答式练习（方法Ⅶ）。另外，还有三种方法即讨论、实验（或实物）演示和让学生比较，也有超过一半的教师在课堂教学中运用。但对于尽可能发挥学生主动性的教学方法，如让学生猜想、让学生归纳、让学生设计实验、让学生动手等，只有很少的教师在教学中运用。

由此看出，教师最为常用的两种方法，即讲授与一般性提问和问答式练习，而这两种方法是传统课程理念下的典型教学方法。同时，很少的教师运用尽可能发挥学生主动性的教学方法。这充分表明，初中科学新课程实施中，教师对教学方法的运用还是以传统课程理念下的教学方法为主，仍是单主体教师主导整个课堂教学，而学生基本还是被动地接受。

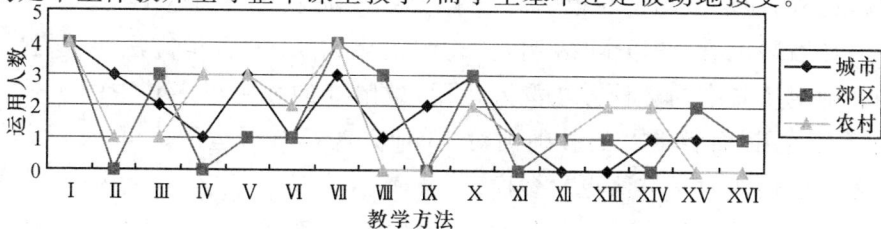

图 5-10　不同区域教师在课堂教学中运用教学方法的情况比较

注：教学方法Ⅰ＝讲授与一般性提问结合；Ⅱ＝启发学生思考；Ⅲ＝讨论；Ⅳ＝电教手段；Ⅴ＝实验（或实物）演示；Ⅵ＝问答式复习；Ⅶ＝问答式练习；Ⅷ＝学生自主练习；Ⅸ＝让学生归纳、总结；Ⅹ＝让学生比较；Ⅺ＝让学生猜想；Ⅻ＝让学生设计实验；ⅩⅢ＝让学生动手；ⅩⅣ＝让学生板书，ⅩⅤ＝让学生读（或齐读）教学内容；ⅩⅥ＝让学生自学教材回答问题。

从区域上看,图 5-10 表明,在整体上最为普遍性的两种方法并没有什么差异,不论城市、郊区还是农村教师都运用讲授与一般性提问结合和问答式练习。但是,对几个具体的教学方法如启发学生思考、学生自主练习、电教手段等,在区域上还是有所差异的。

就启发学生思考而言,城市比农村和郊区教师更为重视这一教学方法。城市的四位教师中有三位运用了启发学生思考,农村则仅有一位教师运用,而郊区没有教师运用。另外,让学生归纳、总结的教学方法,城市的教师也比郊区和农村的教师运用得多,城市有两位教师运用而郊区和农村则没有教师运用。

对于练习的教学方法来说,郊区教师运用更为多样化。郊区教师不但都运用问答式练习,而且比城市和农村教师更多地运用学生自主练习教学法。郊区有三位教师运用学生自主练习,城市仅有一位教师,而农村没有教师运用。另外,郊区教师对教学方法运用还有一个显著特征,就是有两位教师运用让学生读(或齐读)教学内容的方法,而城市只一位,农村没有教师运用此方法。

但对于电教手段,从硬件条件看,城市和郊区学校远比农村学校好,每个教室都配有多媒体系统,而农村学校全校才三个多媒体教室。可是,作为电教手段的运用,农村的教师却比城市和郊区教师多。农村有三位教师运用了电教手段,而城市只一位,郊区则没有教师运用。需要指出的是,农村唯一没有运用电教手段的 C 老师是因学校的多媒体教室排不开而不得已放弃了。可见,农村教师更为重视电教手段的教学方法。此外,让学生动手和板书的教学方法,也是农村教师运用最多。

从教龄上看,图 5-11 表明,上述归纳出的 16 种教学方法中,教龄 1 的教师对于其中的 7 种方法没人运用,教龄 3 的教师对于其中的 4 种方法没人运用,而教龄 2 的教师则对 16 种方法都有所运用。可见,教龄 2 的教师运用的教学方法更为多样。

具体地看,启发学生思考、讨论、让学生读教学内容被教龄 3 教师较多地运用,而教龄 1 教师几乎没人运用。但实验(或实物)演示、让学生自学教材回答问题则是教龄 1 教师运用得最多,而其他两个教龄教师运用得较少。

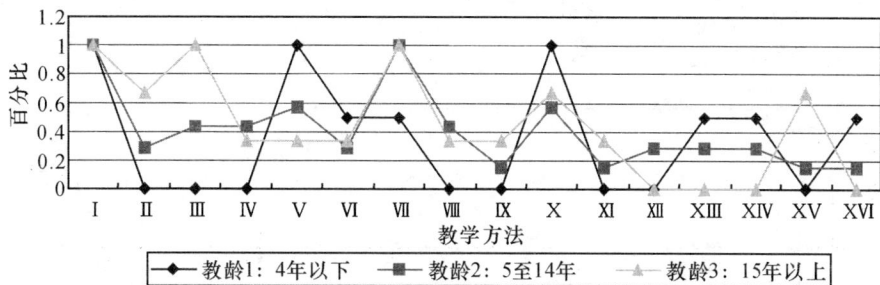

图 5-11　不同教龄教师在课堂教学中运用教学方法的情况比较

注：教学方法Ⅰ＝讲授与一般性提问结合；Ⅱ＝启发学生思考；Ⅲ＝讨论；Ⅳ＝电教手段；Ⅴ＝实验（或实物）演示；Ⅵ＝问答式复习；Ⅶ＝问答式练习；Ⅷ＝学生自主练习；Ⅸ＝让学生归纳、总结；Ⅹ＝让学生比较；Ⅺ＝让学生猜想；Ⅻ＝让学生设计实验；ⅩⅢ＝让学生动手；ⅩⅣ＝让学生板书；ⅩⅤ＝让学生读（或齐读）教学内容；ⅩⅥ＝让学生自学教材回答问题。

二、教师对教学中运用的教学方法在时间上的分配

以上主要分析了教师在课堂教学中具体运用了些什么教学方法，但这还不能全面、深入地反映教师对教学方法的运用情况。下面就具体教学过程，进一步分析教师对运用的各种教学方法在时间上分配情况。

为了更好地整理和分析数据，笔者根据上述归纳出的 16 种教学方法，编制了教师对运用教学方法的时间分配分析表（见附录 5）。表中的电教手段并不是单纯的 PPT 演示课件，而是用来辅助教学的视频、音频、动画等素材。作为 16 种方法外的其他内容如维持课堂纪律所用的时间没有专门统计，因为所有 12 名教师用来维持课堂纪律的时间非常少，对本部分的分析基本没有影响。

为了能够比较具体、深入地了解教师对运用教学方法的时间分配情况，笔者只是从城市学校、郊区学校和农村学校各选择两位共六位教师，并且这六位教师中教龄 1、教龄 2 和教龄 3 各两位，他们的具体表现基本上能够反映整体、区域和教龄上的教师一般情况。

具体分析时，先将他们在课堂教学过程中运用教学方法的时间分配用统计图呈现出来。统计时发现有的教师课堂教学的总时间可能稍微超过或不足 45 分钟，这是因为有的教师（如 C1F、N1C 老师）存在"拖堂"现象，这两位教师都是新教师，也有教师（如 N2X 老师）用不到 45 分钟就

完成了教学任务。由于总体上超过或不足的时间不是很多,下文分析时就不再专门说明。

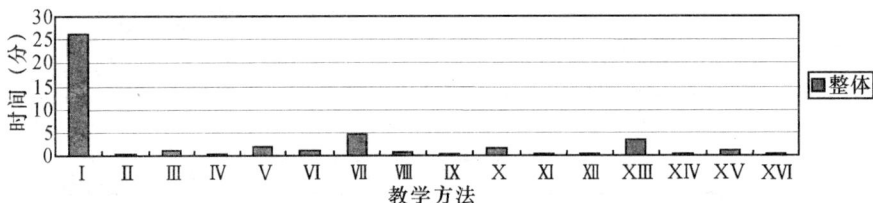

图 5-12 六名教师在课堂教学中对教学方法的时间分配的整体情况

注:教学方法Ⅰ=讲授与一般性提问结合;Ⅱ=启发学生思考;Ⅲ=讨论;Ⅳ=电教手段;Ⅴ=实验(或实物)演示;Ⅵ=问答式复习;Ⅶ=问答式练习;Ⅷ=学生自主练习;Ⅸ=让学生归纳、总结;Ⅹ=让学生比较;Ⅺ=让学生猜想;Ⅻ=让学生设计实验;ⅩⅢ=让学生动手;ⅩⅣ=让学生板书,ⅩⅤ=让学生读(或齐读)教学内容;ⅩⅥ=让学生自学教材回答问题。

图 5-12 是将六位教师在课堂教学中对运用教学方法所分配时间的平均值进行统计,以此来了解六名教师关于教学方法的时间分配的整体情况。从中可以看出,教师在课堂教学中用时最多的教学方法是讲授与一般性提问结合(方法Ⅰ),一般都超过 25 分钟。其次,教师分配时间稍多的就是问答式练习(方法Ⅶ)。而用时最少的是启发学生思考(方法Ⅱ)、让学生猜想(方法Ⅻ)和让学生自学教材回答问题(方法ⅩⅥ)。

由此可以得出结论,初中科学新课程实施中,教师的课堂教学还是以传统教学观下的讲授和练习为主,而新课程理念下的学生作为课堂教学另一主体还未真正凸显。这与教师实际运用的教学方法分析的结论是一致的。

图 5-13 是不同区域教师在课堂教学中对教学方法的时间分配比较。首先,从课堂教学中运用方法的种类看,城市教师运用的教学方法更具多样性。城市教师运用的有 10 多种,而郊区和农村的教师只有七八种。

其次,从课堂教学中运用的具体方法看,三类区域教师各有自己突出运用的教学方法。城市教师运用最突出的教学方法就是讲授与一般性提问结合,这一教学方法也是郊区和农村教师运用最突出的,但城市教师分配的时间最多(接近 30 分钟),而农村教师用的时间反而最少(22分钟左右)。在让学生动手方面,农村教师分配的时间是最多的(超过 10

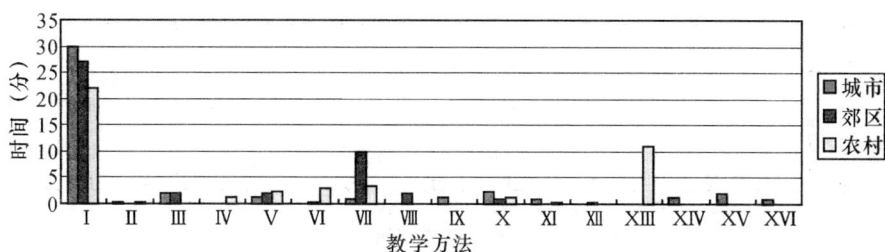

图 5-13　不同区域教师在课堂教学中对教学方法的时间分配比较

注:教学方法Ⅰ＝讲授与一般性提问结合;Ⅱ＝启发学生思考;Ⅲ＝讨论;Ⅳ＝电教手段;Ⅴ＝实验(或实物)演示;Ⅵ＝问答式复习;Ⅶ＝问答式练习;Ⅷ＝学生自主练习;Ⅸ＝让学生归纳、总结;Ⅹ＝让学生比较;Ⅺ＝让学生猜想;Ⅻ＝让学生设计实验;ⅩⅢ＝让学生动手;ⅩⅣ＝让学生板书,ⅩⅤ＝让学生读(或齐读)教学内容;ⅩⅥ＝让学生自学教材回答问题。

分钟),而郊区的教师最少(几乎不让学生动手),城市的教师也不多(约 2 分钟)。相应地,郊区教师在问答式练习上用时最多(接近 10 分钟),而城市教师用时最少。

还有,初中科学新课程理念下的几种教学方法用时少且不均衡。比如郊区教师几乎没人运用启发学生思考和让学生猜想的方法,农村教师也不太让学生进行课堂讨论和实验设计,只有城市教师有意让学生归纳、总结等。

由此可以看出,不论城市、郊区还是农村教师,整体上受传统教学观影响还较为严重。相比较而言,农村教师对新课程理念的实践比城市和郊区的教师略好一些。与农村教师的谈话也发现,他们大多表示尽可能压缩讲授时间以把更多的时间还给学生。不过他们同时也表示非常矛盾,怕影响到学生的中考。这也与他们教学过程中实际上对运用教学方法的时间分配情况基本一致,并没有真正将新课程理念落实到教学实践中来。

图 5-14 是不同教龄教师在课堂教学中对教学方法的时间分配比较。从中可以看出,首先他们都是在课堂教学中更多地进行教授与一般性提问结合。相比较而言,教龄 3 教师用时稍微少些,但也在 20 分钟以上。此外,教龄 3 教师用在问答式练习的教学上却是最多的。因此,教龄 3 的教师在整体上讲授的时间还是不少。

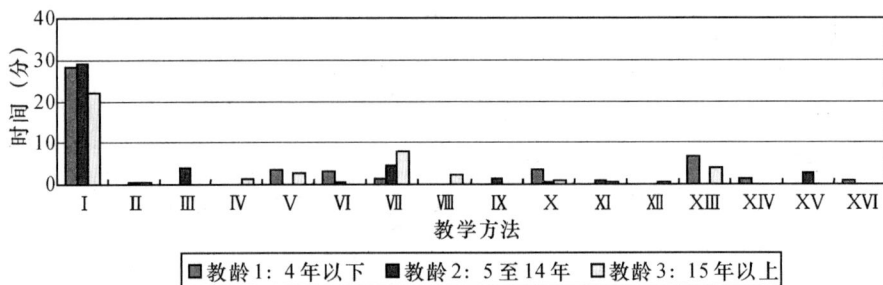

图 5-14　不同教龄教师在课堂教学中对教学方法的时间分配比较

注:教学方法Ⅰ=讲授与一般性提问结合;Ⅱ=启发学生思考;Ⅲ=讨论;Ⅳ=电教手段;Ⅴ=实验(或实物)演示;Ⅵ=问答式复习;Ⅶ=问答式练习;Ⅷ=学生自主练习;Ⅸ=让学生归纳、总结;Ⅹ=让学生比较;Ⅺ=让学生猜想;Ⅻ=让学生设计实验;ⅩⅢ=让学生动手;ⅩⅣ=让学生板书;ⅩⅤ=让学生读(或齐读)教学内容;ⅩⅥ=让学生自学教材回答问题。

其次,对于讲授为主外的其他教学方法运用,三个教龄的教师各有自己的特点。教龄 1 教师相比其他教龄教师,还常用问答式复习以及让学生比较、动手、板书、自学教材回答问题等教学方法。教龄 2 教师则比较注意让学生讨论、归纳、总结和读(或齐读)教学内容等。而教龄 3 教师除了问答式练习较为突出外,相比其他教龄教师用得较多的是电教手段和学生自主练习。

所以,整体上看,教龄 3 教师在课堂教学中的主体地位是最强的,受传统教学观影响也是最深的。教龄 1 和教龄 2 教师之间的差异并不是很大,都能渗入一定的新课程理念下的教学方法,但是并不能凸显课堂教学中的学生主体地位。

三、基于不同课程理念对教学方法运用的综合分析

我们虽从上述内容了解了课堂教学中教师运用的教学方法以及时间分配情况,但对于运用的这些教学方法以及时间分配是否符合初中科学新课程实施的理念和目标,并未进行深入分析。由此,笔者根据自己对 12 名教师教学过程的理解,并结合有关的教育理论,将教学方法的运用特征归纳为 14 种,并把这 14 种特征分为传统课程理念下教学方法运用特征和新课程理念下教学方法运用特征两类。具体内容见表 5-2。

表 5-2　不同课程理念下教学方法运用的特征

传统课程理念	新课程理念
C.1 遇到问题教师多讲、替学生回答	X.1 遇到问题教师启发、引导学生思考
C.2 限制学生想法，让学生跟着教师走	X.2 给学生更多的机会，师生一起探索
C.3 为完成教学任务而快速讲课	X.3 为促进学生发展而不急于完成教学任务
C.4 只按备课程序讲课	X.4 根据课程发展能够做出调整
C.5 学生只是形式上参与演示实验	X.5 让学生真正地参与演示实验
C.6 不太注重科学理论与生活联系	X.6 非常重视科学理论在生活中的运用
C.7 讲课围绕中考考点意识强	X.7 讲课为提高学生全面科学素养意识强

注：C 代表传统课程理念，X 代表新课程理念。例如，C.1 是指传统课程理念下教学方法运用的第一个特征。

以上述具体内容作为分析框架，笔者对所有 12 名教师的教学方法运用情况都进行了详细分析，结果见表 5-3。

表 5-3　不同课程理念下教学方法运用特征的分析结果

	传统课程理念							新课程理念						
	C.1	C.2	C.3	C.4	C.5	C.6	C.7	X.1	X.2	X.3	X.4	X.5	X.6	X.7
C1F	√	√		√	√		√						√	
C2T	√	√	√			√	√	√						
C3Y	√						√	√	√	√	√	√	√	√
C3D	√	√		√	√								√	
J3Z	√	√		√			√						√	
J2H	√			√			√						√	
J2W	√					√	√	√	√					
J2Y	√	√		√										
N2X	√						√	√			√	√		√
N2L	√				√		√		√					
N2Z	√	√					√		√				√	
N1C	√	√	√	√			√							

表 5-3 中的数据显示,从整体上看,每位教师在教学方法运用上都表现出 C.1 和 C.7 这两个特征,即遇到问题教师多讲、替学生回答和讲课围绕中考考点意识强。

其次,教师在教学方法运用上表现出的较强特征还有 C.2(限制学生想法,让学生跟着教师走)、C.4(只按备课程序讲课)和 X.6(非常重视科学理论在生活中的运用),这里有超过一半的教师具有如此特征。

还有,教师在教学方法运用上表现稍强的特征主要集中在新课程理念下,分别是 X.1(遇到问题教师启发、引导学生思考)和 X.2(给学生更多的机会,师生一起探索),都有 5 位教师表现出如此特征。

另外,其他一些特征如 C.3(为完成教学任务而快速讲课)、C.5(学生只是形式上参与演示实验)、X.3(为促进学生发展而不急于完成教学任务)、X.5(让学生真正地参与演示实验)等,虽都有教师表现出来了,但并不多,很难反映出普遍性问题。

由此看出,教师在教学方法运用上的四个强度较大的特征中,只有特征 X.6(非常重视科学理论在生活中的运用)与新课程理念比较贴近,而有三个特征都是传统课程理念下的。不过,在稍强的特征基本都是新课程理念下的。因此,不难推出结论,初中科学新课程实施中教师的课堂教学基本还是以传统教学方法为主,但也有少量教师在不同程度上尝试新课程理念下的教学,在一定程度上表现出对初中科学新课程实施的倾向。

从区域上看,教师在教学方法运用上的差异主要在 C.4(只按备课程序讲课)、X.1(遇到问题教师启发、引导学生思考)和 X.2(给学生更多的机会,师生一起探索)上。传统课程理念下,城市和郊区教师更多地只按备课程序讲课,而农村教师很少(只有一位教师)。新课程理念下,农村教师比城市和郊区教师更注重给学生更多的机会,师生一起探索;但遇到问题教师启发、引导学生思考方面,城市教师比郊区和农村教师多,不过农村也有一位教师表现出了这一特征。由此可得出,对初中科学新课程理念的实践,农村教师比城市和郊区教师更为积极一些。

从教龄上看,相比教龄 2 和教龄 3 教师,教龄 1 教师实践初中科学新课程的理念要差一些。从表 5-3 的数据中可以看出,教龄 1 的两位教师只有 C1F 老师在教学方法运用上表现出非常重视科学理论在生活中的运用特征,他们表现出的其他一些特征都是传统课程理念下的。因此,新教师对初中科学教学的适应还是从传统教学方法开始的,任教初期很难实践初中科学新课程的东西。

以上结论基本都是源于对表5-3中数据的纵向分析,如果将视角转向对表5-3的横向考察,就不难发现有两个突出的个体,他们分别是C3Y老师和N2X老师。这两位教师在教学方法运用上表现出非常强的新课程理念下的特征。的确,在对这两位教师的访谈中,笔者也感觉他们首先热爱教学,更主要是他们总是不断学习科学新知识、教育新理论,并能表达自己对新课程的理解和思想,努力追求如何把课上得更好。由此,我们就不难理解他们在教学方法运用上表现出的这些特征。需要注意的是,他们同时也表现出传统课程理念下两个很强的特征C.1(遇到问题教师多讲、替学生回答)和C.7(讲课围绕中考考点意识强)。这也说明,正如他们自己所说的,"在当前教育体制下,如果要成为一个好教师,必须能做到两头兼顾。"

第三节 访谈的结果与分析

在问卷调查和实地观察数据分析的基础上,通过对访谈数据的分析,可以进一步了解教学策略的运用特征以及运用这些教学策略的原因。这里对教学策略运用的考察,主要从两个方面进行:一是了解教师在一般情况下怎样组织课堂教学;二是进一步考察教师课堂教学中通常运用的教学方法。

一、课堂教学的组织方式

课堂教学的组织方式主要是指教师对课堂教学的结构安排。在与教师交谈时,一般询问他们通常是怎样组织课堂教学的。但访谈中发现,有的教师在回答时可能答非所问。不过为获取尽可能多的教师对初中科学新课程实施的信息,访谈时一般不会打断被访谈教师的讲话,而是采取合适的方式让话题回到计划要问的问题上来。通过对访谈数据的整理和分析,关于课堂教学的组织方式主要有如下发现:

基本已模式化。课堂教学基本上就是先复习一下前面内容,然后讲新课,新课讲完后做练习。对于课堂教学的这一组织方式,从教龄上看,不同教龄的教师都有使用的;从区域上看,农村教师用得多一些。下面是证实这一结论的原始数据:

C3D:就是前面复习一下,然后新课上下去。新课上完以后,就是巩固练习,基本就是这样模式。已经思维定式了,二十多年教过来,也就这样了。

N1C:先是复习下前面内容,然后新课教学引入,就是按着自己的教案展开,碰到难点讨论一下。如果这个地方非常重要的话,可能会反复讲一下。最后如果说有时间剩余的话,特别是生物部分哈,因为生物部分讲得比较快,我会让同学做作业,挑几道比较难的让他们做,做好之后我还再讲几道,尽量在课堂上处理掉。

N2X:有的时候,需要的话,我会复习,不过用的(时间)比较少。因为我们现在提倡"堂堂清"嘛,更多时间用于教学。教学嘛,大概30～35分钟,后面时间用于练习。

根据内容确定组织方式。视上课的具体内容来组织课堂教学,这是大多教师采用的课堂教学组织方式:

C2T:要看课的类型。如果课的内容,学生都不知道的,像细胞,我们就比较直接地引入,进行讲述。如果说学生知道的,比如上地球的时候,学生课外知识有一点的,我们就组织学生自己讨论,自己讲述。基本上就是尽量地让学生多说一点,但有的同学确实能力有限,有些东西,他确实不知道,那也没办法了。

C1F:那要看课程内容。(比如说,明天我要听的这节课,你计划怎样组织呢?)说实话,惭愧地讲,我还没怎么精心去准备呢。像这块大气层,一个是引入,从生活到课堂,引入是个大事情,告诉学生,我们科学上讲的空气,一个是低空,一个是外层空间。然后让学生回顾下,平时生活中出现的大气现象。最后结合课本,课本上很多东西不用讲的,学生自己看,有些重点强调一下就可以了。

J2W:那要看具体什么课,如果是生物课,那么我可能会用的课件比较多一点,会用一些视频、动画等等,展现出来比较多一些。因为它的知识点比较简单嘛,然后给他们一些感性的认识。像电路,或者说化学里面的一些实验操作之类的,那就要让学生动手了。

N2L:要分什么样的课,电学的实验基本占半节课。引入一般是先复习上节课,然后讲新课,整个时间基本都是新课,习题要专门拿出时间的。

从上述教师的回答中,就我们所研究的问题,至少还可以有两个发现。一是教师在组织课堂教学时,一般都比较重视新课引入环节。至于怎样引入,不管什么区域、多长教龄,教师都能够尽可能针对教学内容选择合适的引入方式。二是不同的教学内容,教师运用的教学方法会有所侧重,表明了教师具有一定的对教学方法灵活选择的能力。

教师精讲、少讲的组织原则。在被问到课堂教学的通常组织方式时,其中一位城市、教龄3的教师回答道:

C3Y:基本上啊,如果能够在书上找到答案的,我都会让学生自己去找,我还是希望老师尽量精讲、少讲,而不是一堂课都是听到你的声音,那样学生会很累的。

通过与她的进一步交谈,她说道:

C3Y:其实不管什么方式来组织课堂教学,我始终坚持精讲、少讲的课堂教学组织原则,这样就能更多地关注学生。

因此,C3Y老师虽然没有直接告诉我们她的课堂教学组织方式是什么,但她给出比一个具体的组织方式更重要的东西,那就是更多地关注学生的课堂教学组织原则。回顾实地观察的数据,我们会发现C3Y老师也确实在课堂教学时做到了。

综合关于课堂教学组织方式的分析,从整体上看,大多教师基本上都能根据具体的教学内容来采用不同的方式组织课堂教学,也有少量教师的课堂教学组织方式较为模式化。

从区域上看,总体上的差异不是很大,只是农村教师比城市和郊区教师稍微呆板些,较为模式化,即复习旧课、讲解新课、做练习等。

从教龄上看,教龄1教师对课堂教学的组织比较固定化;教龄3教师存在两极分化现象,有的教师可能很不愿意进行教学改变,而有的教师在自己已有的丰富经验基础上会不断追求教学创新。

二、教学方法的运用情况

对于教学方法的运用情况,我们有理由认为实地观察的数据更可靠。但为了使本研究的基础更深厚、坚实,笔者对此仍采用访谈的方式进行深入考察,试图在询问教师通常采用什么方法进行教学的同时,力争获取其背后隐藏的更多信息,比如备课时计划采用彼方法,而实际课堂上为什么运用了此方法。

下面是教师对"教学中通常运用什么方法"以及笔者追问问题的回答:

C3D:教学方法上,基本上都是讲的吧,有的时候也会采用启发式,但是他们应该预习过。

C1F:我觉得方法主要还是靠自己摸索出来的。简单说啊,考试不是很重点的,不是很难的,如水资源分布,这块东西不是很重要,我们可以考虑让学生更多地参与进来。

C2T:嗯,讲述的,首先是讨论,然后是实验,肯定是必不可少的,我们尽量地,像这种实验啊,本来是那种可以不做的,由于环境的限制,我们不组织做的,但让学生自己看。

C3Y:我认为最好的方法还是实验。实验是学生最喜欢、最感兴趣的,每次做实验,他们都很高兴的。但是实验课呢,我就觉得也有一个问题,学生一高兴的时候呢,一些好的他会按照科学严谨的实验态度来做,但是有一些不太好的同学,他实际上这堂课就玩掉了,一点效果都没有了。还有,学生一兴奋,他们就在那做实验了,你就很难收回来,你要想讲就没法再讲下去了。

J2H:我想再找找看,用图片,视频,先给学生看一些我们地球上看不到的现象,给他们演示一下,那么一方面呢就相当于,先调动一下学生的积极性,毕竟很多都是地球上从来没看到过的,然后让他们来比较一下,与我们能直接看到的现象的差异,最后可以适当地让学生讨论一下原因,为什么是这样的,其他的我在想,可能也就是太阳现象里面一些规律性的东西。

J2W:讲授肯定有的,能够让学生操作的,肯定让学生操作,他们操作有误的再帮他们改过来,我也尽量使自己少讲一点,让学生多讲一点,有的时候好像自己控制不住的嘛。

J3Z:我感觉讲的比较多,所以我比较落后的,我喜欢年轻人的这种方式。我觉得讲的话,就可以节奏快一点哈,老是讨论啊,或者说一个什么东西一来的话,哪个同学突然发散一点,我又不得不回答他的问题。有些实验比较多的,还有生物,教生物的时候不是有一些现象啊,那这个东西(讨论)也就比较多了。

J3Z:因为我那个班级啊,我很匆匆忙忙的,本来一起讨论一下,画一张图的话,我们应该怎样做,就没有讨论了,就变成我告诉他。

J2Y:我高中教了五年,可能还是有影响的,高中还是老师讲的多,我就会把这种坏毛病啊,不自觉地带到这个课堂上来,有时候感觉自己知道应该多让学生回答,多让学生参与,但是上课的时候,还是不自觉地代替学生来回答,感觉这一点还是不够的。如果常态课,可能学生活动也不做了,因为时间不能保证哈。

N1C:教学方法啊,嗯,如果不上多媒体的话,主要是老师讲,同学说、讨论,提问,错的地方老师给补充一下,就这么简单。

N2L:我一般都比较老的教学方法,讲授方法比较多,再就是实验。

N2X:用得比较多的就是提问,讲授。

N2Z:讲授为主,首先学生自己小组讨论,最后学生自主学习,然后嘛,老师指导学生学习。还有探究性学习。

就课堂教学中教学方法的运用情况,从上述教师的回答中可以看出,整体上几乎所有教师都提到在教学中常运用讲授、提问、练习等方法,这与问卷调查和实地观察的数据基本吻合。从区域、教龄上看,教师所说的教学中运用的教学方法差异不是很大。因为说与做毕竟不一样,说了要做但实际上并不一定去做。即使如此,我们还是听教师说,因为很多原因只有通过教师的说才能清楚他们为何说要做而实际没做。

实验就是教师说做而很多时候实际未做的一个典型例子。访谈中很多教师都表示实验方法非常重要,能做的应该都要做一下,可实际观察发现教师对实验法用得并不多。问卷调查和实地观察都难弄清其中原因,但访谈中的 C2T、C3Y 等老师就给出了部分缘由:一是条件的限制,有时候想做而没有条件做;二是怕学生玩而影响接下来的讲授内容,这也许是最主要的原因。

除了实验之外,从教师的回答实录中还可以了解到实地观察中一些教学方法被运用的原因。比如,讲授与一般性提问结合为什么是最常用且分配时间多的方法,从中不难发现原因有如下几个:教师传统教学习惯的影响、有利于中考考试、不由自主的行为等。还有,理应受到重视而实际未受到重视的教学方法如讨论、启发等,也容易找到其中原因:教师专业不够用导致的不自信(J3Z 老师害怕讨论时一旦发散开来而收不拢)、预备条件不足而放弃(C3D 老师认为启发是有条件的)以及时间不够用(较多教师认同此原因)等。

综合以上访谈数据的分析,可以发现初中科学新课程实施中,很多教师关于新课程视野下教学策略的运用理念还是清楚的,只是由于各种原因(归根到底可能还是中考"指挥棒"的原因)而不得不采用实地观察中所发现的教师对教学方法的运用情况,与初中科学新课程建议的教学策略运用有着较大偏差。

第四节　小　结

综合以上三种研究工具对教学策略运用的调查研究,为直观呈现调查研究的结果和分析的结论,笔者将其用表 5-4 表示出来,然后在此基础上总结有关教学策略运用特征。

表 5-4　教学策略运用特征的总结

	教学策略的运用特征		
	整体	区域	教龄
问卷调查	时间安排:大多教师把较多的时间用来讲解新课和做练习,学生能够自主学习的时间将非常少。　教学方法:最常用的是讲授法、启发式提问、师生合作学习和电教手段。其次是让学生说、鼓励学生运用多种方法解题、书本练习与自己设计习题结合、设计有层次的习题和教师演示等。而最少用的是课内竞赛法做练习。	时间安排:城市教师引入新课和做练习时最多,郊区教师讲解新课的时间比城市和农村教师略多些。　教学方法:农村教师比城市和郊区教师更多地使用电教手段,但并不常用让学生说的教学方法。而这一方法城市和郊区教师较为常用。	时间安排:教龄 1 教师比教龄 2 和教龄 3 教师讲解新课时间多,而做练习和让学生自主学习用时少。　教学方法:教龄 1 与教龄 2 和教龄 3 教师相比,前者最常用的头脑风暴法、学生板书、课内竞赛做练习等教学方法,后者则不常用;而前者几乎不用的教师参与学生自主学习教学法,后者相对较为常用。

续表

	教学策略的运用特征		
	整体	区域	教龄
实地观察	运用的教学方法:用得最为普遍的教学方法是讲授与一般性提问结合和问答式练习;讨论、实验(或实物)演示和让学生比较,也有超过一半的教师运用;让学生猜想、让学生归纳、让学生设计实验、让学生动手等发挥学生主动性的方法,只有很少的教师运用。 教学方法的时间分配:用时最多的教学方法是讲授与一般性提问结合;其次就是问答式练习;而用时最少的是启发学生思考、让学生猜想和让学生自学教材回答问题。 不同课程理念下教学方法的运用:每位教师在教学方法运用上都表现出遇到问题教师多讲、替学生回答和讲课围绕中考考点意识强的特征。其次,较强特征还有限制学生想法、让学生跟着教师走、只按备课程序讲课和非常重视科学理论在生活中的运用。	运用的教学方法:城市比其他地区运用较多的方法,首先是启发学生思考,其次是让学生归纳、总结;郊区教师不但都运用问答式练习,而且比其他地区较多地运用学生自主练习教学法;农村比其他地区用得较多首先是电教手段,其次是让学生动手和板书。 教学方法的时间分配:城市教师的教学方法更具多样性;三类区域的教师各有自己突出运用的教学方法;新课程理念下的几种教学方法用时少且不均衡。 不同课程理念下教学方法的运用:传统课程理念下,城市和郊区的教师更多地只按备课程序讲,而农村教师很少。新课程理念下,农村教师比其他区域教师更注重给学生更多的机会,师生一起探索;但遇到问题教师启发、引导学生思考方面,城市比其他区域教师多。	运用的教学方法:教龄2教师运用的教学方法更为多样。具体差异是,启发学生思考、讨论、让学生读(或齐读)教学内容比教龄3的教师较多地运用,而教龄1的教师几乎没人运用,但实验(或实物)演示、让学生自学教材回答问题则是教龄1的教师运用得最多,而其他两个教龄的教师运用得较为少些。 教学方法的时间分配:更多地进行讲授与一般性提问结合,教龄3的教师稍微少些,但整体上的讲授时间并不少;对于讲授为主外的其他教学方法运用,三个教龄的教师各有自己的特点。 不同课程理念下教学方法的运用:相比教龄2和教龄3的教师,教龄1教师实践初中科学新课程的理念要差一些。教龄1仅有C1F老师在教学方法运用上表现出了非常重视科学理论在生活中的运用特征。

续表

	教学策略的运用特征		
	整体	区域	教龄
访谈	课堂教学的组织方式：大多教师基本上都能根据具体的教学内容来采用不同的方式组织课堂教学,也有少量教师的课堂教学组织方式较为模式化。 教学方法的运用情况：几乎所有教师都提到在教学中常运用讲授、提问、练习等方法。	课堂教学的组织方式:总体上的差异不是很大,只是农村的教师比城市和郊区的教师稍微呆板些,较为模式化,即复习旧课、讲解新课、做练习等。 教学方法的运用情况:差异不大,因为教师说的并不等于完全做。	课堂教学的组织方式:教龄1的教师对课堂教学的组织比较固定化;教龄3的教师存在两极分化现象,有的教师很不愿意进行教学改变,而有的教师不断追求教学创新。 教学方法的运用情况:差异不大,因为教师说的不等于完全做。

分析表 5-4 并结合前面具体内容,我们不难发现初中科学新课程实施中,教师关于教学策略运用上主要表现出如下特征：

第一,不论是运用的具体教学方法,还是对具体教学方法的时间分配,或者在课堂教学组织方式上,都充分表明教师受传统教学观影响很深。教师基本上还是以讲授与一般性提问、问答式练习等传统教学方法为主,而很少运用新课程所倡导的教学方法。

第二,从区域上看,城市教师运用的教学方法更为多样,并且比较注重启发学生思考,课堂组织方式也能根据内容而定。但总体上看,农村教师对初中科学新课程理念的实践,反而比城市和郊区教师做得略好一些。

第三,从教龄上看,教龄 3 教师在课堂教学中的教师主体地位是最强的,受传统教学观影响也是最深的。教龄 1 和教龄 2 教师之间的差异不是很大,都能渗入一定的新课程理念下的教学方法,但并不能真正凸显课堂教学中的学生主体地位。

第六章　初中科学新课程实施中
关于教学目标的凸显

　　教学目标是教师从事教学活动之前所计划的行动以及要达到的目的与期望。教学目标是以学生通过学习后的变化为依据：①以学生身心变化为标的；②教学目标既是起点，又是终点。① 教学目标能否实现，关键在于目标结构。对此，多伊奇（M. Deutsch）曾从心理学的角度有过深入研究，他认为：一个集体能否实现目标，在很大程度上取决于该集体成员以什么样的相互作用的方式（即目标结构）。这为我们调查研究教学目标的凸显提供了一定的理论基础。

　　分析初中科学新课程实施中教师对教学目标的凸显，那么到底应该凸显什么呢？国家科学课程标准中明确指出，科学课程以提高每个学生的科学素养为总目标，分目标包括四个方面，具体内容见表6-1。

---

　　①　李蔚、祖晶：《课堂教学心理学》，中国科学技术出版社1999年版，第72—73页。

表 6-1　国家科学(7—9 年级)课程标准有关课程目标的内容①

总目标	分目标	具体内容
提高每个学生的科学素养	科学探究(过程、方法与能力)	1.发展观察现象和提出问题的能力,增进对提出问题意义的理解;2.发展提出猜想和形成假设的能力,了解假设对科学探究的作用;3.发展制订计划、进行简单的实验设计和手脑并用的实践能力,认识实验在科学探究中的重要性;4.发展收集信息和处理信息的能力,理解收集、处理信息的技术对科学探究的意义;5.发展科学解释和评价的能力,了解科学探究需要运用科学原理、模型和理论;6.发展表达和交流的能力,认识表达和交流对科学发展的意义,认识探究的成果可能对科学决策产生积极的影响。
	科学知识与技能	了解或理解基本科学事实、概念、原理和规律,学会或掌握相应的基本技能。能用所学知识解释生活和生产中的有关现象,解决有关问题。了解科学在现代生活和技术中的应用及其对社会发展的意义。
	科学态度、情感与价值观	1.对自然现象保持较强的好奇心和求知欲,养成与自然界和谐相处的生活态度;2.尊重科学原理,不断提高对科学的兴趣,关心科学技术的发展,反对迷信;3.逐步培养创新意识,敢于依据客观事实提出自己的见解,能听取与分析不同的意见,并能根据科学事实修正自己的观点,初步养成善于与人交流、分享与协作的习惯,形成尊重别人劳动成果的意识。
	科学、技术与社会的关系	1.初步认识科学推动技术进步、技术促进科学发展的相互关系,初步认识社会需求是科学技术发展的强大动力;2.了解科学技术在当代社会经济发展中已成为一种决定性因素,科学技术是第一生产力;3.了解技术会对自然、人类生活和社会生产产生负面影响,初步懂得实施可持续发展战略的意义;4.了解科学技术不仅推动物质文明的进步,也促进精神文明的建设与发展,科学技术是一项重要的社会事业,每一个公民都应该关心并有权利参与这项事业。

　　为了能够更为有效地调查教师在教学过程中对教学目标的凸显,笔者基于国家科学课程标准有关课程目标的内容,把科学课程的分目标进一步分解为五个方面:科学探究(过程、方法与能力),科学知识,实践技能,科学态度、情感与价值观,科学、技术与社会的关系。这五个方面构成了本研究分析教学目标的参考框架,以此来考察教师在教学过程中对教学目标的凸显情况。

　　基于教学目标自身的特点,对教学目标的凸显难以直接进行调查研

① 中华人民共和国教育部:《科学(7—9 年级)课程标准(实验稿)》,北京师范大学出版社 2001 年版,第 8—10 页。

究,更多的要从其他方面内容间接反映的情况进行分析。由此,本研究对教学目标凸显的调查研究主要有三个方面(具体见图 6-1):一是从教师对教学内容的处理看教学目标的凸显情况;二是从教师对教学策略的运用看教学目标的凸显情况;三是从教师对教学目标的表述看教学目标的凸显情况。这三个方面的调查数据均源于 12 名教师,其中前两个方面数据主要是实地观察获得,后一个方面数据则是通过访谈得到。

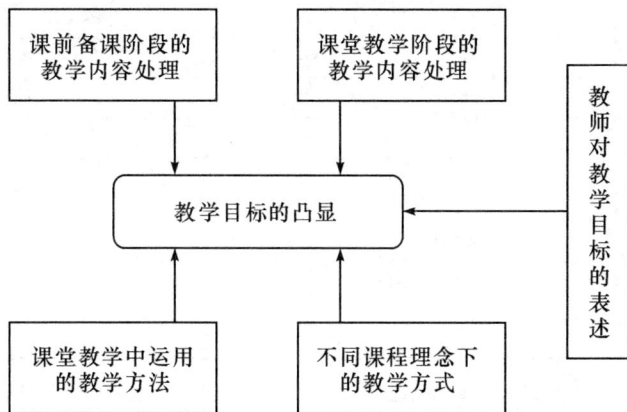

图 6-1　关于教学目标的凸显调查思路图示

第一节　从教学内容的处理看教学目标的凸显

教师对教学内容的处理主要分为两个阶段,即课前备课阶段和课堂教学阶段。由此,从教学内容的处理看教学目标的凸显时,我们应将两个阶段作为一个整体进行考虑。这样不仅可以了解教师在课前备课阶段计划凸显什么教学目标,以及课堂教学中实际上凸显了哪些教学目标,而且可以进一步分析教师在课前备课阶段计划的教学目标是否都能落实。

为能直观呈现教师在教学内容处理过程中对教学目标的凸显情况,我们将教学内容处理的两个阶段所凸显的教学目标情况分别做成表6-2、表 6-3。

表 6-2　教学内容处理的课前备课阶段凸显的教学目标

	科学探究（过程、方法与能力）		科学知识*	实践技能		科学态度、情感与价值观		科学、技术与社会的关系	
	有否	频次		有否	频次	有否	频次	有否	频次
C1F	√	1	√	√	1	√	1		
C2T			√					√	1
C3Y			√	√	4	√	1	√	1
C3D			√	√	1				
J3Z			√	√	1	√	1		
J2H			√	√					
J2W	√	1	√	√	2				
J2Y			√	√	1	√	1		
N2X	√	3	√	√	3	√	1	√	1
N2L	√	1	√	√	1				
N2Z			√	√	2	√	1		
N1C			√	√	1				

注：* 因教学内容处理的课前备课阶段每位教师都多次凸显科学知识目标，因此不再注明频次。

表 6-3　教学内容处理的课堂教学阶段凸显的教学目标

	科学探究（过程、方法与能力）		科学知识*	实践技能		科学态度、情感与价值观		科学、技术与社会的关系	
	有否	频次		有否	频次	有否	频次	有否	频次
C1F			√	√	1	√	1		
C2T			√					√	1
C3Y	√	1	√	√	3	√	1	√	1
C3D			√	√	1				
J3Z			√	√	1	√	1		
J2H			√	√	1				
J2W			√	√	2				
J2Y			√	√	1				
N2X	√	3	√	√	3	√	1	√	1
N2L	√	1	√	√	1				
N2Z			√	√	2	√	1		
N1C			√	√	1				

注：* 因教学内容处理的课堂教学阶段每位教师都多次凸显科学知识目标，因此不再注明频次。

表 6-2 和表 6-3 表明,教师在对教学内容的处理上凸显的主要是科学知识和实践技能两个目标。的确,不管是课前备课还是课堂教学中,教师都是把讲授科学知识放在首位的。但对于实践技能而言,从频次上可以看出,大多教师在对教学内容处理时只是涉及了这个目标。实际观察时也发现,教师对实践技能的目标多是突出的科学知识与生活的联系,而实践技能的其他方面内容鲜有涉及。由此,这一教学目标实际上教师并没有真正重视起来。

另外,科学知识和实践技能除外的其他三个目标,教师整体上重视不够。相比科学探究和科学、技术与社会的关系这两个目标,教师对科学态度、情感和价值观这一目标的重视程度略好一些。但实地观察中发现,教师突出这一目标时更多的是考虑怎样激发学生学习科学的兴趣,而这一目标的其他内容几乎没有涉及。

还有就是,科学探究的目标,有的教师在课前备课阶段考虑进去了,但在实际教学中并未落实。究其原因,该教师课后表示,主要是准备不充分,怕处理不好而完不成当天的教学任务。但也有教师课前备课阶段并未考虑这一教学目标,却在课堂教学中凸显出来了。后来在与这位教师交谈中了解到,是因为本节课的"突发事件"[①],这位教师突然来了灵感,感觉这是让学生进行科学探究的一个非常好的机会。

从区域上看,在科学知识和实践技能这两个目标的凸显上并没有什么差异,而在其他三个目标上略有差异。首先,就科学探究目标而言,农村教师比城市和郊区教师做得好一些。农村有两位教师在课堂教学中凸显了这一目标,城市教师只有一位,郊区教师本来课前备课时还有一位,而到课堂教学时就没有了。

其次,对于科学、技术与社会关系理解的凸显,城市教师则比农村和郊区教师好一些。相比城市和农村的教师,郊区教师在教学内容处理时凸显的教学目标最为单调。

从教龄上看,在科学知识和实践技能这两个目标的凸显上也没有什

---

①　这个"突发事件"是教师为了后面的教学需要,提前分别在室内和室外放置一支温度计,特别是室外的温度计放在明媚的阳光下。教师本来意图是向学生表明室外温度计读数比室内的高,结果读数时发现还是室内高,教师(生物专业)和学生都很意外,于是有了师生一起进行的科学探究。

么差异。而在其他三个目标上，教龄 1 的教师显得最为单调，只有 C1F 老师在课堂教学中仅涉及科学态度、情感与价值观这一目标。教龄 2 和教龄 3 的教师在教学内容处理时对教学目标的凸显差异不是很大，有少量教师能够涉及这三个教学目标。

第二节　从教学策略的运用看教学目标的凸显

本部分主要是基于教学策略中的教学方法，从教师课堂教学中运用的教学方法考察教师对教学目标的凸显情况。具体地说，就是看教师在运用这个教学方法时主要是为了凸显什么样的教学目标。

因此，这里需从两个层面来分析教学目标的凸显情况：一是教师在课堂教学中运用的教学方法所凸显的教学目标（见表 6-4）；二是不同课程理念下的教学方法运用所反映出的教学目标（见表 6-5）。分析时，把这两个层面作为一个相互联系的整体考察。

表 6-4　教师在课堂教学中运用的教学方法所凸显教学目标情况

方法 \ 教师	Ⅰ	Ⅱ	Ⅲ	Ⅳ	Ⅴ	Ⅵ	Ⅶ	Ⅷ	Ⅸ	Ⅹ	Ⅺ	Ⅻ	ⅩⅢ	ⅩⅣ	ⅩⅤ	ⅩⅥ
C1F	B			B						B				B		B
C2T	B	B			B	B	B		B	B						
C3Y	B	A	D				B		B		B				B	
C3D	B	B	E	B	B		B	B		B						
J3Z	B		D			B	B			B					B	
J2H	B		B				B	B							B	
J2W					B		B	B				B				
J2Y			B				B	B							B	
N2X	B	A		B	B		B			B	B		C			
N2L	B			B	B		B					B		B		
N2Z	B		D	B		B	B						C		B	
N1C	B				B	B			B				C			

注：(1)方法 Ⅰ＝讲授与一般性提问结合，Ⅱ＝启发学生思考，Ⅲ＝讨论，Ⅳ＝电教手段，Ⅴ＝实验（或实物）演示，Ⅵ＝问答式复习，Ⅶ＝问答式练习，Ⅷ＝学生自主练习，Ⅸ＝让学生归纳、总结，Ⅹ＝让学生比较，Ⅺ＝让学生猜想，Ⅻ＝让学生设计实验，ⅩⅢ＝让学生动手，ⅩⅣ＝让学生板书，ⅩⅤ＝让学生读（或齐读）教学内容，ⅩⅥ＝让学生自学教材回答问题。

(2)教学目标 A＝科学探究（过程、方法与能力），B＝科学知识，C＝实践技能，D＝科学态度、情感与价值观，E＝科学、技术与社会的关系。

表 6-5　不同课程理念下的教学方法运用所凸显的教学目标情况

| | 传统课程理念 | | | | | | | 新课程理念 | | | | | | |
	C.1	C.2	C.3	C.4	C.5	C.6	C.7	X.1	X.2	X.3	X.4	X.5	X.6	X.7
C1F	B	B		B	C		B						D	
C2T	B	B	B			B	B	B						
C3Y	B					B		A	D	E	A	C	D	C
C3D	B	B		B	C		B	B					C	
J3Z	B	B		B			B						D	
J2H	B			B			B						D	
J2W	B				B	B	B	D			C			
J2Y	B	B		B			B						D	
N2X	B					B		A	D		C	C	D	E
N2L	B			C			B		D			C		
N2Z	B	B				B		B				C		
N1C	B	B	B	B										

注：(1)C.1 遇到问题教师多讲、替学生回答　　X.1 遇到问题教师启发、引导学生思考
　　C.2 限制学生想法，让学生跟着教师走　X.2 给学生更多的机会，师生一起探索
　　C.3 为完成教学任务而快速讲课　　X.3 为促进学生发展而不急于完成教学任务
　　C.4 只按备课程序讲课　　X.4 根据课程发展能够做出调整
　　C.5 学生只是形式上参与演示实验　X.5 让学生真正地参与演示实验
　　C.6 不太注重科学理论与生活联系　X.6 非常重视科学理论在生活中的运用
　　C.7 讲课围绕中考考点意识强　X.7 讲课为提高学生全面科学素养意识强
　　(2)教学目标 A＝科学探究(过程、方法与能力)，B＝科学知识，C＝实践技能，D＝科学态度、情感与价值观，E＝科学、技术与社会的关系。

根据表 6-4 和表 6-5 中的数据，我们不难看出教师在教学方法运用上所凸显出的教学目标情况：

第一，几乎所有教师都重视科学知识的掌握。从上述两个表中可以看出，教师最常运用的讲授与一般性提问结合和问答式练习，以及其他很多教学方法，基本上都是为了让学生更好地掌握科学知识。由此看出，不管教师是否认为是把科学知识作为首要的目标，但其教学的真实行为已经把科学知识作为优先凸显的目标。

第二，实践技能还是受到不少教师的关注。尽管对实践技能这一目

标的凸显远不如科学知识,但也有不少教师运用不同的方法来凸显它。从表中可以看出,凸显实践技能的教学方法主要有让学生动手、真正地参与演示实验等。但是回顾教师运用教学方法的具体过程,发现对实践技能的凸显还是停留在浅层次,一般都是用学过的科学知识解释简单的生活现象,很少用科学知识来解决生活中的问题。

第三,其他三个教学目标也得到了不同程度的凸显。整体看,这三个教学目标被凸显并不是很多,但也有个别教师运用不同的教学方法凸显了它们。比如,有的教师通过启发学生思考的方法培养学生的科学探究能力,也有的教师用讨论的方法培养学生的科学态度、情感和价值观,还有的教师为了让学生理解科学、技术与社会的关系而不急于完成教学任务。

第四,不同区域、不同教龄的教师差异并不大。两个表中的数据表明,在教学方法的运用上所凸显的教学目标,教师之间差异并不是很突出,都是以让学生掌握科学知识为首要目标。略微存在的差异,与教学内容的处理反映出的情况基本上吻合,即教龄1的教师和郊区的教师在教学中凸显的教学目标最为单调,主要是科学知识目标。

第三节　从对教学目标表述看教学目标的凸显

通过前面两节的分析,我们了解到初中科学新课程实施中,教师在教学过程中凸显的教学目标还是以科学知识为主。那么,有必要进一步知道的是,教师对教学目标的知识到底有多少,或者说教师头脑中的教学目标是什么。进一步地问,教师头脑中的教学目标是否都能在教学中凸显出来,或者说实地观察到的教学目标是不是教师头脑中的所有目标。

若要弄清以上这些问题,看教师对教学目标的表述也许是一个比较好的方式。教师的以下回答基本上是基于笔者询问的两个问题:(1)你认为初中科学课程的教学目标是什么?(2)具体到我要听的这节课,它的教学目标是什么?此外,根据个别教师的回答情况,可能还会有进一步追问的问题回答。

C1F:其实,我觉得,一个是学生对科学的一个感性认识。还有一个是多元化,它对学生要求挺多的。比方说涉及物理、化学计算的数学计算能力,平时的逻辑推理也比较多,到初三酸碱盐的时候,推化学式了、化学方程式了等等。对学生的逻辑思维能力要求也很高。还有一个就是对学生表达要求也很高。当然,一个最高层次,就是学生学完这门学科以后,整体上要有个意识,跟现在我们社会上强调比较多的环境联系起来,这个问题可能比较高了,涉及到价值观了。(具体到这节课,它的教学目标是什么呢)首先要让学生知道有大气层这么一个东西,然后再具体地知道大气层中各分层的特点,最后结合我们的生活实际,比如说,对流层跟我们生活最密切,雨啊、雪啊、云啊、雾啊,都是发生在这一层。

C2T:我认为主要让学生掌握一些科学常识,还有科学的方法,还有科学的道理、原理,它不是很精细的,是很粗的,但有的时候考试的要求又比较高。(具体到这节课,它的教学目标是什么呢)这节课,我认为主要让学生知道经线、纬线的定义,还有它的一些特点,怎样判别经纬度,就是从一个局部的图上面能够判断它的经度和纬度,然后呢,就是知道东西半球和南北半球的划分,就可以了。

C3Y:我认为,学习这门课,能够在生活当中,解决一些实际问题。一个是技能方面,还有一个就是思维方面,应该有一个比较严密的思维。另外呢,在科学上,还有一个说得比较多的是,环保教育了。(具体到这节课,它的教学目标是什么呢)这个地方它就一个技能方面的,比如温度计如何使用,还有一个呢就是天气对人类生活有哪些影响。

J2H:提高每个学生的科学素养。(什么是科学素养呢)科学素养,我在想,现在讲得很多的,比如说环境意识,还有嘛,学生的一些劳动技能,还有嘛,就是一些基础的自然学科的知识。(具体到这节课,它的教学目标是什么呢)那我想作为这个目标来讲,首先就是让学生,从情感上的目标来讲,对宇宙、空间科学的神秘感的向往。我想在这块,如果单纯从知识点上来讲,你说到后面,很有可能一点用都没有,所以马上就忘掉了。如果真的从素质教育来讲,可能情感目标是最重要的。

J2Y:我觉得现在也不是那种精英教育,还是大众教育,我觉得首先要让我的学生喜欢上科学,而且能够关注科学,具备一定的科学素养,不能说初中三年连常识性错误都犯,那我就觉得这是我科学老师的失败。

（具体到这节课，它的教学目标是什么呢）我觉得这堂课还是，一个嘛，可以培养学生的一些兴趣，那么知识点本身与生活有点联系的就是太阳黑子，至于太阳的一些基本量，还是了解层面的。因为（关于）太阳，自己这方面的知识还是很少的，我现在觉得最难办和就是天文，感觉也教不好。

J3Z：应该教给学生什么，我也没有怎么想过，反正就是围绕考试，不围绕考试就待不下去了。真的，其他的东西也没时间想的。（具体到这节课，它的教学目标是什么呢）地图的三要素，要知道的了。在地图上面分辨两个地理位置的关系了，还有比例尺的这种表现方式，常用的这几种地图要看得懂了。

N1C：一个是知识目标，还有能力方面的目标，还有个是情感方面目标。特别是上学期讲人的生理结构，我常渗透在男女生情感交流方面，开导他们。（这些目标的层次是怎样的呢）如果说，现实一点的话，还是知识目标。如果不考虑另外因素的话，情感、能力还是最主要的。

N2L：一个是培养他的兴趣，一个是知识，一个是能力。（具体到这节课，它的教学目标是什么呢）应该让学生能够判断导体、绝缘体和半导体。

N2X：培养能力为主，让学生感知一些实物，把各门课程都能用一条线串起来。（具体到这节课，它的教学目标是什么呢）空间想象能力和观察能力。知识点肯定要的。

N2Z：一个是知识性的，第二个是技能性的，第三个更重要的是，培养学生就是说兴趣，能够把有用的东西，像我们科学跟生活比较联系紧密，能够把这些东西应用到实际当中去。脱离了实际，这个教学就没意义了。

从以上教师的回答实录中，我们可以发现，他们基本上都谈到了研究所需要的信息，所有这些信息让我们进一步了解到：

第一，教师头脑中的初中科学教学目标并不单一。以上大多教师认为初中科学应该教给学生科学知识，培养学生实践能力，使学生具有良好的科学态度、情感与价值观，让学生理解科学、技术与社会的关系（如环保教育）。并且，很多教师甚至认为初中科学教学的最重要目标并不是知识，而是情感和价值观。那么，现实教学与教师头脑中的目标为何会有如此大的差异呢？教师的回答中基本给出了答案，那就是中考的影响。正如 N1C 老师所说,如果不考虑其他因素(主要是中考因素),情感和能力还是最主要的。

第二,教师对初中科学新课程倡导的科学探究目标意识淡薄。以上教师几乎没有人提出科学探究也应是教学的目标。只有一位教师提到初中科学课程的目标是提高每个学生的科学素养,但当问到科学素养的具体内涵时,他并没有提到科学探究。当然,教师没有回答出来,并不意味着教师不培养学生的科学探究能力。但是,从另外一个角度看,教师为什么都能提出科学知识、实践技能等方面的目标呢? 其实这正反映出科学探究作为初中新课程的教学目标还未被广大教师所接受。

第三,不同区域、不同教龄的教师头脑中的教学目标基本没有差异。从以上所有教师的回答中,发现教师对初中科学的教学目标表述基本上大同小异,都提到了科学知识,实践技能,科学态度、情感与价值观,科学、技术与社会的关系,并且很多教师认为抛开中考因素,教给学生科学知识并不是最重要的。只有一位教师表示没有考虑过教学目标,反正就是围绕中考教学。她虽这样表述,但通过回顾她的教学过程,发现她在教学中凸显的教学目标并不单一,只是迫于中考压力而不知如何表述头脑中的教学目标。

由此可以看出,对于初中科学新课程改革的理念及其相关理论,教师基本上还是比较了解的,只是理想中的课程内容与实施的课程相距太远。因此,如何促使教师积极主动地将头脑中的教学目标落实到课堂教学中,这是一个很重要的课题待我们研究。

第四节　小　结

以上从三种不同角度了解了初中科学新课程实施中,教师对教学目标的凸显情况。下面从整体上做一总结,具体内容见表 6-6。

表 6-6　教学目标凸显特征的总结

	教学目标的凸显		
	整体	区域	教龄
从教学内容的处理看教学目标的凸显	科学知识和实践技能是两个主要凸显目标,但实践技能并未实质上受重视。其他三个目标,整体上重视不够。	相比城市和农村教师,郊区教师在教学内容处理时凸显的教学目标最为单调,以科学知识为主。	教龄 2 和教龄 3 教师在教学内容处理时对教学目标的凸显差异不大,教龄 1 的教师显得比较单调,以科学知识为主。
从教学策略的运用看教学目标的凸显	一是几乎所有教师都重视科学知识的掌握;二是实践技能还是受到不少教师的关注;三是其他目标也得到了不同程度的凸显。	总体上差异不大,郊区的教师在教学方法运用上,凸显的教学目标最为单调,以科学知识为主。	总体上差异不大,教龄 1 的教师在教学方法运用上凸显的教学目标最为单调,以科学知识为主。
从对教学目标表述看教学目标的凸显	一是教师头脑中的初中科学教学目标并不单一;二是教师对初中科学新课程倡导的科学探究目标意识淡薄。	基本上没有差异,只有一位郊区教师表示没有考虑过。	基本上没有差异,只有一位教龄 3 教师表示没有考虑过。

整体上看,初中科学新课程实施中关于教学目标的凸显情况,从表 6-6 以及前面具体内容中,我们不难总结出如下特征:

第一,教师在教学过程中凸显的教学目标主要以科学知识为主,实践技能目标虽受到不少教师关注,但多是一些浅层表现,并未真正得到落实。而对于情感、态度、价值观,科学、技术与社会的关系,科学探究等目标,教师基本上还未重视。

第二,教师头脑中的教学目标并不单一,只是初中科学新课程倡导的科学探究目标意识淡薄。但是,在实际的课堂教学过程中所凸显出的教学目标,与教师头脑中的教学目标相差还是比较大,基本都是以让学生掌握科学知识和实践技能为主。

第三,从区域、教龄上看,教师头脑中的教学目标基本上没有差异。而实际课堂教学过程中,教师之间略有差异。区域上的差异主要是,郊区的教师在教学过程中凸显的教学目标显得比较单调。教龄上则是,教龄 1 的教师在教学过程中凸显的教学目标最为单一。

第七章　初中科学新课程实施中
关于教学过程的反思

　　关于教学反思,不同研究者对于教学反思是怎样一种活动、教学反思的内容、教学反思的过程及反思的水平都有不同的理解,很难给出一个确切的定义。在此,本研究对教学反思究竟应是什么含义并不作专门探讨。对于要考察的教学过程的反思,简单地理解,就是教师在课中以及课后对教学过程所做的思考与评价。

　　因此,这里关于教师对教学过程反思的调查研究,主要从三个层面分析:一是教师对教学过程的反思方式;二是教师对教学过程的反思内容;三是教师对教学过程的反思水平。对这三个层面问题的考察,其数据来源主要是课后访谈和问卷调查的数据。

第一节　教师对教学过程的反思方式

　　通常认为,反思方式指教师对具体的反思内容进行思维加工时所采取的外显的方法。一般说来,有如下四种形式:①

　　一是在头脑中想一想。这种反思方式是教师的自我内部对话,他对教学反思水平的作用取决于教师自身的理论水平和教师的自我约束

---

① 　申继亮:《教学反思与行动研究》,北京师范大学出版社 2006 年版,第 78—79 页。

能力。

二是以"教后记"的形式记录所想,然后自我分析,即"记日记法"。在"反思"中记录教学过程中发生的事件,分析事件产生的原因并进而设计多种解决策略。

三是同事合作讨论。教师之间在课余时间就所发生的问题、困惑进行讨论,同事合作讨论需要一名"骨干教师"带领,使每次的讨论围绕一定的主题进行。

四是行动研究。教师以所遇到的问题为课题,通过多种研究方法来研究、解决问题。

从中可以看出,以上每种反思方式其实都是一个大的研究课题,有很多问题可以进行讨论。当然,本研究中对教师对教学过程的反思方式的考察,重点不是研究教师关于每种反思方式的内涵,而是侧重于分析教师对上述第一种反思方式运用情况,即了解教师对教学过程是否在头脑中想一想以及在什么时候进行想一想。

问卷调查表中的第 36 题(共两小题)就是对教师是否反思以及何时反思的考察。36.1 主要用来了解教师对教学过程是否反思的情况,分成五种程度:已成习惯、比较多、一般、偶尔和没有。36.2 则是用来了解教师教学过程的反思常发生的时间,分成五种时间段:上课前、课堂中、上课后、备课时和生活中。

一、教师是否对教学过程反思

图 7-1 和图 7-2 是对 36.1 题的数据统计,结果与分析如下。

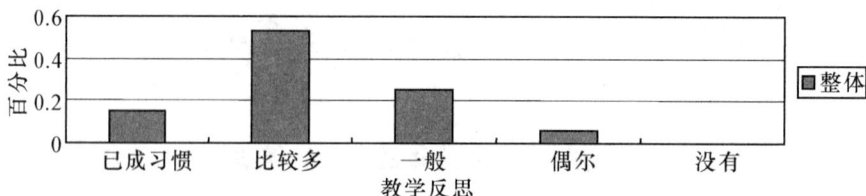

图 7-1 教师对教学过程是否反思的情况

从图 7-1 中可以看出,所有教师都能做到对教学过程进行不同程度的反思。反思比较多的教师,包括对反思已成习惯的教师,基本上占到 70%。反思程度一般的教师约占 25%,而偶尔反思的教师不到 10%。由此看出,大多教师还是经常进行教学反思的。

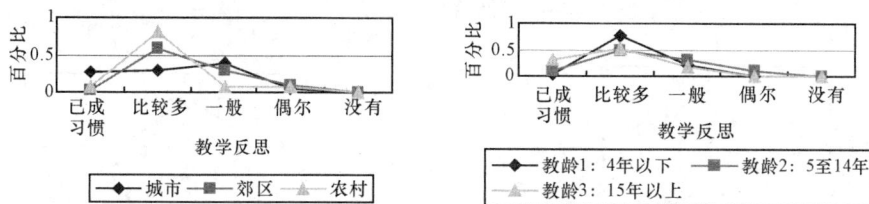

图 7-2　不同区域、不同教龄的教师对教学过程是否反思的比较

图 7-2 表明,从区域上看,对教学过程的反思程度在比较多以上(含已成习惯)的教师,还是农村最多,城市和郊区差别不大。但作为反思已成习惯的教师,城市是最多的,郊区和农村差别不大。这表明对教学过程的反思程度上,城市教师的表现较不均衡。

从教龄上看,对教学过程的反思程度在比较多以上(含已成习惯)的教师,教龄 2 是最少的,教龄 1 和教龄 3 差别不大。但对于将反思已成为习惯的教师,教龄 3 远高于教龄 1 和教龄 2。不难推断,教龄 3 教师最为注重教学反思。

二、教师在何时对教学过程反思

图 7-3、图 7-4 和图 7-5 是对 36.2 题的数据统计,结果与分析如下:

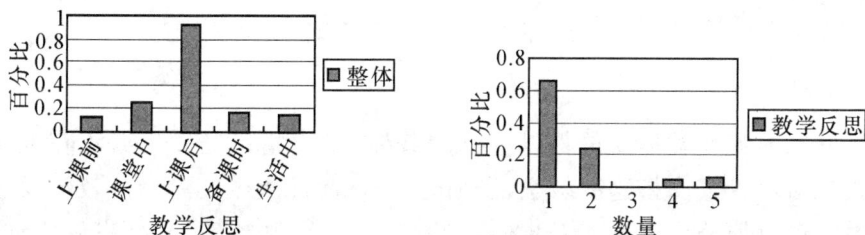

图 7-3　教师对教学过程反思的时间情况　图 7-4　教师对教学过程反思时间段的数量情况

图 7-3 和图 7-4 从整体上反映了教师对教学过程反思的时间情况。从中可以看出,大多(约 90%)教师基本上是在上课后对教学过程进行反思。在其他时间段也有教师进行教学反思,但整体上不是很多。而从教学反思时间段的数量情况看,大多教师是在一个时间段进行教学反思,容易推出这个时间段就是上课后。

由此不难得到,教师虽然大多能在上课后对教学过程进行反思,但教学过程的反思还未真正成为教师教学生活的一部分。相应地，如此的教学反思时间状况，能否促进教师的专业成长，也值得进一步研究。

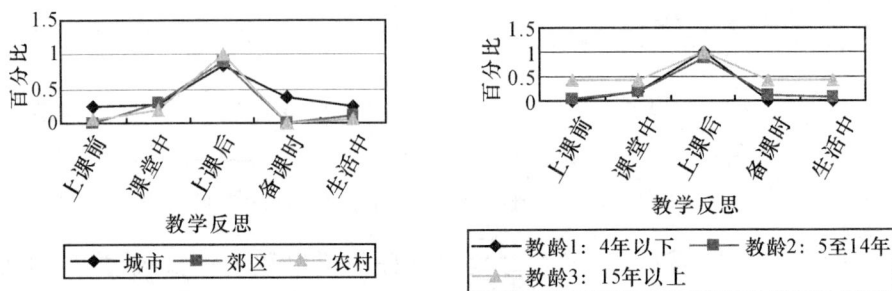

图 7-5　不同区域、不同教龄的教师对教学过程反思时间的比较

从区域上看，教师对教学过程的反思在时间上的差异主要集中在上课前、备课时和生活中。图 7-5 表明，城市教师的反思时间段较为多样化，不论上课前、备课时还是生活中，都比农村和郊区教师多。

而从教龄上看，教龄 3 教师对教学过程的反思在时间上更为灵活多样，教龄 1 和教龄 2 的教师差别不大。从图 7-5 可以看出，无论是在上课前、课堂中、备课时还是在生活中，教师对教学过程进行反思，教龄 3 远多于教龄 1 和教龄 2。

第二节　教师对教学过程的反思内容

反思内容是教学反思得以进行的载体，主要指已经发生或正在发生的教学活动以及支持这些教学活动的观念和假设。宏观上看，教学反思的内容可以划分为以下五个指向：(1)课堂教学指向；(2)学生发展指向；(3)教师发展指向；(4)教育改革指向；(5)人际关系指向。[1] 微观上，笔者认为教师的教学反思主要是针对课堂教学。为保证研究的深入，本节主要从教学反思的微观视角出发，考察教师对课堂教学过程中内容的反思情况。

一般认为，对课堂教学内容的反思，主要是分析、评价教学活动本身

---

① 申继亮：《教学反思与行动研究》，北京师范大学出版社 2006 年版，第 76 页。

的优与劣,以及影响教学活动的因素,包括教学内容的重点、难点分析,教学方法、技巧的运用等。为了更清晰地考察教师对教学过程的反思内容,笔者建立了分析反思内容的框架(见图7-6),主要基于四个方面:(1)教学内容;(2)教学策略;(3)教学目标;(4)学生反应。针对这四个方面内容,通过问卷调查和课后访谈,收集了教师对教学过程的反思内容的数据。

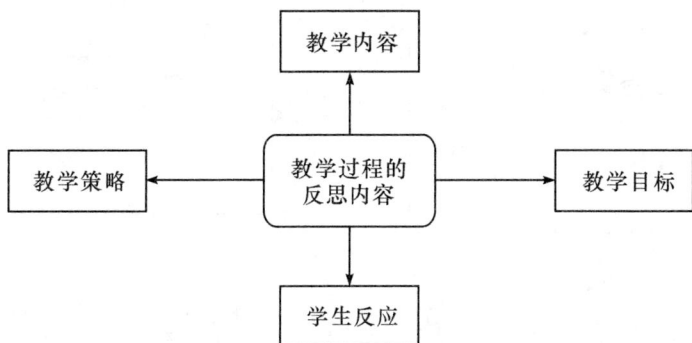

图 7-6　教学过程的反思内容的分析框架

一、问卷调查的结果与分析

问卷调查表第 37 题的设计就是为了了解教师对教学过程的反思内容情况。为了能从问卷调查中获取更多的信息,设计该题目时将选项设置了五个方面的反思内容和一个补充选项。从回收的问卷调查表看,没有教师补充其他方面的反思内容。

图 7-7、图 7-8 和图 7-9 是对该题目回收数据的统计,结果与分析如下。

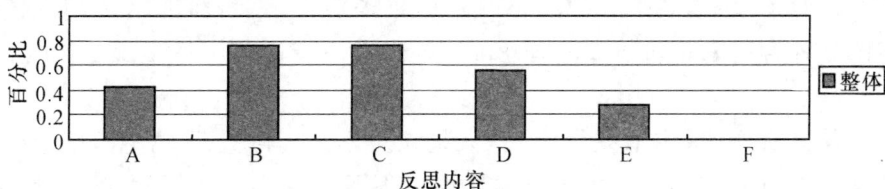

图 7-7　教师对教学过程的反思内容情况(问卷调查)

注:反思内容 A=教学内容是否讲清楚,B=教学方法的选择与运用,C=教学目标达成情况,D=学生的反应,E=课堂上对学生的评价,F=其他(请写出)。

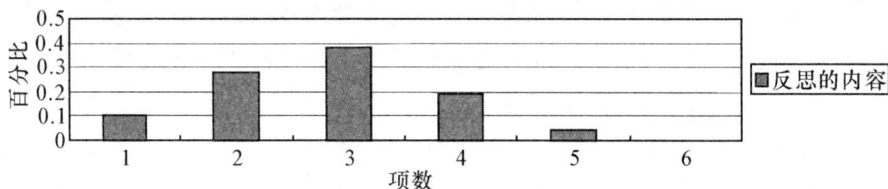

图 7-8　教师对教学过程的反思内容的项数(问卷调查)

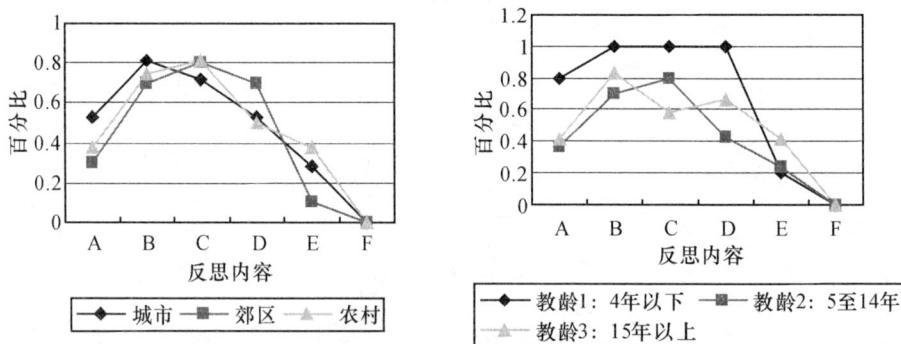

图 7-9　不同区域、教龄教师对教学过程的反思内容比较(问卷调查)

注:反思内容 A＝教学内容是否讲清楚,B＝教学方法的选择与运用,C＝教学目标达成情况,D＝学生的反应,E＝课堂上对学生的评价,F＝其他(请写出)。

从整体上看,教师对教学过程的反思内容具有多样性,课堂教学过程中的很多内容都有不同数量的教师进行反思。图 7-7 表明,教师进行教学反思最多的内容是教学方法的选择与运用和教学目标的达成情况,其次是学生的反应和教学内容的处理情况,最少的内容是课堂上对学生的评价,但也有超过 20％的教师。

图 7-8 则进一步表明,很多(90％以上)教师对教学过程的反思内容都会在两项以上,其中教师反思内容比较多的是三项,而反思四、五项内容的教师合起来超过了 20％。所以,这也进一步证实了教学反思内容的多样性。

从区域看,基本上差异不大,只是在教学内容的处理、学生的反应以及课堂上对学生评价等方面略有差异。从图 7-9 中可以看出,对于教学内容处理的反思,城市教师要比郊区和农村教师多些;而对于学生的反应的反思,还是郊区教师多些;但对课堂上对学生评价的反思,郊区教师又是最少的。

从教龄上看,教龄 1 教师对教学内容的处理、教学方法的选择和运用、教学目标的达成以及学生的反应等方面内容的反思,都比教龄 2 和教龄 3 教师多。而教龄 2 和教龄 3 教师之间对教学反思内容的差异不大。由此看出,教龄 1 教师对教学过程的反思内容更为全面。

问卷调查数据表明了教师对教学过程的反思内容的多样性,教师实际上对教学过程的反思内容是否如此。显然,仅靠问卷调查数据还难以得出结论,毕竟教师回答问卷调查时很容易出现"应然"倾向。由此,还需要通过访谈看教师到底反思哪些内容。

二、访谈的结果与分析

毫无疑问,对教学过程的反思内容考察,最为有效的方式还是听教师对教学过程的反思,再从中分析教师反思了哪些内容。基于这一思路和反思内容的分析框架,我们从教学内容、教学策略、教学目标和学生反应等四个方面,来考察教师对教学过程的反思内容情况。

下面是 12 位教师对教学过程的反思实录。为了方便接下来的统计分析以及读者的阅读和快速了解,笔者在提供反思内容信息的话语下面用波浪线标注,并在每位教师的反思内容结尾处写出分析的结果。同时,因这些反思实录也是后面考察反思水平(7.3 节详析)的基础,在此将教师对教学过程反思的所有话语都做了呈现。

C1F:不满意。主要的问题就是学生的参与度不够。可能是因为这节课不是探究课,都是些概念性的东西,常识,都是直接呈现给学生的。所以呢,整个课从整体上主要还是讲授吧,但是中间有些探究环节,可以让学生参与进去,比如说大气温度垂直温度图的分析,这个图像的分析,可以让学生借助于数学中函数图像。但是这一块呢,数学中的函数图像,他又没学,如果说讲得太难的话,学生又接受不了,所以呢,我就形象地直接把横坐标、纵坐标给他们讲一下。(学生反应、教学内容)

C2T:就是,顺序啊,有点乱,我当时第二节课做了修正,课件稍微改了一下,我开始讲东经、西经的时候,学生那边上北下南、左西右东可能没有强调,所以后面讲东经、西经(学生)有点搞不清楚,还是用左右来分的,这是一个。然后后面讲东西半球的时候,我感觉这里过渡少了点,感觉学生还是有点吃力,学生一下子反应不过来。然后,其他一些,课件里面哈,比如经线、纬线、经度、纬度,这些东西太直接出来,我觉得应该,后来,我又调整了一下,不让它直接出来,让学生先看了,再出来,让他们自己看出来,再得到,这样的话效果好一些,所以我第二个班就调了一下。(教学策略、学生反应)

C3Y:还比较满意。不过,我就觉得,今天应该说有些意外吧,感觉自己还是能够比较灵活地处理掉。比方说那个温度计,其实本来放到外头那个应该是温度高的,今天太阳还是挺好的,我想肯定是没问题的。另外,我就觉得今天的引入还可以,觉得学生的注意力马上就被吸引过来了。还有一个刚才讲天气的时候,让同学马上去及时地播报现在的天气,我觉得学生就会想,哎,这就是我们身边的事情,能够说得出来,积极性就马上调动起来了。其实,我讲得最不好的还是百叶箱那里,因为百叶箱我也不太清楚的,特别是百叶箱里面这四支温度计啊,我的课件里面也有对最高温度计和最低温度计说明的,我觉得它说明得非常不清楚,我后来就干脆不用了,不讲了。嗯……所以说,我就觉得,如果说没有一个直观的东西,我也没有看到过,我也没有研究过,我也只能讲表面的。我就觉得,这个地方如果讲得太复杂的话,学生也难接受。但是,基本上的,表面上的几个点,因为作业本上有这几个题目的呢,那我就觉得要讲。(教学策略、教学内容)

C3D:就是感觉不好,没什么好反思的,就是他们(指学生)对空气好像没这种感觉的啊。(教学内容)

J3Z:感觉不满意。就是,实际操作,我不是讲好以后都拿题目试一下他们嘛,很多人速度跟不上的,有几个人已经解决好了,还有几个人在搞来搞去,搞什么东西都不知道,拿到地图以后,他不是奔着主题去的,我要(他们)找这两个城市,要他们找普陀山在什么方位啊,他们却找到旁边那个,台湾那个地方怎么了。(这是他们感兴趣啊)可他们分心了啊,这样就造成效率低了。(学生反应)

J2H:这堂课呢,我总的感觉就是预先设计的教学范围或者说内容还没有很好地完整(讲出来)。那么可能是从时间上呢,上课也迟了一些,一方面呢,因为这堂课开始就时间比较紧嘛,这样的话,我感觉从上课铃声到真正开始讲,估计呀,我想有七八分钟的样子实际是浪费掉了。因为呢,实际上你也看得出来,开始如果我准备好以后,说不定我让他们看书呀,这些时间都会短一点,或者课前的话,让他们翻翻。那么这样呢,可能利用率会高一些。然后嘛,这堂课里面呢,就像前面给你讲的,作为农村班来讲啊,平时上课实际上也没有这么多(学生活跃)。今天我感觉,反而你在听课嘛,好像很活跃的,就是没有非常正经或者什么的,有点随意。我感觉,平时呀,好像还比这好一些,我也不知道为什么这样啊,可能跟这个内容有关。其他班上嘛也差不多,可能跟这堂课的内容也有点关系。(教学内容、教学策略、学生反应)

J2W:首先呢,电流的方向与电子的运动方向相反,这一块好像处理得不是很好。我就觉得,好像稀里糊涂地带过去了,没有说很明确地讲出来。不过可能教参也是这个意思,不能讲得太明白,讲太明白也讲不清楚,我就觉得这里很不舒服。然后就是,电流单位这一块,学生掌握好像还不错。他们有个很好玩的,认为电流表接(开关的)左边和右边不一样,这是我没有想到的。那我反正也就这样过去了,不知道我处理怎么样。我感觉这堂课比较好的就是,让学生接上去(指连接电路),接上去遇到一些问题,我就顺带着把第二步引出来,我觉得这一步处理得还好。(教学内容、教学目标、学生反应、教学策略)

J2Y:这堂课可能花在这里的时间太少了,本来太阳黑子图像的变化,还有一道例题,我昨天改来改去的,结果没有复制过来,那么整个我就这样讲讲过去了。其实,我应该给他们一个例题,让他们练一练。太阳活动这里,我自己啊,由于专业知识这方面,我在犹豫,自己讲也讲不好,但是一些术语出现,学生也不好理解,我就不知道怎么说,这个地方这样下来,我就觉得很沉闷啊。这里你问他们,一般太阳活动对人类有什么影响。学生会闷的,没有生活经验,就讲不好。然后,讲到什么程度,专业术语要不要出现。自己都在犹豫要不要说,又怕说了他们反而更糊涂,反正就这样灌输给他们了,反正是很沉闷的一堂课。还有,感觉自己过渡没有过渡好,怎样从太阳的一些数据,过渡到太阳的结构层次,再过渡到太阳的活动,原来我……后来改一下,那个画太阳还是要把它去掉,这里太生硬了,很不自然。应该让他们画一画,体验一下,这样印象深刻。下次课,我可能会要改动一下了。还有就是,很多自己没有讲清楚的,太阳风啊,极光啊,可能讲得不是很清楚,学生也是懂懂懂懂的。(教学内容、学生反应、教学策略)

N2X：对日食这块内容，我基本上还是满意的。最满意的就是对日食过程的呈现。第一节下来以后呢，一班的学生比较聪明的，他们能画出来的，有80％以上的学生能够完全画对，也有一小部分（错的），但当时我只呈现对的。然后在第二节课的时候发现有同学错了，而且我拿来的那几个都是成绩比较好的，比较优秀的那些同学，他们都出现了问题。然后我给他们呈现，全班同学进行讨论，后来那两个日偏食、日全食，学生大都能画出了，这样的一个过程，我觉得还可以。不过，第一个实验里面，我也感觉到了，让学生分成小组活动的时候，有的组没有动，那么这里就缺少一个指令性的语言，让大家一同来做。这里也存在这样一个问题，就是球少了。如果每人手中有个圆形的物体，那么活动就好做了。还有一块地方还没讲清，开头我也没有意识到，就是呈现那个近十年的日食数据，在什么位置你看到的是什么日食，我没有讲到，漏掉了。（教学策略、学生反应、教学内容）

N2L：我准备得不充分，就是一个个环节上都不太充分。今天早上还在做课件。其实，这个课件不是我做的，而是网上下载的把它改一下，在用的时候不是很熟练。另外，就是我没有什么拓展，就把书上的东西给讲出来了。（教学策略、教学内容）

N2Z：首先，如果从学生后面练习情况看，还比较满意。应该说练习，学生都能答得上。第二，从学生的动手啊，我觉得也达成了一定目标。学生至少还是动起来了啊，能够参与到课堂上面来。第三个呢，我自己实验如果准备得细一些会更好。现在，显得课堂比较乱一些。（教学目标、教学策略）

N1C：怎么说呢，对基础的，可能处理得比较好一点吧。整体感觉，还是不够通畅。正电荷移动方向，和自由电子，讲不好。学生很难理解，正电荷的移动方向就是电流的方向，又电子是相反方向移动，这个怎么去，怎么给他们讲，太抽象了。我是想通过一个比方哈，但是想不出来。我还感觉哈，对课堂的驾驭能力还不够，学生就没有按照老师要求去做。（教学策略、教学内容、学生反应）

表 7-1 是对上述 12 名教师反思实录分析结果的汇总。为了更直观地分析，表 7-1 中数据又被进一步作了统计（见图 7-10、图 7-11 和图 7-12）。这样从两种呈现数据的方式分析，既能直观地分析总体情况，又

可以照顾到个体特征。

表 7-1 教师对教学过程的反思内容情况

	C1F	C2T	C3Y	C3D	J3Z	J2H	J2W	J2Y	N2X	N2L	N2Z	N1C
教学内容	√		√	√		√	√	√	√	√		√
教学策略		√	√			√	√	√	√	√		√
教学目标							√				√	
学生反应	√	√			√	√		√	√		√	√

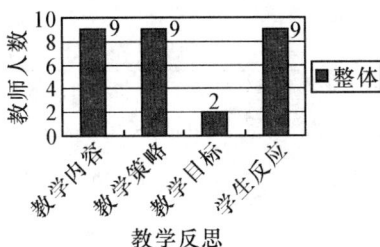

图 7-10 教师对教学过程的反思
内容情况(访谈)

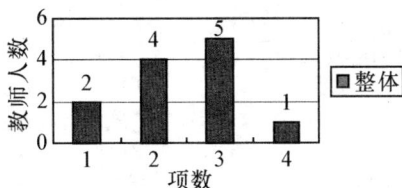

图 7-11 教师对教学过程的反思内
容的项数(访谈)

从整体上看,上述图和表中的数据表明,教师对教学过程的反思内容主要集中在三个方面,即教学内容、教学策略和学生反应。教师对教学目标的反思非常少,仅有 J2W 和 N2Z 两位教师。这与问卷调查的数据有所不同,差别主要在于教学目标和学生反应两个内容上,两种工具分析的结果恰好相反。问卷调查数据显示,教师反思的是学生反应少而教学目标多。

针对访谈与问卷调查结果的差异,笔者认为,原因主要还是在于问卷调查自身的局限性:一是教师回答问卷时并没有在一个真实的情景中,选中的答案"应然"倾向严重,从而不能反映真实情况;二是问卷调查中列出了具体的选项,对回答问卷的教师来说,具有一定的提示作用,这样也容易导致回答问卷时"失真"。由此,访谈 12 名教师的数据虽然少了,但却真实地反映了他们的教学反思内容情况,至少也能代表一部分教师的教学反思现状。

关于教师对教学过程反思内容的广度上,访谈结论与问卷调查结论基本吻合,一般都会对两到三个方面进行反思。只有两位教师只对教学过程中的一个方面内容进行反思,从表 7-1 可以了解到,这两位教师都是教龄 3 教师。由此可以得出,大多教师能对教学过程中的两到三个方面内容进行反思,反思最多的内容是教学内容、教学策略和学生反应,只有部分教龄 3 教师反思内容的面略显单一。

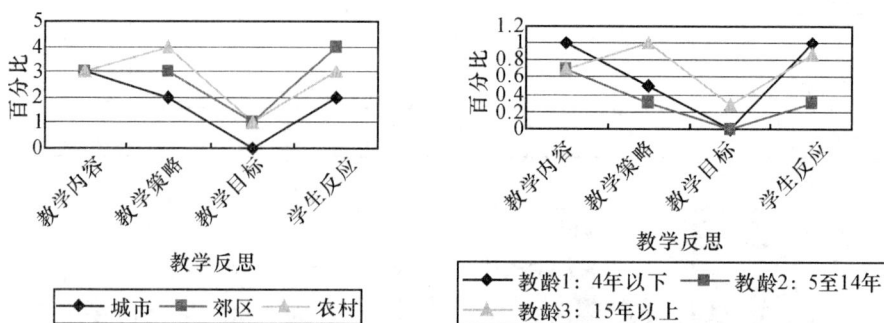

图 7-12　不同区域、不同教龄对教学过程的反思内容比较(访谈)

从区域上看,基本上没有大的差异,只是在教学反思的教学策略和学生反应上略有差异。图 7-12 表明,对于教学策略的反思,农村教师比城市和郊区教师多些,城市最少;而对于学生反应的反思,则是郊区教师最多,仍是城市最少。由此看出,表 7-1 也同样显示,相比郊区和农村教师,城市教师对教学过程的反思内容的面较窄。

从教龄上看,不同教龄教师对教学过程的反思内容略有差异,主要集中在教学策略和学生反应上。反思的教学策略方面,教龄 3 教师比例最大,远高于教龄 1 和教龄 2 教师;反思的学生反应方面,教龄 1 和教龄 3 教师差异不大,都远高于教龄 2 教师。总体上看,教龄 3 教师对教学过程的反思内容的面较宽,而教龄 2 教师最窄。

以上从区域、教龄上分析得出的结论,访谈与问卷调查的结论都略有差异。通过访谈方式研究的毕竟是个案,二者不能进行绝对的比较。因此,二者之间略有差异应属于研究所允许的误差范围,具体原因没必要再专门分析。而上述从整体上分析存在的差异确有探究其原因的必要,因为 12 名教师的访谈数据也达到了一定的量。

第三节　教师对教学过程的反思水平

一、教学反思水平的分析量表

教学反思水平，其实就是教师对教学过程反思的深度。对此，不同的研究者有着不同的评定和解释方法，比较具有代表性的是范梅南（Van Manen）对反思水平的划分，他把反思分成了三个水平。[①]

水平一：技术合理性水平（technical rationality），它是依据个人的经验对事件进行反思，或进行非系统的、非理论性的观察，往往看不到目的的存在。这种反思的焦点（关注点）是为达到预先设定的目的而采用的方法的效率和效果，它并不关注既定的目的是否合理。处于这种水平的教师只注意到了教学知识和基本课堂原则的应用以获得良好的结果，而看不到教学结果与课堂、学校及社会中的问题（Zeichner & Liston，1987）。范梅南把这种水平标定为经验分析模式，是反思的最低水平。

水平二：实用行动水平（practical action），高于水平一，它能够对系统和理论进行整合，经常认为教学事件中存在着问题，但往往表现出个人的偏见。处于这种水平的教师，开始对学生和教师的行为进行分析，以确定目标和方针是否适宜，如何发挥作用。范梅南把这种水平标定为解释学—现象学模式。

水平三：批判反思水平（critical reflection），能够整合道德和伦理的标准。在此，教学活动（目标和手段）与环境、背景均被看成是不确定的，它们是从众多可能性中做出的受价值支配的选择。在这一阶段，教师不带个人偏见地关注对学生发展有益的知识和社会环境的价值。范梅南把这种水平标定为批判—辩证模式，是反思的最高水平。

从上不难看出，范梅南对反思水平的划分既具有外在的可描述性，也有其内在的连续性。因此，他对反思水平的划分具有很强的借鉴价

[①]　申继亮：《教学反思与行动研究》，北京师范大学出版社 2006 年版，第 67—68 页。

值。在范梅南对反思水平划分的基础上,根据 12 名教师对教学过程反思的实际情况,笔者将教学反思划分为四个水平,从而构建了更具操作性的分析教师反思水平的量表(见表 7-2)。

表 7-2　教师对教学过程反思水平的分析量表

教学反思水平	特征描述
水平 1:描述性水平	教师只是对教学过程发生事件进行描述,并没有就教学事件尝试着进行解释和证实。处于该水平的教师,其实并没有进行教学反思的活动,还不能称为具有反思水平的教师。这是反思的最低水平。
水平 2:技术性水平	教师能够依据个人经验,用传统的、具有个人偏好的语言,对教学过程中发生的事件做出非系统、非理论的解释。处在该水平的教师最关心的是达到目标的手段,而不重视对教学目标自身的检讨。
水平 3:解释性水平	教师对教学过程中发生事件做出解释时能够考虑到各种背景因素,如学生的特征、学科的特点以及社会因素等。但这种分析往往是教师根据个人的经验进行,常表现出个人的偏见。处在该水平的教师较为关注学生的行为,以确定教学目标和策略是否适宜。
水平 4:批判性水平	教师对教学过程中发生事件进行解释时能够考虑到道德、伦理、政治、经济等方面的因素,并能够揭示潜藏于这些事件背后的意识形态。处于该水平的教师能够撇开个人的偏见,从更广阔的社会、政治、经济、文化角度来分析教学行为。这是反思的最高水平。

二、教师对教学过程的反思水平

根据以上教学反思水平的分析量表,分别考察 12 名教师对教学过程的反思实录。通过两者之间的比照,可以对每位教师的教学反思水平给出合理的评价:

C1F 老师在对教学过程的反思中,能够充分考虑到学生参与度不够的原因是多方面的,比如他认为可能是学生已有知识的限制、所教内容自身的特点等。还有 J2W 老师,她的反思内容的面较广,并且反思到了教学目标的达成情况,还能够从学生、学科等方面解释教学过程中发生的事件。由此看出,这两位教师都已经比较关注学生和自己的行为,他们基本上达到了水平 3:解释性水平。

N2L 和 J3Z 两位老师只是简单描述了课堂教学过程,并没有对教学过程进行反思。显然,她们的反思水平只能是最低的反思水平,即描述性水平。另外,C3D 老师表示对教学过程就是感觉不好,但没有什么好反思的。因为她对教学过程反思不出什么东西,在一定意义上比描述性水平还低,但限于分析量表的约束,在此还是把她定位为反思的最低水平,即描述性水平。给她如此评价,并不影响后面对教师教学反思水平的分析。

其他几位教师对教学过程中发生的事件,基本上都能够依据个人经验作出并不系统的解释,并且他们关心更多的是达到目标的教学策略而不是对教学目标自身的检讨。例如,C2T 老师在反思中最多的是教学策略如何运用得不好以及怎样运用会更好,C3Y 老师多次谈到教学策略运用的怎样合理等。因此,这些教师对教学过程的反思水平基本上处于水平 2:技术性水平。

以上基本上是对教师个体的教学反思水平的评价。为从整体、区域和教龄上分别看教师的教学反思水平情况,笔者对 12 名教师的教学反思水平作了汇总(见表 7-3)。

表 7-3　教师对教学过程的反思水平情况

	C1F	C2T	C3Y	C3D	J3Z	J2H	J2W	J2Y	N2X	N2L	N2Z	N1C
水平 1:描述性水平				√	√					√		
水平 2:技术性水平		√	√			√		√	√		√	√
水平 3:解释性水平	√						√					
水平 4:批判性水平												

从整体上看,表 7-3 表明,大多教师(7 位)对教学过程的反思水平处在水平 2 即技术性水平,也有少量(2 位)教师能够达到水平 3 即解释性水平,但没有一位教师能够达到最高的批判性水平,却有三位教师还处在最低的描述性水平。由此看出,初中科学新课程实施中,教师对教学过程的反思水平整体不高,还有很大的提高空间。

从区域上看,教师对教学过程的反思水平基本没有差异。相比较而言,农村教师的教学反思水平略低一些。表 7-3 中,城市和郊区都有一位教师能够达到水平 3,而农村的教师则没有。

从教龄上看,被访谈的 12 名教师之间还是表现出不小差异。从表 7-3 可以看出,教龄 1 的两位教师分别是水平 2 和水平 3,而教龄 3 的三位教师中有 2 位都处于最低水平,教龄 2 教师多是处在水平 2。由此,我们虽不能肯定教龄 1 教师反思水平最高,但至少可以说教龄 3 教师反思水平还是比较低的。

第四节　小　结

以上分别分析了教师对教学过程的反思方式、反思内容和反思水平,下面对此做一总结(见表 7-4)。

表 7-4　教学过程反思特征的总结

	教学过程的反思特征		
	整体	区域	教龄
反思方式	是否反思:所有教师都能做到对教学过程进行不同程度的反思,且大多教师是经常进行教学反思的。 反思时间:大多教师是在上课后对教学过程进行反思,并且多是在这一个时间段进行教学反思。	是否反思:反思比较多(含已成习惯)的教师,农村最多,城市和郊区差别不大。但反思已成习惯的教师,城市最多,郊区和农村差别不大。 反思时间:不论上课前、备课时还是生活中,城市都比农村和郊区的教师多。	是否反思:反思比较多(含已成习惯)的教师,教龄 2 最少的,教龄 1 和教龄 3 差别不大。反思已成为习惯的教师,教龄 3 远高于教龄 1 和教龄 2。 反思时间:上课前、课堂中、备课时还是生活中,教龄 3 都远多于教龄 1 和教龄 2 的教师。

续表

	教学过程的反思特征		
	整体	区域	教龄
反思内容	问卷分析:反思最多的内容是教学方法的选择与运用和教学目标的达成情况,其次是学生的反应和教学内容的处理情况,最少的内容是课堂上对学生的评价。并且,90%以上的教师反思内容都会在两项以上,其中教师反思内容比较多的是三项。 访谈分析:反思内容主要集中在三个方面,即教学内容、教学策略和学生反应,对教学目标的反思非常少。并且,在反思内容的广度上,教师一般都会对两到三个方面进行反思。	问卷分析:对于教学内容处理的反思,城市教师要比郊区和农村教师多些;而对于学生反应的反思,还是郊区教师多些,但对课堂上对学生评价的反思,郊区教师又是最少的。 访谈分析:对于教学策略的反思,农村教师比城市和郊区教师多些,城市最少;而对于学生反应的反思,则是郊区最多,仍是城市最少。相比郊区和农村教师,城市教师对教学过程的反思内容的面较窄。	问卷分析:教龄1教师对教学内容的处理、教学方法的选择和运用、教学目标的达成以及学生的反应等方面内容的反思,都比教龄2和教龄3教师多。而教龄2和教龄3教师之间对教学反思内容的差异不大。 访谈分析:教学策略方面,教龄3教师比例最大,远高于教龄1和教龄2教师;学生反应方面,教龄1和教龄3教师差异不大,都远高于教龄2教师。总体上看,教龄3教师对教学过程的反思内容的面较宽,而教龄2教师最窄。
反思水平	大多教师的反思水平处在水平2即技术性水平,也有少量达到水平3即解释性水平,但没有教师达到最高的批判性水平,却有三位教师还处在最低的描述性水平。	基本没有差异。相比较而言,农村教师的教学反思水平略低一些。城市和郊区都有一位教师能够达到水平3,而农村的教师则没有。	有一定差异。教龄1的两位教师分别是水平2和水平3,而教龄3的三位教师中有2位都处于最低水平,教龄2的教师多是处在水平2。

从表 7-4 中,我们不难看出,教师在初中科学新课程实施中,对教学过程的反思表现出如下特征:

第一,从反思方式上,基本上所有教师都能进行不同程度的教学反思,但反思还未真正成为教师教学生活的一部分。区域上,城市的教师的教学反思表现不均衡,但在反思时间上更具多样化。教龄上,教龄3的教师最为注重教学反思且在时间上更为灵活多样。

第二,从反思内容上,大多教师都能对教学过程中的两到三个方面内容进行反思,反思最多的内容是教学内容、教学策略和学生反应。区域上,城市、郊区和农村的教师教学反思的内容只是略有差异。教龄上,教龄 1 的教师教学反思内容更为全面,而教龄 3 的教师反思内容的面则略显单一。

第三,从反思水平上,教师对教学过程的反思水平整体不高,还有很大的提高空间。区域上,基本没有差异,只是农村教师的教学反思水平略低一些。教龄上,教龄 3 的教师反思水平还是比较低的,基本都是描述性水平。可以说,教龄 3 教师最为注重教学反思,但反思内容单一、水平不高。

第八章　初中科学新课程实施的程度

　　通过对初中科学新课程实施现状的调查研究,我们从整体上认识了初中科学新课程实施的特点,即对教师在教学内容的处理、教学策略的运用、教学目标的凸显和教学过程的反思等方面有了一个基本了解。那么,初中科学新课程实施中表现出来的这些特征是否都符合初中科学课标内容要求呢？两者之间存在着什么关系？将初中科学新课程实施特征与初中科学课标内容进行比较,我们可以在厘清上述问题的基础上,进一步了解教师实施初中科学新课程的程度。

　　有研究表明,对于一个新方案,人们是不会主动去实施的,而且它也不是用"某人实施了新方案,某人没有实施新方案"就能解释清楚的事情。实施新方案(可能是一个新过程)并不是一种简单的状态,例如,"是的,他实施了新方案"或"不,她没有实施"。在任何一种变革中,实施者都将以自己不同的方式进行操作和实践。因此,真正应该提出的问题是,"他/她是怎样实施新方案的"？[①]

　　对于一个新方案,人们是否会主动实施,这还有待深入研究。但受上述研究结论的启发,本章将初中科学新课程实施特征与初中科学课标内容的比较,其主要目的并不是了解教师是否实施了初中科学新课程,

---

　　① 　吉纳·E.霍尔、雪莱·M.霍德:《实施变革:模式、原则与困境》,吴晓玲译,浙江教育出版社 2004 年版,第 98—99 页。

而是要看教师是如何实施初中科学新课程的。其实,就是探究教师实施初中科学新课程的程度。

第一节 分析量表的构建

如何考察教师实施初中科学新课程的程度呢?其标准怎样界定呢?迄今为止,霍尔等人创建的"关注为本采用模式"(Concerns-Based Adoption Model,以下简称 CBAM)最具代表性,被较多学者用作测量课程实施程度的基础。这一研究被富兰和庞弗雷特称作是"基于忠实取向测量课程实施程度的最综合与明晰的构建"[①]。概括地说,CBAM 主要有三种测量工具:(1)关注阶段(stages of concern,简称 SoC);(2)使用水平(levels of use,简称 LoU);(3)革新结构(innovation configuration,简称 IC)。[②]

SoC 是指教师对新课程实施的关注程度。Hall 等人假设教师在课程实施过程中,其关注变化将会经历七个阶段(见表 8-1)。他们的研究表明,教师起初只是低度关注新课程,接着关心自己个人,然后开始注意工作方面,最后关注新课程对学生的影响。若要测量教师对某门课程的关注阶段,研究者可利用访谈、开放式的书面报告或问卷调查等方法。就搜集资料的信度和效度而言,则以问卷调查为最佳。

表 8-1 CBAM 的关注阶段

阶段	名称	特征
1	低度关注(awareness)	对新课程很少关注,或很少参与新课程。
2	信息性(informational)	对新课程具有一般性认识,有兴趣了解更多有关新课程的事实(如一般特征、影响、使用的要求等),但并不关心新课程与自己的关系。

① Fullan,M. & Pomfret,A. (1977). Research on Curriculum and Instruction Implementation. Review of Educational Research. Vol. 47,No. 1. p. 335.

② Hall,G. & Hord,S. M. (1987). Changes in School:Facilitating the Process. Albany:SNUY Press.

续表

阶段	名称	特征
3	个人的(personal)	个人尚未确定新课程对自己的要求,自己能否应付这些要求,以及自己在新课程实施时所扮演的角色。个人会开始考虑的问题:实施新方案需要做出的决策、新课程与现存学校结构的冲突、新课程与自己现在需要承担的责任之间的矛盾等。
4	管理(management)	集中关注落实新课程的过程和任务,以及最大限度地使用信息和资源,特别关注效率、组织、管理、时间需要及安排等问题。
5	后果(consequence)	关注新课程对学生的近期影响,集中焦点放在新课程的适切性、学生成果(包括表现和能力)的评价,以及提升学生学习成果所需的变革等。
6	合作(collaboration)	关注新课程实施时,如何与其他人士协调和合作。
7	再关注(refousing)	探讨新课程带来的更多普遍性优点,包括探讨大量改革或由另一新课程取代的可行性,个人对其他替代性方案具有明确的想法。

资料来源:Hall and Hord,1987,p. 60.

由于 SoC 更多地描述"教师在新课程实施过程中,所经历的不同阶段的知觉、感受、动机、挫折感和满足感"[1],并没有展示出教师个人在学校内落实新课程的情况。所以,霍尔等人针对教师在行为上的变化,设计了另一种测量工具,来测量教师对规划课程内容的使用情况即"使用水平"(LoU)。他们认为,课程实施可分为八个水平(见表 8-2),而教师的使用水平最低限度要达至"常规化",才可算已实施了新课程。

表 8-2　CBAM 的使用水平

使用水平	使用的范围
1. 未使用(nonuse)	使用者对课程改革缺乏了解,或了解甚少。还未参与课程改革工作,也未准备参与。
分界点	采取行动,以获取课程改革的资料。

---

[1]　Snyder J.,Bolin F. & Zumwalt K. (1992). Curriculum Implementation. In Jackson,P. W. (ed.). Handbook of Research on Curriculum. New York:Macmillan Pub. Co. p. 406.

续表

使用水平	使用的范围
2. 定向(orientation)	使用者已经获取或正在获取课程改革的资料,并且已经探讨或正在探讨课程改革的价值取向,以及其对使用者的要求。
分界点	决定采取改革方案,建立实施的时间表。
3. 准备(preparation)	使用者正为第一次使用课程改革方案而准备。
分界点	使用和改变(若有必要)都是根据使用者的需要。
4. 机械使用(mechani-cal use)	使用者致力于革新的短程使用或日常使用,但是缺乏时间反思。使用上的改变旨在符合使用者的需求,而非学生的需求。使用者所试图熟练的工作,基本是课程改革方案所要求的,结果常是肤浅且不连贯的使用。
分界点	建立了常规化的使用模式。
5. 常规化(routine)	革新的使用已经稳固地建立,在使用过程中,如果有改变的话,仅是少数。很少考虑改变革新方案的修订和革新的效果。
分界点	依据正式或非正式评价,改进革新的使用,以改善效果。
6. 精致化(refinement)	使用者依据短期或长期的结果,修订革新的方案,以改善革新对学生的即时效果。
分界点	与同事协调和合作,开始改变革新的使用。
7. 统整(integration)	使用者结合自己和同事在革新上的努力,在共同影响的范围内,给予学生集体的影响。
分界点	开始探讨革新的替代性方案,或对该革新进行重要修正。
8. 更新(renewal)	使用者重新评价革新方案的品质,寻找目前革新的变通方案或重大修正方案,以改善其对学生的影响,检视领域内的新发展,探索自己及整个学校系统的新目标。

资料来源:李子建、黄显华,1994,第 345 页;Hall and Hord,1987,p. 84.

从表 8-2 中可以看出,这一层次划分适用于把课程实施看作一种变革的分析,如果直接用来分析教师实施初中科学新课程的程度,还存在一定问题:

首先,新课程实施可以看作一种变革,但如果仅考察教师对新课程的实施,这更多的是教学。从课程实施的主体看,变革和教学是两个不能等同的概念,变革的实施主体是多元的,而教学的实施主体就是教师。

其次,教师实施初中科学新课程虽然更多的是一种教学,但它是整个初中科学课程变革的一个过程。因此,如果对上述变革的实施水平加以改造,则可以用来分析我国初中科学新课程教师实施的程度。

　　由此,根据表 8-2 的构建思路和具体内容,再结合 12 名教师实施初中科学新课程的具体特征,笔者构建出了教师实施初中科学新课程程度的分析量表(见表 8-3)。根据该分析量表,教师实施初中科学新课程分为 8 种不同的程度。其中程度 1、程度 2 和程度 3 基本是没有实施的程度,从程度 4 开始才可以称为有所实施。

表 8-3　教师实施初中科学新课程程度的分析量表

实施程度	特征描述
程度 1:未实施	教师对初中科学新课程几乎或根本不了解,还称不上是新课程的实施者。这是教师实施初中科学新课程的最低程度。
程度 2:仅知道	教师已经知道了初中科学新课程改革的有关信息,但是也就仅仅知道并未实施。不过这为后面可能的实施奠定了基础。
程度 3:有倾向	教师对于自己的课堂教学基本还是传统教学,但他会对初中科学新课程表现出关注,比如其他教师对新课程怎样教学。
程度 4:偶尔会	教师还是以传统教学为主,但有时会对所了解的初中科学新课程建议的一些东西在教学中实践,不过非常少。
程度 5:表演性	教师仍然以传统教学为主,会实践少量的初中科学新课程建议的东西,但只是重形式,即在表演新课程的某些要素。
程度 6:常规化	教师对传统教学和新课程理念下的教学同样重视,尽可能实践初中科学新课程建议的东西,并且注重实施的有效性。
程度 7:求精致	教师较为重视新课程理念下的初中科学教学,并能对新课程实施中出现的问题不断地做出调整,以求获得更好的效果。
程度 8:思创新	教师始终围绕提高新课程实施质量进行教学,对出现的问题努力做出更大调整,并不断研究该领域的最新发展情况以求创新。

第二节　课程实施的程度

　　课程实施程度测量的关键问题之一在于研究资料的信效度。就使用水平(LoU)资料信效度而言,霍尔等人建议必须采用深入的行为观察法。为有效运用这一方法,观察者应在学校内整天跟随某一位教师,记录他/她规划新课程的情况、与其他教师谈话的内容,以及在课堂如何教授新课程等。显然,这种方法极费时,故许多研究者以"聚焦访谈"(见图 8-1)代替行为观察。

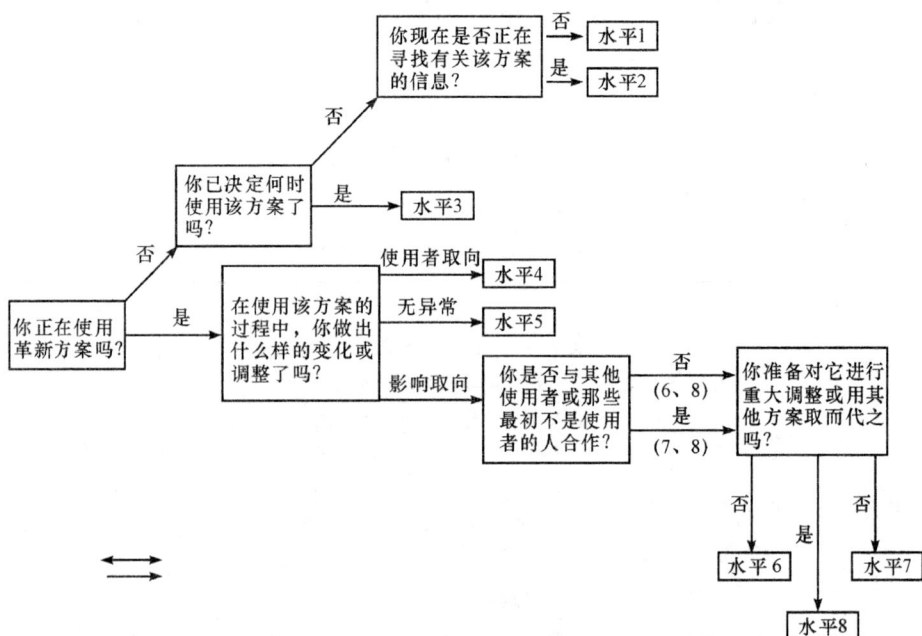

图 8-1　聚焦访谈中的问题序列①

　　从本研究的分析量表中可以知道,考察教师实施初中科学新课程的程度,关键是看教师的课程实施行为与初中科学课标内容吻合的情况。显然,两者的吻合情况究竟如何,需要将教师的实际表现与初中科学课标内容比较。并且,从两者的哪些方面比较以及如何比较等问题,影响到评价教师实施初中科学新课程的程度是否科学、合理。

　　因此,在比较的内容上,应围绕教师实施初中科学新课程的重要教学行为,即教学内容的处理、教学策略的运用和教学目标的凸显展开。由此,在分析教师实施的程度时,本研究仍采用深入的行为观察法,并辅以其他方法。具体地说,除了对前面三个方面实施特征的综合分析,还参考了在研究过程中记录的一些关于教师教学行为的日记。例如:

2007 年 11 月 8 日　　周四

今天下午参加了 SD 中学初中科学教师的备课活动,我特别关注了

① Hall,G. & Hord,S. M. (1987). Changes in School: Facilitating the Process. Albany: SNUY Pres. 转引自:靳玉乐、尹弘飚:《教师与课程实施》,《课程·教材·教法》2003 年第 11 期,第 53 页。

我的四名研究对象,并与他们专门做了交谈。J2Y 老师说,新课程的理念其实我们都知道的,但现实不允许我们去实践啊,平时上课即使有一些新课程的东西也是玩玩的。J2W 老师则说,新课程确实是好的,我会尽可能多把时间留给学生,适合学生探究的内容我肯定会让学生探究的。

从这段日记中,可以发现,J2Y 老师了解初中科学新课程的理念,但她认为有很多现实困难导致无法实践新课程。所以,她即使在教学过程中出现新课程的东西也多是形式的。而 J2W 老师则对初中科学新课程的态度更为积极,教学中实践的也多一些,比较注重初中科学新课程突出的科学探究内容。

2007 年 11 月 22 日　　周四

为了与 BL 中学以后开展合作项目,今天特意到这里来。项目主要是面向全校教师,但因为我是从事科学教育的研究者,合作项目谈完后,校长专门叫来了学校的科学教师与我进行随意交流,让我高兴的是,我的四位研究对象听说我在,他们都过来了,当然他们也是我的重要关注对象了。谈话中,N2X 老师说,新课程让他感觉累并快乐着。因为他用新课程理念参加教学比赛获得了优异成绩,拿了区里的一等奖。而 N2L 老师则不一样了,她说科学探究是探不来的,即使探也不过是个形式。N1C 老师说,新课程的东西我也都知道的,但我是不会去做的,中考考不好,什么都不要说。

从这段日记中,N2X 老师因用新课程理念教学得到了"好处",所以他体验到新课程带给他的快乐。但他还不敢放松传统的课堂教学,所以他在两头兼顾的情况下又感觉累。而 N2L 老师则对初中科学新课程比较消极,认为科学探究是探不来的,即使探也不过是个形式。N1C 老师也知道初中科学新课程的东西是好的,但他为应付中考而不会实践新课程。

类似以上情况的日记还有很多,在此不再一一呈现并分析。基于实施程度的分析量表和上面阐述的分析内容和分析方式,将 12 名教师实施初中科学新课程的真实特征与初中科学课标内容比较,具体分析过程和结果见表 8-4。

表 8-4　教师实施初中科学新课程程度的分析过程和结果

初中科学课标内容	教师实施初中科学新课程特征	教师	实施程度
(1)教学内容:突出科学探究。	讲授为主,教材中探究做一些,但都是形式,多突出知识目标	C1F	表演性
	讲授为主,能启发学生,但让学生参与的很少,主要是知识目标	C2T	偶尔会
(2)教学策略:探究教学;"动手"与"动脑"结合;学生参与科学学习;交流与合作学习;教学计划与教学时间应有一定灵活性;课堂教学与课外活动结合。	讲授与新课程理念下的其他方法结合,内容和目标比较多样	C3Y	常规化
	讲授为主,新课程理念下的方法偶尔会用,主要突出知识目标	C3D	偶尔会
	讲授为主,有联系生活意识,但课堂上做得少,实际还是知识目标	J3Z	偶尔会
	讲授为主,也让学生讨论,但探究很少用,主要让学生学好知识	J2H	偶尔会
(3)教学目标:科学探究;知识与技能;科学态度、情感与价值观;科学、技术与社会关系。	有意识进行探究教学,但多是形式,还是讲授为主,突出知识	J2W	表演性
	讲授为主,也让学生讨论,但探究很少用,主要让学生学好知识	J2Y	偶尔会
	讲授和科学探究都重视,教学内容多样,突出多种教学目标	N2X	常规化
	有意识用新课程建议方法,但多是形式,还是讲授为主,突出知识	N2L	表演性
	讲授为主,教材中探究做一些,但都是形式,多突出知识目标	N2Z	偶尔会
	讲授为主,新课程理念下的方法偶尔会用,主要是突出知识目标	N1C	偶尔会

　　从表 8-4 的分析结果看,12 名教师实施初中科学新课程的程度整体不高,与初中科学新课程规定和建议的内容还有着很大差距。即使达到"常规化"程度的两位教师,在实施过程中也只是用新课程理念下的教学方法、体现新课程的目标较多,但实际质量还是不高。大多教师还只是在"偶尔会"的程度上。

　　从区域、教龄上看,12 名教师实施初中科学新课程的程度差异不是很大。区域上,不论是城市、郊区还是农村教师,都有教师在比较低的"偶尔会"程度,尤其是郊区教师基本都处在"偶尔会"的程度,比城市和农村教师实施的程度略低。教龄上,教龄 3 教师实施的程度差异较大,要么处在比较高的"常规化"程度,要么是较低的"偶尔会"程度。

　　但是,如果换个角度看教师实施初中科学新课程的程度,还是有值得我们欣慰之处。比如,教师实施初中科学新课程基本上都在"偶尔会"以上的程度。这就表明,教师并不是完全不了解初中科学新课程,而是因为各种原因(更多的是现行的评价体制)未能真正在教学中实施。因此,面对初中科学新课程改革,我们不必悲观对待,而是要找出其中困难及其原因,让新课程实施得更好。

第三节　小　结

　　本章在对霍尔等人创建的"关注为本采用模式"介绍和批判的基础上,借鉴 CBAM 的构建思路和具体内容,再结合 12 名教师实施初中科学新课程的具体特征,构建出了教师实施初中科学新课程程度的分析量表。根据该分析量表,教师实施初中科学新课程分为 8 种不同的程度,从低程度到高程度依次是:未实施、仅知道、有倾向、偶尔会、表演性、常规化、求精致、思创新。其中程度 1、程度 2 和程度 3 基本上是没有实施的程度,从程度 4 开始才可以称为有所实施。

　　考察教师实施初中科学新课程程度时,基于构建的分析量表,将教师的实际表现与初中科学课标内容比较,内容上围绕教师实施初中科学新课程的重要教学行为,即教学内容的处理、教学策略的运用和教学目标的凸显展开。具体分析时,除了对前面三个方面实施特征的综合分析,还参考了在研究过程中记录的一些关于教师教学行为的日记。

　　研究的结果是,12 名教师实施初中科学新课程的程度整体不高,与初中科学新课程规定和建议的内容还有着很大差距。即使达到"常规化"程度的两位教师,在实施过程中也只是用新课程理念下的教学方法、体现新课程的目标较多,但实际质量还是不高。大多教师还只是在"偶尔会"的程度上。

　　从区域、教龄上看,12 名教师实施初中科学新课程的程度差异不是很大。区域上,不论是城市、郊区还是农村教师,都有教师在比较低的"偶尔会"程度,尤其是郊区教师基本都处在"偶尔会"的程度,比城市和农村教师实施的程度略低。教龄上，教龄 3 教师实施的程度差异较大，要么处在比较高的"常规化"程度，要么是较低的"偶尔会"程度。

值得我们高兴的是，教师实施初中科学新课程基本上都在"偶尔会"以上的程度。这就表明，教师并不是完全不了解初中科学新课程，而是因为各种原因（更多的是现行的评价体制）未能真正在教学中实施。因此，面对初中科学新课程改革，我们不必悲观对待，而是要找出其中困难及其原因，让新课程实施得更好。

第九章　初中科学新课程实施的
影响因素及其影响程度

　　通过前面几章内容,我们可以知道教师实施初中科学新课程的特征。并在实施特征与初中科学课标内容比较的基础上,了解到了教师实施初中科学新课程的程度。若进一步问,教师在初中科学新课程实施中,表现出的教学行为和所处的实施程度的背后潜藏的原因是什么呢?由此,促使我们思考初中科学新课程实施的影响因素及其相关问题。

　　那么,影响初中科学新课程实施的因素有哪些呢?第三章中所列出的 18 种课程实施的可能影响因素都会影响初中科学新课程实施吗?除了这 18 种可能影响因素外是否还有其他因素影响初中科学新课程实施?影响初中科学新课程实施各因素的影响程度又如何?

　　针对以上问题,我们先分别对问卷调查和访谈两种方式[①]收集的数据进行分析,然后对两种方式分析的结论进行比较,最终确定影响初中科学新课程实施的各种因素以及这些因素的影响程度。

---

　　①　因影响教师实施初中科学新课程的因素多具有隐蔽性,很难从教师实施行为中直接观察得到,因此,对初中科学新课程实施的影响因素及其影响程度考察不再用实地观察方式。

第一节 问卷调查的结果与分析

问卷调查表中第 38 题的设计,其目的就是了解不同因素影响初中科学新课程实施的程度。本题针对 18 种可能的影响因素,共设计了 18 个小题,让教师根据自己的教学经验和思考分别予以判断各因素对自己实施初中科学新课程影响的程度。回收的 188 份有效问卷中,所有教师都做了选择。

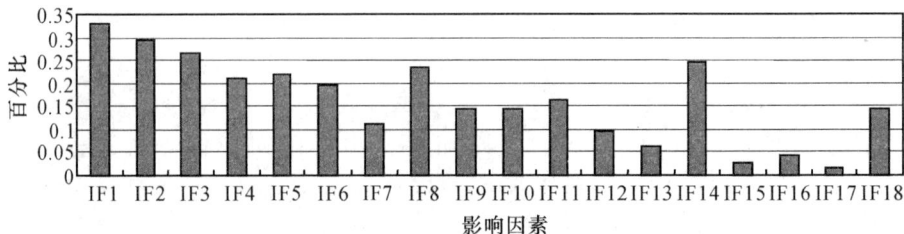

图 9-1 关于不同因素对初中科学新课程实施影响程度"很大"的情况

注:影响因素 IF1＝教师的科学知识,IF2＝教师的教学知识,IF3＝教师的实践性知识,IF4＝教师的信念,IF5＝教师的心理,IF6＝学校文化,IF7＝学校课程资源,IF8＝学校对教师的关照,IF9＝校长的因素,IF10＝教师的人际关系,IF11＝学生的因素,IF12＝科学教育评价,IF13＝科学课程标准,IF14＝科学教材,IF15＝科学教学参考书,IF16＝社会教科研活动,IF17＝社会课程资源,IF18＝学生家长。

从图 9-1 中可以发现两个初步的结果:第一,影响初中科学新课程实施的 18 种不同因素,都有不同比例的教师认为对其影响很大。但这也反映出,作为社会中的人,不同教师之间存在着较大的差异。第二,相比较而言,更多的教师(超过 30％)认为影响程度"很大"的因素是教师的科学知识(IF1)。

其次,20％～30％的教师认为影响程度"很大"的因素从多到少依次为:教师的教学知识(IF2)、教师的实践性知识(IF3)、科学教材(IF14)、学校对教师的关照(IF8)、教师的心理(IF5)、教师的信念(IF4)、学校文化(IF6)。

再次,10％～20％的教师(比例上差别不大)认为影响程度"很大"的因素是学生的因素(IF11)、校长的因素(IF9)、教师的人际关系(IF10)、学生家长(IF18)、学校课程资源(IF7)、科学教育评价(IF12)。

最后,不超过10％的教师认为影响程度"很大"的因素是科学课程标准(IF13)、社会教科研活动(IF16)、科学教学参考书(IF15)和社会课程资源(IF17)。

影响程度"很大"情况如上,但并不是每位教师对"大"与"很大"都能清晰地区分,或者区分标准会有差异。因此,有必要将影响程度的"大"与"很大"合在一起进行考察,这至少可以为分析不同因素的影响程度提供参考。因为教师基本上对"很大""大"和"一般""小""很小"之间的判断并不模糊。

图9-2是不同因素对初中科学新课程实施影响程度"大和很大"的情况。

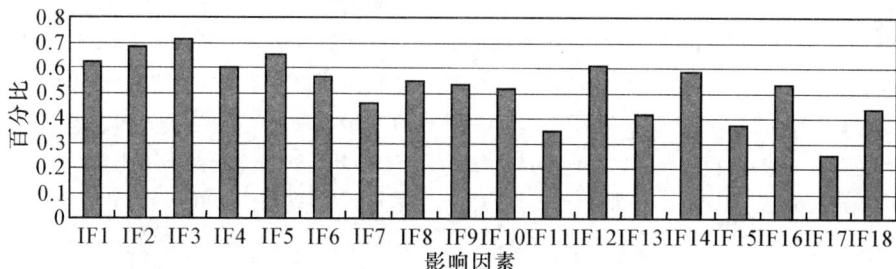

图9-2 关于不同因素对初中科学新课程实施影响程度"大和很大"的情况

注:影响因素 IF1＝教师的科学知识,IF2＝教师的教学知识,IF3＝教师的实践性知识,IF4＝教师的信念,IF5＝教师的心理,IF6＝学校文化,IF7＝学校课程资源,IF8＝学校对教师的关照,IF9＝校长的因素,IF10＝教师的人际关系,IF11＝学生的因素,IF12＝科学教育评价,IF13＝科学课程标准,IF14＝科学教材,IF15＝科学教学参考书,IF16＝社会教科研活动,IF17＝社会课程资源,IF18＝学生家长。

从图9-2中可以发现,有超过60％的教师认为影响程度"大和很大"的因素从大到小依次是:教师的实践性知识(IF3)、教师的教学知识(IF2)、教师的心理(IF5)、教师的科学知识(IF1)、科学教育评价(IF12)。

50％～60％的教师认为影响程度"大和很大"因素从大到小依次是:教师的信念(IF4)、科学教材(IF14)、学校文化(IF6)、学校对教师的关照(IF8)、校长的因素(IF9)、教师的人际关系(IF10)、社会教科研活动(IF16)。

40％～50％的教师认为影响程度"大和很大"的因素从大到小依次

是:学校课程资源(IF7)、学生家长(IF18)、科学课程标准(IF13)。

不到40%的教师认为影响程度"大和很大"的因素从大到小依次是:学生的因素(IF11)、科学教学参考书(IF15)、社会课程资源(IF17)。

现在我们再转向用平均评价值进行分析。图9-3是关于不同因素对初中科学新课程实施影响程度基于平均评价值的统计。

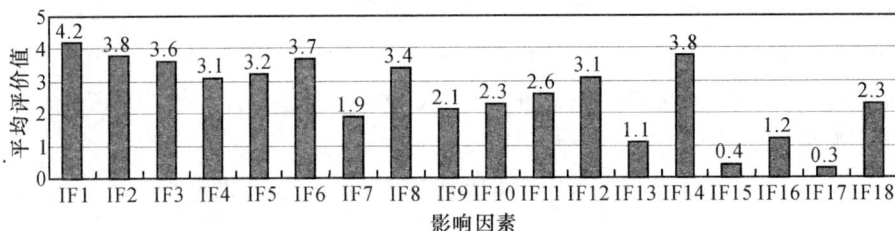

图9-3 关于不同因素对初中科学新课程实施影响程度基于平均评价值的统计

注:(1)影响因素 IF1=教师的科学知识,IF2=教师的教学知识,IF3=教师的实践性知识,IF4=教师的信念,IF5=教师的心理,IF6=学校文化,IF7=学校课程资源,IF8=学校对教师的关照,IF9=校长的因素,IF10=教师的人际关系,IF11=学生的因素,IF12=科学教育评价,IF13=科学课程标准,IF14=科学教材,IF15=科学教学参考书,IF16=社会教科研活动,IF17=社会课程资源,IF18=学生家长。(2)纵坐标数值0=没有影响,1=很小,2=小,3=一般,4=大,5=很大。

从9-3中可以看出,教师认为影响初中科学新课程实施程度"很大"的因素是教师的科学知识(IF1)。程度"大"的因素从大到小依次为:教师的教学知识(IF2)、科学教育评价(IF12)、学校文化(IF6)、教师的实践性知识(IF3)、学校对教师的关照(IF8)、教师的心理(IF5)、教师的信念(IF4)、科学教材(IF14)。

程度"一般"因素从大到小依次为:学生的因素(IF11)、教师的人际关系(IF10)、学生家长(IF18)、校长的因素(IF9)。

程度"小"的因素从大到小依次是:学校课程资源(IF7)、社会教科研活动(IF16)、科学课程标准(IF13)。程度"很小"的因素则是科学教学参考书(IF15)、社会课程资源(IF17)。

综合以上三个不同视角分析的结果,会发现它们之间还是略有差异。笔者把影响初中科学新课程实施的因素分为三种程度,即强影响因素、一般影响因素和弱影响因素。基于一般经验和规律,我们把图9-1中,纵坐标20%以上界定为强影响因素,10%至20%界定为一般影响因素,10%以下界定为弱影响因素;图 9-2 中,纵坐标 50%以上界定为强影响因素,40%至 50%界定为一般影响因素,40%以下界定为弱影响因素;图 9-3 中,纵坐标 3 以上界定为强影响因素,2 至 3 界定为一般影响因素,2 以下界定为弱影响因素。

根据以上对图 9-1、图 9-2 和图 9-3 的界定,可以把它们分别对应的强、一般和弱三种影响因素整理出来(见表 9-1),这样可以方便我们初步确定影响初中科学新课程实施的三种影响因素。

表 9-1　初中科学新课程实施的强、一般和弱三种影响因素情况(问卷调查)

	强影响因素	一般影响因素	弱影响因素
图 9-1	IF1、IF2、IF3、IF14、IF8、IF5、IF4、IF6	IF11、IF9、IF10、IF18、IF7、IF12	IF13、IF16、IF15、IF17
图 9-2	IF3、IF2、IF5、IF1、IF12、IF4、IF14、IF6、IF8、IF9、IF10、IF16	IF7、IF18、IF13	IF11、IF15、IF17
图 9-3	IF1、IF2、IF12、IF6、IF3、IF8、IF5、IF4、IF14	IF11、IF10、IF18、IF9	IF7、IF16、IF13、IF15、IF17

注:IF1=教师的科学知识,IF2=教师的教学知识,IF3=教师的实践性知识,IF4=教师的信念,IF5=教师的心理,IF6=学校文化,IF7=学校课程资源,IF8=学校对教师的关照,IF9=校长的因素,IF10=教师的人际关系,IF11=学生的因素,IF12=科学教育评价,IF13=科学课程标准,IF14=科学教材,IF15=科学教学参考书,IF16=社会教科研活动,IF17=社会课程资源,IF18=学生家长。

从表 9-1 中可以看出,不管何种视角分析,IF1、IF2、IF3、IF4、IF5、IF6、IF8、IF14 都是强影响因素,IF18 是一般影响因素,IF15、IF17 都是弱影响因素。因此,我们可以先确定出:8 个强影响因素,分别是教师的科学知识、教师的教学知识、教师的实践性知识、教师的信念、教师的心理、学校文化、学校对教师的关照、科学教材,前五个都是教师层面的,随后两个是学校层面的,最后一个是社会层面的;1 个一般影响因素,它是学生家长;2 个弱影响因素,分别是科学教学参考书、社会课程资源。

而对于其他几个还难以得出结论的影响因素,例如科学教育评价,图 9-2 和图 9-3 都认为它是强影响因素,但图 9-1 则将它归为一般影响因素的种类。那么,科学教育评价究竟是不是强影响因素?对此,包括类似此种情况的其他影响因素,这里先不急于给出结论,可以在通过访谈数据对它们进一步考察基础上再做出结论。

在对访谈数据分析之前,我们不妨通过问卷调查数据从区域、教龄角度简单了解一下可能影响初中科学新课程实施的 18 种因素。目的在于,看不同区域、不同教龄的教师是否受此影响以及影响程度的差异?如果有,主要在哪些因素上存在着差异?影响程度又如何?

图 9-4 和图 9-5 是不同区域教师受 18 种可能影响因素的影响程度情况,结果与分析如下:

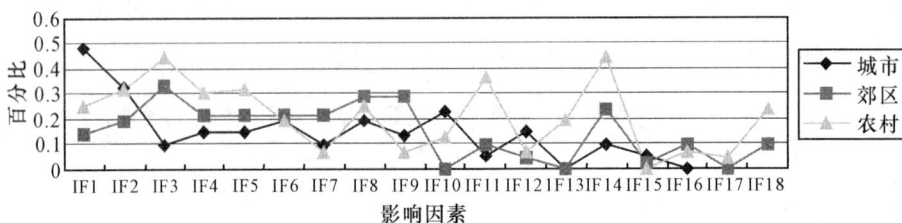

图 9-4　关于不同因素对初中科学新课程实施影响程度"很大"的情况(区域统计)

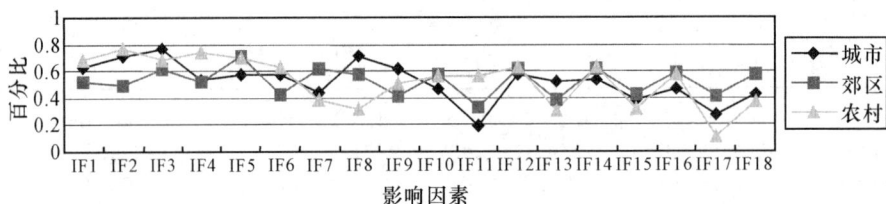

图 9-5　关于不同因素对初中科学新课程实施影响程度"大和很大"的情况(区域统计)

注:影响因素 IF1＝教师的科学知识,IF2＝教师的教学知识,IF3＝教师的实践性知识,IF4＝教师的信念,IF5＝教师的心理,IF6＝学校文化,IF7＝学校课程资源,IF8＝学校对教师的关照,IF9＝校长的因素,IF10＝教师的人际关系,IF11＝学生的因素,IF12＝科学教育评价,IF13＝科学课程标准,IF14＝科学教材,IF15＝科学教学参考书,IF16＝社会教科研活动,IF17＝社会课程资源,IF18＝学生家长。

从区域上看,图 9-4 和图 9-5 表明,不同区域教师认为不同影响因素对其影响程度还是存在不同程度的差异。图 9-4 是影响程度"很大"的情况,从中可以看出,超过 30％的教师认为影响程度"很大"的因素,城市、郊区和农村教师之间有着较大不同。城市教师认为影响程度"很大"的因素是教师的科学知识(IF1)和教师的教学知识(IF2),郊区教师则认为是教师的实践性知识(IF3)、学校对教师的关照(IF8)和校长的因素(IF9),而农村教师认为是教师的教学知识(IF2)、教师的实践性知识(IF3)、教师的信念(IF4)、教师的心理(IF5)、学生的因素(IF11)、科学教材(IF14)。

由此看出,从数量上,影响农村教师实施初中科学新课程程度"很大"的因素最多,而城市最少;从内容上,比较突出的是,很多城市教师(接近 50%)认为教师的科学知识影响程度"很大",而农村和郊区的教师均没超过 30% 的教师认为影响程度"很大"。另外,郊区教师认为影响程度"很大"的因素最为特别,更多是教师及其教学自身外的因素。以上这些差异的具体原因,在后面对影响因素分析时再作探讨。

图 9-5 是影响程度"大和很大"的情况。整体上看,不同区域的教师认为这种影响程度的因素差异不是很大,只是在个别因素如教师的教学知识(IF2)、教师的信念(IF4)、学校对教师的关照(IF8)、学生的因素(IF11)等方面略有不同。具体地说,认为影响因素达到此种影响程度的教师,教师的教学知识(IF2)因素,郊区最少,城市和农村基本没有差异;学校对教师的关照(IF8)因素,农村教师最少,城市和郊区差异不大;而教师的信念(IF4)和学生的因素(IF11)这两个因素,农村却最多,城市和郊区基本一样。

图 9-6 和图 9-7 是不同区域教师受 18 种可能影响因素的影响程度情况,结果与分析如下:

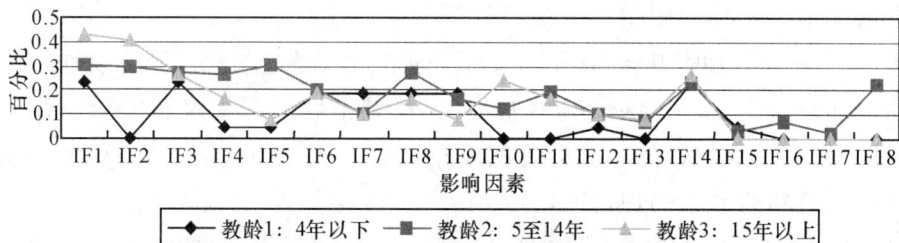

图 9-6 关于不同因素对初中科学新课程实施影响程度"很大"的情况(教龄统计)

从教龄上看,图 9-6 和图 9-7 显示,不同教龄的教师对各因素程度的感受上的差异还是较为明显的。图 9-6 是程度"很大"的情况,从中可以看出,教龄 1 的教师认为各因素对自己实施初中科学新课程影响程度"很大"的普遍较少;认为教师的科学知识(IF1)和教师的教学知识(IF2)两个因素影响程度"很大"的教师中,教龄 3 的教师是最多的(高达 40%),但并没有很多的教师认为其他因素影响程度"很大";相比较而言,教龄 2 的教师则认为很多因素的影响程度"很大"。

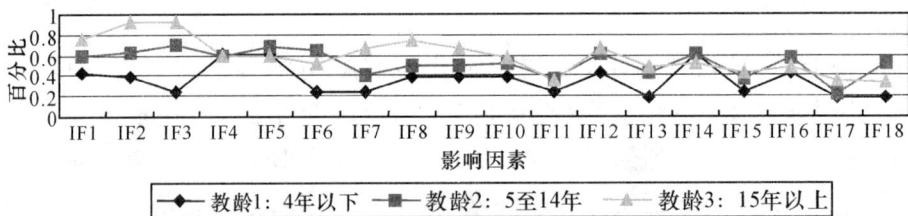

图 9-7　关于不同因素对初中科学新课程实施影响程度"大和很大"的情况（教龄统计）

注：影响因素 IF1＝教师的科学知识，IF2＝教师的教学知识，IF3＝教师的实践性知识，IF4＝教师的信念，IF5＝教师的心理，IF6＝学校文化，IF7＝学校课程资源，IF8＝学校对教师的关照，IF9＝校长的因素，IF10＝教师的人际关系，IF11＝学生的因素，IF12＝科学教育评价，IF13＝科学课程标准，IF14＝科学教材，IF15＝科学教学参考书，IF16＝社会教科研活动，IF17＝社会课程资源，IF18＝学生家长。

　　具体地看，不同教龄的教师之间感受各因素影响程度"很大"的差异主要是教师的教学知识（IF2）、教师的心理（IF5）、教师的人际关系（IF10）、学生的因素（IF11）和学生家长（IF18）等因素。比如，教师的教学知识因素，教龄 2 和教龄 3 的教师都超过三成认为它的影响程度很大，而教龄 1 的教师几乎没人这样认为。再如，学生家长因素，不少教龄 1 和教龄 3 的教师认为它的影响程度不是"很大"，而教龄 2 的教师则有 20％以上认为学生家长的影响程度是"很大"的。

　　图 9-7 是程度"大和很大"的情况，从中可以看出，不同教龄教师之间的差异与程度"很大"的情况相差不大，只是个别因素上略有差异。我们发现，教龄 1 和教龄 3 的教师之间反差比较大。比如，就教师的科学知识（IF1）、教师的教学知识（IF2）和教师的实践性知识（IF3）这三因素而言，有超过七成的教龄 3 教师认为影响程度"大和很大"，而教龄 1 的教师基本上不到四成。

第二节　访谈的结果与分析

　　通过对问卷调查数据的分析，初步确定出影响初中科学新课程实施的强影响、一般影响和弱影响三种因素共 11 个，但还有 7 个因素的影响程度尚未确定。对大多教师来说，这 7 个因素的影响程度到底如何？初步确定出的那 11 个因素是不是影响程度正如问卷调查数据分析的那样？为了能够更科学地了解影响初中科学新课程实施的因素及其影响程度，下面通过访谈数据对此进一步分析，从而得出更为可靠的结论。

通过对访谈数据分析来确定各因素影响初中科学新课程实施程度，笔者所采用的思路是频次统计法。[①] 具体地说，就是对 12 名教师的访谈录音资料进行整理和分析，涉及的范围包括在课前和课后进行正式和非正式访谈的所有录音资料。从这些资料中找出由教师直接表达的或间接表示出来的，影响他们实施初中科学新课程中的有关因素，这些因素可能出现在教师对教学内容的处理、教学策略的运用、教学目标的凸显或教学过程的反思中。以下是部分访谈中反映出的影响教师实施初中科学新课程的不同方面的因素。

教师的知识：[②]

N2Z：现在对我们老师讲，要求也蛮高的，有些知识，我们自己也不懂，好在年轻，学习起来也快点。不过有一点也好，我感觉上这样的教材，对我们老师来讲，我感觉自己学的东西还是蛮多的，学生学到知识，老师跟着也学到了知识。实际上，我上次去上成教本科，我也是抱着去学点东西的想法，像生物什么的，我感觉生物真是太难了，实在是搞不懂。（教师的科学知识）

J2H：目前，从专业性所能达到的深度来讲，那肯定是有些东西是达不到的，或者说容易犯错误，或者，也就是刚才提到的，学生有些这种临时性的，或者突发性的新问题出来，我很难回答。（教师的科学知识）

C3D：生物上很多探究，像我们不是很懂，嗯，不是很熟练的话，肯定按书上一步一步进行的，按探究的程序引着下来了。（教师的科学知识）

---

① 根据马云鹏的研究观点，按质化的研究取向，我们并不十分看重某些因素出现的频率，也不是以出现次数的多少作为衡量重要性的标准。但是，我们可以从某些因素的频率中了解到教师经常关注的问题，并可以对那些经常出现的因素作进一步分析，了解一些深入的问题。笔者也比较认同这一观点，由此采用频次统计方式进一步确定各因素的影响程度。需要指出的是，教师经常关注的问题并不一定都是强影响因素，但这可以为判别强影响因素提供参考。

② 从问卷调查数据分析中发现，教师的三方面知识，即科学知识、教学知识和实践性知识，它们的影响程度都很强。在此，频次统计时不再专门细分，统一为教师知识。如有必要，对因素具体分析时再分别讨论教师的三方面知识影响程度存在的差异。

N1C：我感觉化学实验的操作要求蛮高的，有很多，高中时候还好，但现在都忘了。我觉得，觉得非常有必要培训这方面东西。（教师的实践性知识）

教师的信念：

C3D：比如说，像物理的教学跟化学有点不一样，物理的话它主要是公式啊、规律啊，比较齐整的，不像我们化学有点散的，不像物理那么严密，当时好像也没这么具体。（关于科学的信念）

J2W：我觉得啊，我就是想花比较少的时间，让学生掌握我想让他们掌握的东西。也就是搞有效的教学吧。（关于教学的信念）

N2L：我觉得现在的学生，我教的学生里面啊，比较喜欢男同学，我觉得男同学对科学很有兴趣，尤其是到实验课，他们特高兴，就能够做起来，女同学就不太积极。（关于学生的信念）

教师的心理：

C3D：刚开始教的时候还蛮新鲜的，好像不懂的东西，自己要去弄的啊，这样可以会对自己的知识层面有所帮助的啊。不懂的东西可以去问起来的。（教学动机）

J2Y：我个人即使不到杭州，还是比较喜欢初中的科学。因为当时我们学校也是个完中嘛，让我选择的，后来我也是犹豫再三啊。我觉得我还是，我不太喜欢钻一门钻太深，科学还是比较丰富的。这门课程教了以后，我就可以说，我们科学老师知识太渊博了啊，有一点这种成就感了。（对科学的情感、作为科学教师的成就感）

N2Z：作为老师，就要适应工作，为了生活。只能自己适应社会，不能让社会适应你吧。（教学动机）

学校文化：

C1F：对我来说，有一个很重要的，就是我们集团①里科学组的集体备课。现在我们这些老师没有一个是科学专业的，物理、化学、生物老师，还有像我这不三不四的坐到一块，各抒己见。感觉收获还是比较大的。（备课模式）

---

① 浙江省该市为有效推进基础教育的均衡发展，引入市场运作的模式，在探索"名校＋名校""名校＋民校""名校＋弱校"等形式的集团化办学。本研究中这位教师所属集团属于"名校＋民校"形式的办学。

N2Z：说真的，还是我们学校进行的"三段两思"收获大。大家互相听听课，然后自己反思下，大家给指出问题，自己再去上，再反思，感觉对教学效果提高比较有效。（学校教科研活动）

科学教育评价：

C1F：简单说啊，考试不是很重点的，不是很难的，如水资源分布，这块东西不是很重要，我们可以考虑让学生更多地参与进来。（中考）

J2H：探究啊，第一轮可能作为老师来讲，因为把握不了中考的方向，开始因为都没有具体的要求嘛，中考方案都没出来。所以呢，大家可能还是比较重视的。因为我当初那个时候，我们在教研活动，像BCTSY学校这些啊，他们老师也交流一下，说一下，包括我们自己也一样啊，很多东西都是带着学生一起去做的。现在就很少这样做了，没办法。（中考）

J3Z：应该教给学生什么，我也没有怎么想过，反正就是围绕考试，不围绕考试就待不下去了。真的，其他的东西也没时间想的。（中考）

N2X：对学生来说，合科肯定是有好处的，而且好处很大，对他们的能力啊，以后的成长啊，应该是很不错的。但是以我们中国的教育制度，就考试体制来说，还是分科好。（考试体制）

科学教材：

C3D：这套教材的话，我感觉啊，如果想让学生，有的时候不是我是想让他们自己回去预习的嘛，他根本就是自己看不懂的。书上这种图片很多，但是它总给人感觉看着找不到要点，不知道干啥。然后复习的话，他如果一点东西不带的话，复习什么也都不知道。感觉原来那套教材，物理（就是）物理，化学（就是）化学，感觉系统还是有的。现在的花花绿绿，如果让他们自学，回来做练习，他们根本弄不灵清的。（内容呈现方式）

J2W：我觉得，很多人也都这么认为，它难点太集中了。第一章，你应该清楚的，难点很多，一下子集中在一起，学生根本就吃不消。（内容编排顺序）

N2Z：我觉得有点难度，很多地方，我觉得跳跃性的东西比较多。我们第三册内容，我读书的时候，像浮力了，密度了，什么的，都放在后面的，我们初二一接触的那一章特别难。还有像现在，我觉得初一学生抽象思维不是很好，你像月相这个，放在这里，我觉得学生理解起来比较困难，它的知识安排上，与学生的认知水平，还是有一定差距的。不过有一点也好,我感觉上这样的教材,对我们老师来讲,我感觉自己学的东西还是蛮多的,学生学到知识,老师跟着也学到了知识。(内容编排顺序和选择的科学知识)

按照这样的方式,整理了所有12名教师的录音访谈资料。在具体分析时,先分析每一位教师的情况。然后,将所有12名教师在访谈中表现出来的影响因素进行整理和归纳。最后,将所有12名教师对影响因素的分析结果综合在一起,用每一项出现的总次数表示出来并进行比较。

需要注意的是,这里所统计的因素关键是要对教师实施初中科学新课程产生了一定的影响。笔者如果判断没有产生影响或不清楚是否产生影响的因素,在此并未作统计。例如:

C3D:到这个城市后,不是合科嘛,(市教研室)叫我们来培训物理,然后呢,培训生物,但是非专业的都要培训一下的。

这里 C3D 老师主要就是描述参加的社会培训活动,但并未对此评价,统计频次时并不能算作她谈到的一个影响因素。

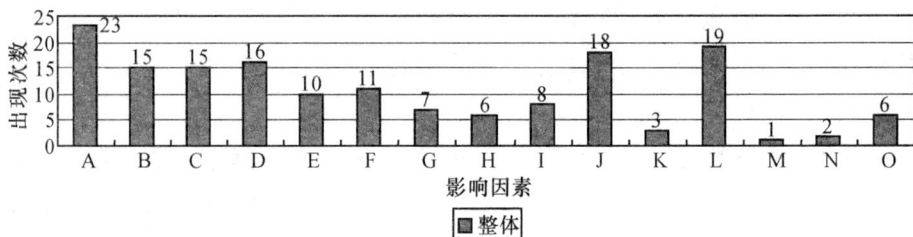

图 9-8　从与教师访谈数据中分析出的影响初中科学新课程实施因素情况

注:影响因素 A=教师的知识,B=教师信念,C=教师心理,D=学校文化,E=课程资源,F=学校对教师的关照,G=校长的因素,H=教师的人际关系,I=学生的因素,J=科学教育评价,K=科学课程标准,L=科学教材,M=科学教学参考书,N=社会教科研活动,O=学生家长。

从图 9-8 中可以看出,所有12名教师谈到超过15次的影响因素从多到少依次是:教师的知识(23)、科学教材(19)、科学教育评价(18)、学校文化(16)、教师的信念(15)、教师的心理(15)。不难计算,即使最低数据平均下来,每位教师都谈到一次还多。因此,我们可以认为这几个因素是强影响因素。

谈到 5 至 15 次的影响因素从多到少依次为:学校对教师的关照

（11）、课程资源（10）、学生的因素（8）、校长的因素（7）、教师的人际关系（6）、学生家长（6）。因这些因素至少会有一半的教师谈到，我们可以认为是一般影响因素。

教师谈到比较少的影响因素是，科学课程标准（3）、社会教科研活动（2）和科学教学参考书（1）。毫无疑问，这些应该是弱影响因素。

以上是 12 名教师谈到的影响因素的整体情况，下面我们从区域、教龄的角度分析教师谈到的影响因素。图 9-9 和 9-10 分别是不同区域、不同教龄教师谈到的影响初中科学新课程实施的因素情况。其中，因不同教龄的教师人数不均衡，分析时用出现次数的百分比进行比较。

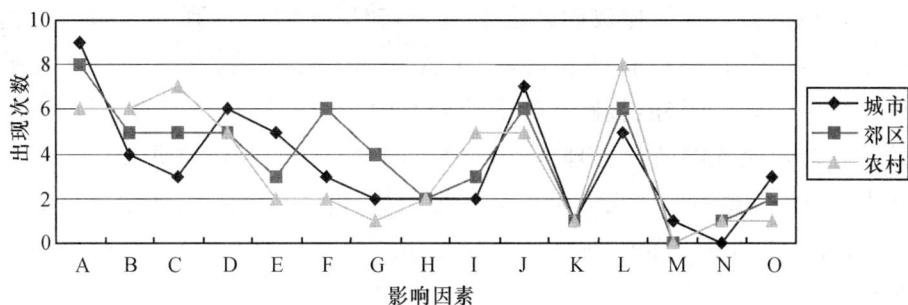

图 9-9　不同区域教师谈到的影响初中科学新课程实施的因素情况

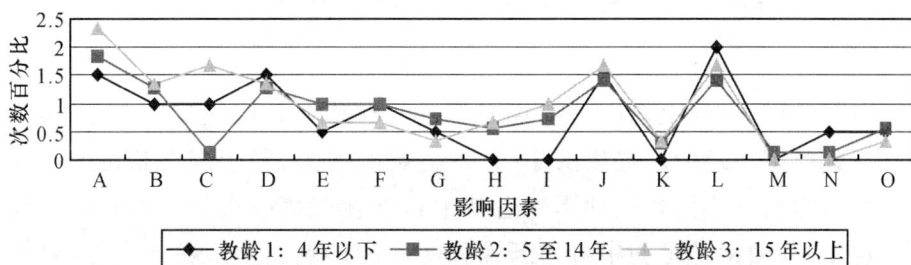

图 9-10　不同教龄教师谈到的影响初中科学新课程实施的因素情况

注：以上两图横坐标影响因素 A＝教师的知识，B＝教师信念，C＝教师心理，D＝学校文化，E＝课程资源，F＝学校对教师的关照，G＝校长的因素，H＝教师的人际关系，I＝学生的因素，J＝科学教育评价，K＝科学课程标准，L＝科学教材，M＝科学教学参考书，N＝社会教科研活动，O＝学生家长。

从区域上看，图 9-9 表明，教师谈到的影响因素还是有一定差异的，主要表现在教师知识、教师心理、课程资源、学校对教师的关照、学生的因素等方面。具体地说,教师知识因素,虽然都谈到了不少,但相比较而言,农村教师谈到的最少,而城市却是最多的;教师心理和学生的因素这两个方面差异,与教师知识因素恰好相反,是农村最多,城市反而最少;课程资源因素上,仍是城市与农村差异较大,是城市多、农村少;学校对教师的关照因素,则是郊区与城市和农村之间差异大,郊区谈到的最多。这与问卷调查数据分析的结果基本吻合。由此看出,对于影响初中科学新课程实施的因素上,城市与农村有着不同程度的差异,郊区与城市较为接近。

从教龄上看,图 9-10 表明,不同教龄的教师谈到的影响因素情况,总体上差别不大。具体比较起来也会发现,教龄 1 教师谈到的影响因素整体比其他两个教龄的教师少,尤其是教师的人际关系、学生的因素几乎没有教师谈到。另外,教龄 3 教师谈到教师知识和教师心理的次数最多,教龄 2 教师谈到的教师心理因素最少。这也与问卷调查数据分析的结果基本吻合。从教龄上,我们可以初步推出教师的适应情况,教龄 1 教师最容易,而教龄 3 教师相对难些。具体是不是这样,后面还会对此作进一步分析。

第三节　影响因素及其影响程度的确定

现在再从整体上对问卷调查和访谈两种数据分析的结果进行比较。首先,针对第三章中所提出的 18 种可能影响因素,问卷调查和访谈都充分表明,它们都不同程度地影响着初中科学新课程的实施。由此可以确定,这 18 种因素都是初中科学新课程实施的影响因素。除此之外,教师并未说出其他影响因素。其实,通过对我国正在实施和退出实施初中科学新课程地区的比较,课程政策也是一个很强的影响因素。但因本研究的基本假设并不是要不要开设初中科学新课程,因此,课程政策没必要作为一个强影响因素在下文进行讨论。

其次,问卷调查数据分析中初定的 8 个强影响因素,与访谈数据分析的结果相同。对此,毫无疑问,仍是强影响因素。而对于程度尚未确定的科学教育评价因素,访谈数据分析时却排在强影响因素的第三位,再加上问卷调查数据分析时两种视角下都认为它是强影响因素,在此把科学教育评价确定为强影响因素。

再次,因问卷调查数据分析时确定的一般和弱影响因素在访谈数据分析时也是如此,因此,我们按照确定科学教育评价因素影响程度的思路,对其他几个问卷调查数据分析时程度尚未明确的因素,在这里分别予以确定:课程资源、校长的因素、教师的人际关系、学生的因素是一般影响因素;科学课程标准、社会教科研活动是弱影响因素。

到此,我们才可以确认影响初中科学新课程实施的各因素及其影响程度,具体见表9-2。为便于接下来对影响因素的分析,在不变动各因素影响程度的情况下,下表中将原来的18种因素进行了合并和调整。具体的合并与调整是:将教师的科学知识、教师的教学知识和教师的实践性知识合并为教师的知识;将学校对教师的关照合到学校文化中;将访谈合并的课程资源重新分为学校课程资源和社会课程资源。

表 9-2　影响初中科学新课程实施的因素及其影响程度

强影响因素	一般影响因素	弱影响因素
➢教师的知识 ➢教师的信念 ➢教师的心理 ➢学校文化 ➢科学教育评价 ➢科学教材*	➢学校课程资源 ➢校长的因素 ➢教师的人际关系 ➢学生的因素 ➢学生家长	➢科学课程标准 ➢科学教辅材料 ➢社会教科研活动 ➢社会课程资源

* 科学教材是指狭义上的科学教科书。

第四节　小　结

本章通过对问卷调查和访谈两种方式收集的数据进行分析,最终确定影响初中科学新课程实施的因素及其影响程度。问卷调查针对18种可能的影响因素,共设计了18个小题,让教师根据自己的教学经验和思考分别予以判断各因素对自己实施初中科学新课程影响的程度。访谈则是从资料中找出由教师直接表达的或间接表示出来的有关影响因素,采用频次统计法确定各因素影响初中科学新课程实施程度。

通过对两种方式分析的结论进行比较,最终确定出影响初中科学新课程实施的各种因素以及这些因素的影响程度:

• 强影响因素(共 6 个)为:教师的知识;教师的信念;教师的心理;学校文化;科学教育评价;科学教材。

• 一般影响因素(共 5 个):学校课程资源;校长的因素;教师的人际关系;学生的因素;学生家长。

• 弱影响因素(共 4 个):科学课程标准;科学教辅材料;社会教科研活动;社会课程资源。

第十章　初中科学新课程实施的强影响因素

　　以下对各种影响因素的分析,我们关注重点并不是各个因素自身的问题,而是了解这些因素怎样影响教师实施初中科学新课程的,以及它们是促进还是阻碍教师对初中科学新课程的实施,还有它们促进或者阻碍的原因是什么等。

　　例如,下文分析的科学教育评价因素,重点并不是深入探讨科学教育评价自身问题(如科学教育评价有什么功能、存在着什么问题、怎样进行评价等),而是看科学教育评价是怎样影响教师实施初中科学新课程的,或者说因为科学教育评价的影响而导致了什么样的教学结果。按照这一思路,下面对每个因素作一详细分析。另外,对一般和弱影响因素也是照此思路分析,后文不再专门说明。

第一节　教师的知识及其影响

　　"教师的知识"和"教师知识"经常为研究者所使用而不加以区分。本研究中,二者视为同义词。从知识的认知者(知识的主体)和被知体(知识的客体)的角度看,研究者使用"教师知识"通常有以下一些不同的

含义:①

　　(1)认知者:教师;被知体:教师所知道的东西。即是说,这一术语意指"教师所拥有的知识"。

　　(2)认知者:研究者;被知体:教师。即是说,这一术语意指"关于教师的知识"。

　　(3)认知者:研究者和/或教师;被知体:教学。即是说,这一术语意指"与教师有关的(关于教学的)知识"。

　　从上可以发现,三种含义还是有着本质的不同。以避免概念理解的混乱,本研究以第一种含义作为"教师的知识"的定义。教师所拥有的知识是多方面的,共同构成了一个复杂的综合体。近年来,国内外很多学者都对此作过深入探讨。

　　综合教师的知识研究的相关文献,不同研究者的视角虽有不同,但基本上都没有超越 Shulman 的分析框架。Shulman 认为教师的知识主要有七个方面:(1)学科内容知识;(2)学科教学法知识;(3)课程知识;(4)一般教学法知识;(5)有关教育目的知识;(6)有关学习者的知识;(7)其他一般课程知识。

　　根据 Shulman 的分析框架,教师的知识其实主要包括学科内容知识、学科教学知识和实践性知识。学科内容知识是指学科本体性知识和与其相关的其他文化知识;学科教学知识是指教学法知识、课程知识、教育哲学知识、关于学习者的知识、信息技术与课程整合的知识、教与学的心理知识等;实践性知识是指教育情境知识、操作技能知识等。

　　基于上述对教师的知识的界定,我们在分析教师的知识对初中科学新课程实施的影响时,重点关注:一是教师的科学知识。初中科学知识比较特殊,除涵盖传统理科分科的物理、化学和生物的知识,还包括不少的天文、自然地理、环境等方面的知识。因此,这对分科背景的教师教学,具有很大的挑战性,下面分析时尤为值得注意。二是教师的教学知识。就初中科学教师而言,主要是其关于教学的科学课程知识、怎样处理科学教学内容的知识以及怎样运用教学策略的知识。三是教师的实践性知识。这里主要是指教师的实验操作技能知识和动手制作的技艺

---

　　①　范良火:《教师教学知识发展研究》,华东师范大学出版社 2003 年版,第 39 页。

知识。

那么,教师的知识究竟是怎样影响教师实施初中科学新课程的呢?对此分析,我们主要是通过与教师的交谈,然后就整理出来的录音资料进行研究,看由于教师的知识导致了教学中产生了什么结果。

下面是对教师回答实录的具体分析。需要说明的是:(1)括号里面内容是对括号下面教师回答实录的分析结果,"→"前的内容是原因,"→"后的内容是结果。(2)因很多结果可能都是由同一原因引起,所以括号内容顺序并没有完全按照回答实录中出现顺序整理。

(生物知识不懂或不熟练→严格按科学教材教学)

C1F:生物上很多探究,像我不是很懂。嗯,不是很熟练的话,肯定按书上一步一步进行的,按探究的程序引着下来了。

(非专业科学知识→拓展不开、网上对问题回答的多种答案难以做出判断;自己专业科学知识→能够灵活教学;生物知识不懂或不熟悉→怕变错、教学干巴巴;物理知识有推导过程→还可以把握点)

C3D:有一个可能就是非专业的东西,知识上面,像我们非专业的就比较狭窄,也就是想拓展一点,肯定拓展不开来。比如说,我同样讲一个生物知识和化学知识,我化学知识(这是她的专业)可以这样讲,反过来讲,变来变去地讲。但是生物的话,可能就是干巴巴的,想变变不出来,也不敢变,万一变错了呢。因为物理还有一个推导过程,公式怎么推出来的啊,然后给学生说用这个公式解一些题目,所以物理还能把握点。有时候上网查同一个问题,会有很多不同回答,也不知道哪个对。

(非专业科学知识→下次教学仍旧生疏、接受新信息和新内容困难、深度上抓不准、只能照搬科学教材、不能拓展、难以对题目灵活变化;自己专业科学知识→拓展空间大、有底气、对题目可以变来变去)

C2T:自己毕竟不是这个专业的,有很多内容虽然一轮讲过了,到第二轮的时候感觉还是很生疏,需要不断地磨合。可能是有一些新的信息、新的内容接受起来还是比较困难。从深度上啊,就很难抓得很准。在讲述方法上,我们只能照搬,但不能拓展。但自己的专业就不一样了,相对来讲,拓展的空间就大一些。讲起来物理,毕竟有底气,每一个题目马上可以联想起来。如果我教地理的话,可能讲一就是一,二就是二,不可能从一讲到三,二讲到四,这是很难的,对我们来讲,还是很有困难的。

（非专业科学知识→难以把握教学的深度和广度、因备课要花很多时间导致很累、建立不起学科之间结构、发散不开、对学生出现的错误不知道或不敏感；自己专业科学知识→能够灵活把握、对学生出现的错误较为敏感；物理、地理内容→自己没信心、不知道怎样教给学生）

C3Y：我们外行、隔行的人，不知道你要讲到什么深度，广要广到什么程度。科学要深的话可以很深。你备课要花很多时间，都不熟的，然后呢你都要去弄。讲起来自己的专业可以是一套一套的，而其他的把握不了的。我只能做到把这节课知识结构建立起来，至于学科之间，或者就这节课进一步发散开来，我就很难做到了。还有，比如，董老师的课，学生提到可燃，她更正说助燃，因为她是个化学教师，这是她的专业，她就特别敏感，我就想不到了。我最多给他们说，氧气是呼吸用的。

我觉得自己很没有自信心，觉得这个内容，特别是物理、化学，化学还好，物理那些内容，还有地理的那些内容，简直是一窍不通，就不知道自己怎么样把这些内容给学生讲，所以心里面非常没底啊，很茫然的。

（没用过实验器材→感觉非常有挑战；非专业的科学知识→自己也不会、难以回答学生随机提出的问题）

J2H：望远镜本来是，我们都不讲的。今年呢，因为实验室有一个望远镜，准备今年讲一下。自己都没用过，真的，望远镜啊，所以呀，我感觉上第三章对各位老师来讲，非常有挑战，包括后面的星座，老实说，我对着天空，你说让我来找几个星座，是非常困难的。

目前，从专业性所能达到的深度来讲，那肯定有些东西是达不到的，或者说容易犯错误，或者，也就是刚才提到的，学生有些这种临时性的，或者突发性的新问题出来，我很难回答。

（非专业科学知识→虽学了还是不知道、不能拓展、难以深入、没信心回答学生问题；物理专业→化学还能拓展点、生物一点不知道；自己专业知识→遇到学生的意外问题表现出自信）

J2W：但是，我觉得这是很麻烦的一件事情，毕竟专业知识与自己学来的不一样啊，虽然说你学了，你问了，但感觉你还是不知道，因为很多知识需要拓展的，像我们初学者只能是讲到点为止，不能够深入的。我作为物理专业的，化学还能拓一点，但生物是一点不知道的，学生稍微问一下，就没信心回答。

（我发现你对 XX 同学的回答感觉蛮意外的？）是的,我也没想到他怎么会这样回答。（但我看你稍微犹豫下,就很自信的回答他了。）因为这是我的专业呀,即使有什么"意外"发生,我也不怕的。生物就不一样了。

（非专业知识→什么东西都是只知道个皮毛、照搬教材）

J2Y:因为这门课毕竟知识面非常广。专业知识的局限性吧,然后,什么东西感觉都是知道个皮毛,我只能是讲到这个点上,至于之间为什么这个样子,然后自己好像还没精力深挖下去。我知识按照教材,它上到这个程度,学到这个程度。

（非专业科学知识→难点把握不准、对讲出知识的科学性没信心）

N1C:总觉得物理和化学啊,难点上处理有问题,就是把握不准啊。有些话你自己能懂啊,讲给他们听就会想,我这句话对不对,有没有科学性啊。意思是知道的,但总感觉我这句话讲出去不够具有科学性。

（非专业科学知识→照搬教材、不敢拓展）

N2L:生物上基本都是（按照教科书设计教学）,因为我自己不敢展开的,所以我就用得比较多。一旦拓展开,害怕把握不了。

（非专业科学知识→拓展内容难以把握）

N2X:但是化学上面呢,虽然说我可以把题目做出来,但是化学牵扯到的比如说"酸、碱、盐"这一块,酸的通性,我们都清楚的,但针对每一样它有另外的特性上面,我们不是这个专业,就有困难。其实,生物部分课本之外的,也是很难把握的。

（非专业科学知识→生物太难、促进自己专业成长）

N2Z:有些知识,我们自己也不懂。好在年轻,学习起来也快点。不过有一点也好,我感觉上这样的教材,对我们老师来讲,我感觉自己学的东西还是蛮多的,学生学到知识,老师跟着也学到了知识。实际上,我上次去上成教本科,我也是抱着去学点东西的想法,像生物什么的,我感觉生物真是太难了,实在是搞不懂。

从以上分析中不难发现,对初中科学新课程实施影响的教师的知识主要是教师的科学知识。当然,不能因此就认为教师的教学知识和实践性知识影响程度不大。因为教师的这两种知识与教师的科学知识有着紧密联系。比如,如 C1F 老师所说,他就不懂这个知识,肯定就不知道怎样教学了。所以,在访谈中,他认为教师的教学知识也是影响程度很大的。

因此，我们的分析从教师知识的角度出发，这样也有助于了解教师的不同知识之间的关系。根据以上分析结果，笔者将教师的知识主要是科学知识对教师实施初中科学新课程的影响进一步作了整理，具体内容见表 10-1。

表 10-1　教师的知识对初中科学新课程实施的影响情况

	教师的非专业科学知识	教师的专业科学知识
影响情况	◇照搬教材备课和教学 ◇拓展或发散不开 ◇问题的多个答案难以准确评价 ◇教学干巴巴 ◇不敢灵活应变 ◇因物理有推导过程还可以把握点 ◇下次教学仍旧生疏 ◇接受新东西困难 ◇难以把握深度和广度 ◇感觉很累 ◇建立不了学科之间的联系 ◇对学生的错误不知道或不敏感 ◇不知道怎样教给学生 ◇没有信心回答学生问题 ◇虽学了还是不清楚 ◇讲出的知识不敢肯定正确。 ◆自己也可以增长知识	◇拓展空间大 ◇对题目可以灵活变化 ◇对学生错误较为敏感 ◇有底气 ◇对学生的意外问题表现自信 ◇能够灵活教学

基于初中科学教师的特殊性，即不但教自己的专业科学知识，还要教自己非专业的科学知识。由此，表 10-1 呈现出了教师的专业科学知识和非专业科学知识对初中科学新课程实施的影响情况。我们把前面分析过程和表 10-1 内容结合起来，可以从中看出：

第一，教师的非专业科学知识对初中科学新课程实施的影响基本上都是消极的，而专业科学知识则是积极的。显然，大量的消极因素肯定会阻碍初中科学新课程的实施。但也有一位农村的教师表示，进行非专业科学知识教学挺好，因为它可以让自己不断增加科学知识，促进专业成长。由此看出，对于非专业的科学知识对教学造成多大程度上的消极影响，关键还是要看教师的态度。像 N2Z 老师，虽然也认为生物很难，但他抱着学习可以让自己不断进步的态度。所以，他在教学中，笔者也确实观察到,非专业科学知识对他的消极影响就相对少一些。

第二,教师的非专业科学知识所导致的大量消极影响主要表现在教学内容、教学策略和教师心理等方面。在教学内容上,教师往往是照搬科学教材设计教学,不敢或没能力拓展科学教材外的其他内容,接受相关的新信息和新知识相当困难,难以对网上或其他材料中的争议科学问题做出评价,难以把握教学内容的深度和广度,建立不了学科间的结构,对学生的出错不知道或不敏感,以及下次教学仍旧不熟悉等。在教学策略上,教师有时不知道怎样教给学生,从而就照本宣科,导致课堂显得干巴巴。另外,也不敢或不能对题目灵活多变,很难进行举一反三的教学。在教师心理上,很多教师没有信心回答学生问题,也不自信讲出的科学知识就是正确的,还有因备课耗时太多感到身心疲惫等。

第三,教师的专业科学知识积极影响主要表现为:首先,教师比较有底气,对学生的意外问题多是表现出自信。其次,拓展空间较大,对题目可以进行灵活变化,能够进行举一反三式的教学。还有一点,作为科学教学,这也很关键,就是对学生的出错较为敏感。教师的专业科学知识如此积极影响,的确让我们不得不问为何还让教师教非专业科学知识。这有个辩证的问题,任何教师都不是天生就是专业的,都是在不断的系统或非系统的学习中成长为专业教师的。我们作为教师,更应该不断地学习。只要不断地学习和要求进步,我们也可以由非专业科学教师转变为专业科学教师。因此,教师的专业与非专业并不是初中科学新课程实施的关键问题,重要的是它相比理科分科课程,初中科学课程是不是更好地提高每个学生的科学素养、促进学生的全面发展。当然,这并不在本研究的主要讨论范畴。

第四,教师最不适应的非专业科学知识主要是生物、天文和地理,尤其生物内容。至于原因,也是多方面的。通过与教师的交谈和自己的思考,笔者认为主要有两点:一是很多教师当时参加高考时是不考生物内容的。现在科学教师基本都是原来的初中物理、化学、生物等学科的教师转型过来的,并且物理教师最多。回顾我国的高考历程,过去理科考试科目主要是物理和化学。在中国的考试文化影响下,作为不用参加高考的生物内容,教师对其积淀程度如何是可想而知的。二是学科自身的特点造成的。物理、化学和生物虽都成为自然科学,但它们之间还是有很大差异,特别是物理和生物部分的差异最大。这导致了教师在科学教学中,对彼此知识互不适应。当然,最不适应的还是生物内容,物理和化学之间、化学与生物之间还好些。一般而言,物理是比较难的科学内容,它为何让非专业教师适应起来还好些呢?化学专业的 C3D 老师给出了其中一个原因,因物理有推导过程,还可以把握点。其实,笔者在听课过程中发现,非专业教师对物理内容适应困难并不亚于生物内容,甚至比适应生物内容困难还大,只是教师因物理知识和物理思维的局限而未觉察而已。因为物理内容的教学中,教师所犯的科学性错误或弄不清楚的问题更多。我们可以这样说,就初中科学内容而言,非专业教师对生物内容上的较大困难是表层的,而物理内容却是深层的。

第五,从区域、教龄上看,教师的知识影响初中科学新课程实施的情况相差不是很大,只是个别结果略有差异。区域上,城市教师认为非专业科学知识对自己的消极影响更多些,郊区和农村教师差不多,农村教师略微少些。教龄上,教龄 1 的教师认为非专业科学知识对自己的消极影响更少。对于区域上的差异,研究中发现,城市教师之所以感觉消极影响更多,是因为他们受中考影响比较大。现行中考主要是考科学知识,他们就比较重视让学生对科学知识的掌握。如果想让学生掌握好,自己必须先理解好并且讲清楚。由此,在这个自己学习和教学的过程中,就会感觉到各种消极影响情况。另外,其中的两位教师特别善于表达,能够把非专业科学知识对自己的影响都说出来,这也应是一个方面原因。教龄上的差异,其原因在于新教师:一是比较年轻,精力旺盛;二是善于虚心学习,不断要求进步;三是高考时生物内容也考,其中 N1C 老师就是生物专业的。

第二节　教师的信念及其影响

近年来,为了更深层地认识课程实施或教育改革存在的问题,很多学者尤其是西方学者都把教师的信念作为影响课程实施的一个重要因素。教师信念如何影响课程实施?在这方面,已有的研究至少向我们揭示了教师信念影响课程实施的三种途径。

首先,教师信念通过影响教师的课程决策、目标设置和策略选择进而影响课程实施;其次,作为一种特殊的信念,教师效能影响着教师对待课程变革的态度以及教师在变革中的情感因素,从而影响了教师的课程实施行为;另外,教师效能还与学生的学业成就有着显著的正相关,而Guskey一再指出教师的信念改变发生在学生学习成就变化之后,这意味着教师效能对学生学习成就的积极影响会巩固教师已有的信念变化,从而进一步影响课程实施。这些途径共同构成了教师信念影响课程实施的作用机制。[①]

由上可以看出,教师的信念是一个十分复杂的问题。一般而言,教师的信念是教师对与教学有关的一些方面的看法或归因,这些方面常是学生、学科、课程、教学、教师、效能感等。从笔者与教师的访谈中,可以发现教师的信念有时很难让教师直接说出来。至于原因,马云鹏在分析教师的信念对教学影响时曾做过探讨,笔者与他也有同感,主要是两个方面原因:一是教师通常并不了解他们自己信念是什么。但是,他在教学活动中却无意识地展示着这些信念。二是很多教师对自己的信念有感觉但表达不出来。也就是说,往往是"只可意会、不可言传",不能把他们的信念用语言表达出来。

因此,我们在分析教师的信念对初中科学新课程实施的影响时,必须要借助多种分析方法如问卷调查、实地观察、访谈等,全方位地捕捉教师有关其信念对教学影响的信息。唯有如此,才能得出较为可靠的结果。根据资料的整理和分析情况,下面主要分析教师关于科学、科学课程、科学教学的信念,即教师的科学本质观、科学课程观、科学教学观对初中科学新课程实施的影响。

一、教师的科学本质观及其影响情况

简单地说,教师的科学本质观就是教师关于科学的信念,或者说是对"科学是什么"问题的认识。那么,教师的这一信念是怎样影响初中科学新课程实施呢? 显然,为回答好这个问题,我们有必要先弄清楚教师

---

① 尹弘飚、李子建:《课程实施与教师心理变化》,见钟启泉、崔允漷:《第八届两岸三地课程专家论坛论文集》,2006 年版第 57 页。

的科学本质观是什么。

对教师科学本质观的了解,先通过问卷对教师作了调查。问卷调查表第 33 题就是为了解教师的科学本质观而设计,该题采用询问教师"科学是什么"的命题形式,提供了四个备选项和一个补充选项。回收问卷中没有教师补充其他关于科学本质认识的内容。

下面是对 188 份有效问卷的数据统计。

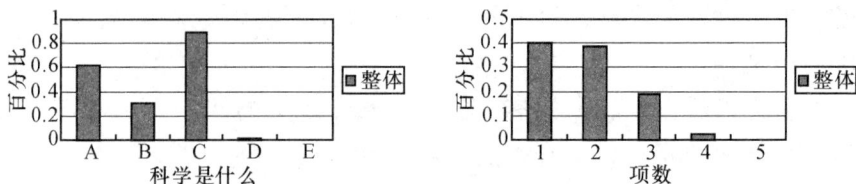

图 10-1 关于教师对"科学是什么"的认识情况

注:横坐标科学是什么 A=知识体系,B=生存方式,C=解决问题的办法,D=社会建制,E=其他。

图 10-1 是教师对"科学是什么"认识的整体情况,从中可以看出:更多的教师(近 90%)认为科学是解决问题的办法,有 60% 的教师认为科学是知识体系,也有近 30% 的教师认为科学是生存方式,而对于科学是社会建制的认识最少。

由此看出,教师对科学的认识主要还是以传统科学观为主,强调科学方法和科学知识。另外,从教师对该问题选项的选择数量看,多数教师对科学的认识有着一到两种看法。

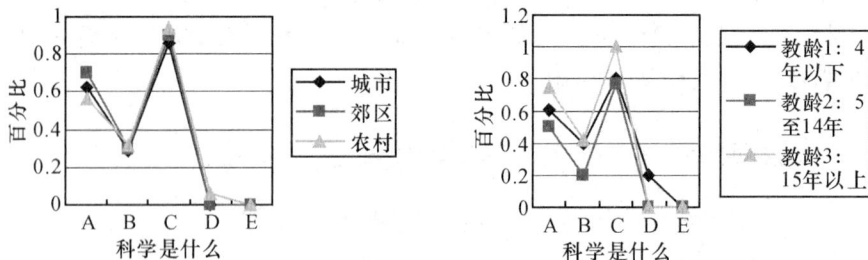

图 10-2 不同区域、不同教龄的教师对"科学是什么"认识的情况

注:横坐标科学是什么 A=知识体系,B=生存方式,C=解决问题的办法,D=社会建制,E=其他。

从图 10-2 中可以看出,区域上,教师对科学本质的认识基本上一样。

教龄上,教师之间对科学的认识略有差异。值得注意的是,只有教龄1教师(约20%)认为科学也是一种社会建制。这也不难推测,一方面,教龄1的教师接受的新东西可能多些;但从另一方面看,这也反映教龄2和教龄3的教师职后继续学习和思考书本外的东西太少。

以上是问卷调查中反映出的教师对科学的认识。毕竟问卷列出了选项,对教师具有较强的提醒作用,难以真实地反映出教师对科学的认识。其实,问卷调查是让教师对"科学是什么"怎样选。下面通过访谈方式再看教师对"科学是什么"怎么说的,从中总结教师说出来的科学观,并关注其对教学有什么影响。

(科学是物理、化学等知识,用来描述和探索自然的→教给学生知识)

C3D:这个好像很难说,(笑),像物理、化学、自然景观的东西,这些都应该是科学。这都应该教给学生。嗯,描述自然的、探索自然,都是科学范围的吧。

(科学是人和自然的完美结合)

C1F:科学就是人和自然的完美结合,你现在讲生物,讲化学,讲物理,最终其实就是人和自然。

(科学是一些原理和方法→不需要很精密的计算)

C2T:我的感觉啊,科学对初中学生来讲,就是来了解一定的科学道理,能够从这个现象中知道它的一些科学原理。然后呢,能够做出一些正确的判断,我觉得就可以了,不需要经过很精密的计算。可以用一些简单的科学方法,处理一些简单的问题。

(科学就是一种生存方式→多与生活联系)

C3Y:我觉得就是,用它来解决我们身边一些事情。比如说,在讲到生物的时候,讲到光合作用,它就是真的跟我们生活很紧密的,服务于我们的生活。

(科学是无处不在的→科学教师应该是什么都懂)

J2H:我们这个书上第一句话,科学在我们身边。在我们身边嘛,实际上用学生的想法来讲,科学感觉好像无处不在,而且在他们的眼里,科学老师应该是什么都懂的。

(科学就是生活的大拼盘)

J2W:说实话,科学就是大拼盘。只要有疑问,就要解决,这就是科学。知道为什么,这就是科学。甚至我女儿说,为什么蚂蚁要爬过去,这也是科学啊。

(科学是生活中能够用到的知识)

J2Y:科学实际上,在我们生活当中很多的现象,很多的能够用到的知识,实际上就是科学,科学并不是像人们想象的十分深奥,身边的每一个小现象,实际上都是科学。

(科学就是生存的方法,高一点的话,就是探索世界)

J2Z:生存的方法了,你如果质量高一点,提高一个层次的话,那就是研究,怎样研究了,怎样探索世界了。在这个过程里碰到什么问题,你就解决了。

(科学就是弄懂生活现象)

N1C:对生活来说,很多生活中没有弄懂的现象,通过上这个课把它弄懂,这就是科学。

(科学就是我们身边的一切)

N2L:我觉得,所有我们的一切都是跟科学有关的,吃的,穿的,住的,样样都是科学。

N2X:与自己身边有关的,出现的一些事物、原理了什么的,都是科学。

(科学就是生活)

N2Z:科学就是生活,我觉得是这样的。不过这个教材这一点编得比较好。原来人教版,科学就是知识,不联系生活,感觉就是跟生活脱节了。

从以上教师对"科学是什么"的回答实录中,我们可以看出:

第一,很多教师对自己的科学观是模糊的,或者是还不能理解"科学观"的含义。由此,教师回答时更多的是描述,比如"我们吃的、穿的、住的,这都是科学""科学就在我们身边。"也有教师对自己的科学观能够进行概括,不过他们的概括更多的还是借用教科书引言中的话语。

第二,从内容上看,不论教师以何种形式描述、总结或提升,基本上都是强调两个方面内容:一是科学就是知识;二是科学是一种生存方式。这在不同区域、不同教龄的教师之间也没什么差异。这与问卷调查的结果基本吻合。

综上所述,就教师的科学本质观及其对课程实施影响而言,很多教师认为科学本质上就是知识,因此在实施中非常重视科学知识的教学。重视科学知识教学,这是初中科学新课程实施中的一个事实,第四章的分析表明了如此情况。但反过来看,教师重视科学知识教学,并不完全就因为他们认为科学就是知识,可能很大程度上还是别的因素。

如果说教师的科学本质观对其教学影响较大的话,关键还是较多教师认为的科学是一种生存方式。既然是一种生存方式,就要面对生活,就要对生活中遇到的问题进行解决,要解决就必须想出一定的办法,要想办法就要借助于科学。这也许是许多教师说不出科学是什么,但他们强调科学就是生活的逻辑吧。因此,教师在初中科学教学中大多比较重视科学与生活的联系。但是,教师在教学中对于科学与生活的联系还停留在浅层次。至于原因,教师并没有很清晰的科学观应是一个方面。

二、教师的科学课程观及其影响情况

初中科学新课程是由传统的理科分科物理、化学、生物、自然地理等课程整合而成。笔者在此暂时用"整合"二字,因为现行科学教材是不是整合了分科课程,教师还有自己的看法。但是,不管如何理解,有一点是肯定的,把初中原来的几门理科课程替换而成的一门课程是科学课程。针对初中科学课程,教师又是怎样看的呢? 他们的看法对其教学有什么影响呢?

问卷调查表的第 35 题就是专门了解教师对科学课程的看法的。图 10-3 是对该题回收问卷数据的整体统计。

从图 10-3 中可以看出:较多的教师(近 60%)认为合科的统一性是科学方法、态度和精神。近 40% 的教师认为初中科学课程应突破分科之间的界限,以主题进行设计。其中 H 补充的内容即缺少学科间的相关性,其实也是应突破分科之间界限的意思。

20%～30% 的教师认为初中科学课程比分科课程更利于激发学生学习科学兴趣和培养动手能力,也能够减轻学生负担。还有两项看法,绝不能忽视:一项是 20% 的教师认为初中没有必要开设科学课程,还是分科好;另一项是近 10% 的教师认为初中科学课程不能打乱分科的知识体系,进行拼盘为好。

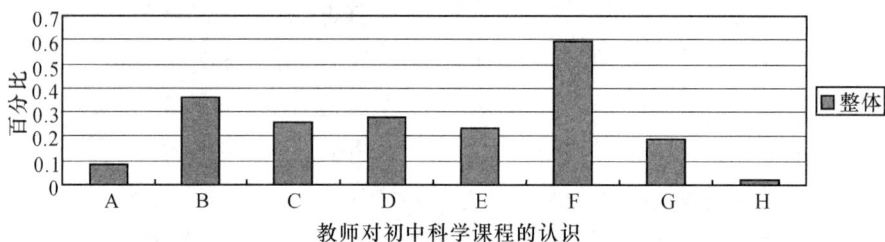

图 10-3　教师对初中科学课程的认识情况

注：(1)横坐标教师对初中科学课程的认识 A＝不能打乱分科的知识体系,进行拼盘为好；B＝突破分科之间界限,以主题进行设计；C＝比分科课程更利于激发学生学习科学兴趣；D＝相比开设分科,能够减轻学生学习负担；E＝比分科更利于培养学生动手能力；F＝合科的统一性是科学方法、态度和精神；G＝初中没必要开科学课程,还是分科好；H＝其他。(2)选项 H,其中三位教师做了补充,其内容都是：缺少学科间的相关性。

　　由此看出,初中科学课程作为新课程改革变化最大的一门课程,教师对其看法各异,争议也较大。当然,任何新事物的出现都会有这样的过程。我们需要澄清的是,既然有这么多教师对初中科学课程存有不同的看法,那么差异主要在哪里呢,或者说,不同区域、不同教龄的教师对初中科学课程的认识上有何不同。

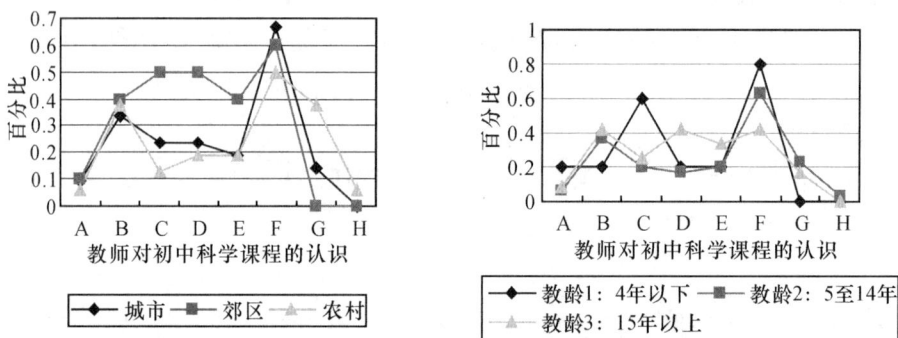

图 10-4　不同区域、不同教龄的教师对初中科学课程的认识情况

注：横坐教师对初中科学课程的认识 A＝不能打乱分科的知识体系,进行拼盘为好；B＝突破分科之间界限,以主题进行设计；C＝比分科课程更利于激发学生学习科学兴趣；D＝相比开设分科,能够减轻学生学习负担；E＝比分科更利于培养学生动手能力；F＝合科的统一性是科学方法、态度和精神；G＝初中没必要开科学课程,还是分科好；H＝其他。

　　区域上,郊区教师对初中科学课程的认识较为积极,而农村教师则显得较为消极。从图 10-4 中可以看出,有一半的郊区教师认为,相比分科课程,初中科学课程更利于激发学生学习科学兴趣、能够减轻学生学习负担。城市教师仅 24％,而农村教师却不足 20％持这一看法。但对于"初中没必要开科学课程,还是分科好"的看法,农村教师远远高于城市和郊区的教师,郊区几乎没有教师这样认为。

教龄上,相对而言,教龄 1 的教师对初中科学课程认识更积极些。图10-4 表明,更多的教龄 1 的教师认为初中科学课程比分科课程更利于激发学生学习科学兴趣,并且几乎没有教师认为初中没必要开设科学课程。此外,较多的教龄 3 的教师认为初中科学课程能够减轻学生学习负担。

以上是从问卷调查中了解了教师对初中科学课程的认识,下面再看访谈中教师对初中科学课程是如何认识的? 该认识对其教学又造成了什么影响?

(初中科学课程可以避免物理、化学之间内容的重复教学→可以节约时间)

C3D:教化学,自己的专业,教材比较熟了,但是带班多,如果光教化学,至少要四个班的。综合课程呢,比如物理也涉的,化学也涉及的,这样可能上一次课就够了,像这种地方,可能可以节约点时间。

(初中科学课程有利于提高学生的综合能力,还可以让学生更深入地思考问题→教学与生活联系紧密)

C1F:综合,其实完全可以提高学生的综合能力,我前面讲的很多能力都可以在这里实现,并且可以通过这门学科呢,可以让学生更深入地思考问题。因为这门学科面很广啊,跟生活是非常紧密的,学生完全可以从生活中来体会这门学科的价值。

(初中科学课程是利弊都有→利的是自己学习的东西多了,学生问的时候就不那么虚了;弊的是非专业知识生疏、接受新东西困难、深度上难以把握、教法上死板)

C2T:有利有弊吧。利的是觉得自己学的东西多了,然后呢,学生来问的时候,自己接触的多了,感觉不那么虚了。但是弊就在于,自己毕竟不是这个专业的,有很多内容虽然一轮讲过了,到第二轮的时候感觉还是很生疏,需要不断地磨合,可能是有一些新的信息、新的内容接受起来还是比较困难,从深度上啊,就很难抓得很准,在讲述方法上,我们只能照搬,但不能拓展。

(初中科学课程可能与高中内容没有衔接好→内容肤浅、多是表面化的东西)

C3Y:这个啊,因为我也是刚刚涉及到啊,我听高中老师讲,我们教下来,物理啊、化学啊,都比较肤浅,都是表面化的东西哈。他们在教的时候,就感觉(我们)没有(给学生)打好基础。原来初中那个体系啊,是非常的完整,初高中就衔接得非常好。

(初中科学课程的面非常广→会融合教材外的其他科学内容)

J2H:综合呢,作为学生来讲,比如说,为什么现在老师在教的这个过程里面,如果一个老师从头教到尾,他对每个学生不同层次的理解程度的把握,可能更加准确一些。还有呢,学生啊,实际上一个老师在讲,可能我们在上的过程里面,哪怕这个教材上没有提到这些,他也会将其他一些相关的科学内容融合在里面,这可能还是比较突出的。

(初中科学课程→好处是教学上可以不用像过去那样教师间互相抢时间了;麻烦的是有些知识非常肤浅,讲课难以深入,回答学生问题没有信心)

J2W:合科就一个好处,就是所有时间能自己分配,并不像物理、化学、生物时候,每个老师都在抢时间。但是,我觉得这是很麻烦的一件事情,毕竟专业知识与自己学来的不一样啊,虽然说你学了,你问了,但感觉你还是不知道。因为很多知识需要拓展的,像我们初学者只能是讲到点为止,不能够深入的。我作为物理专业的,化学还能拓一点,但生物是一点不知道的,学生稍微问下,就没信心回答。

(初中科学课程有利于培养学生综合素质→但自己的知识跟不上)

J3Z:不足的是,作为老师,自己的知识跟不上,还有就是教材上面有的时候拼凑的痕迹比较重,它好像从本质上很多地方有意让它合啊,但是有些知识还是要独立出来。好处,除刚才说的外,小孩子的素质培养,还是综合的好。

(初中科学课程对于培养学生用多种学科知识解释生活中现象非常有用)

N1C:综合性啊,因为生活当中某些现象不能用一种学科知识来解释,要综合各方面来考虑。对于培养这方面的,我感觉还是比较有用的。

但是学科和学科之间,我觉得看上去是综合的,但实际上还是分科的,拼盘性的。比高中的好,高中虽然说是 3＋X,高中纯粹是分科的,这个稍微好一点,还都是很综合的。

（初中科学课程利于培养学生能力,但并不利于学生把知识学得更扎实→补充较多的科学知识）

N2L:如果说知识,不说能力的话,我觉得分科可能学得更加扎实,合科可能培养学生的一种能力。有兴趣的同学,对他们综合能力培养,很有好处的。所以,我们教学时会补充很多知识。

（初中科学课程有利于培养学生能力,但是以我们考试体制看,还是分科好）

N2X:对学生来说,合科肯定是有好处的,而且好处很大,对他们的能力啊,以后的成长啊,应该是很不错的。但是以我们中国的教育制度,考试体制来说,还是分科好。

（初中科学课程的知识不系统→还是分科教学好）

N2Z:觉得,对学生来说,还是分科教学好,知识会更加系统些。

从以上教师的回答实录中,可以看出,很多教师对初中科学课程都有正反两个方面的认识。表 10-2 是对教师对初中科学课程认识情况的归纳。

表 10-2　访谈中教师对初中科学课程的看法

好的方面	不好的方面
✧可以避免理科分科内容之间的重复 ✧有利于提高学生的综合能力 ✧对于培养学生用多种学科知识解释生活中的现象非常有用 ✧能够扩大教师的知识面	✧与高中内容没有衔接好 ✧不利于学生把知识学得更扎实 ✧知识没有系统性 ✧还是分科好

从表 10-2 可以看出,教师对初中科学课程的认识与问卷调查的结果基本吻合。很多教师都认为,初中科学课程有利于培养学生的综合能力、可以避免一些内容的重复。如果再结合前面的分析过程,我们还会发现,从区域、教龄上分析的结果与问卷调查的结果差异也不大,基本上都是农村教师的认识显得消极些,教龄 1 的教师较为积极些。

从访谈实录的分析中,我们还可以看到,教师对初中科学课程的认识对教学产生的影响表现为积极和消极两个方面,具体影响见表 10-3。

表 10-3 教师对初中科学课程的认识对教学产生的影响

积极影响	消极影响
◇节约教学时间	◇非专业知识生疏
◇教学与生活联系得更为密切	◇接受新东西困难
◇东西学多了,就不那么心虚了	◇深度上难以把握
◇会融合教材外的其他科学内容	◇教法比较死板
◇教师之间不用抢时间	◇内容肤浅,多是表面化

三、教师的科学教学观及其影响情况

教师的科学教学观是指教师对科学教学的看法,主要表现为两个方面:一是从教师的角度出发,教师认为科学教学应该教给学生什么;二是从学生角度出发,教学中学生的反应教师是如何处理的。

为此,问卷调查中设计了两个题目,下面分别做一分析。问卷调查表第 34 题是从教师角度出发而设计的题目,所有教师都给予了回答。

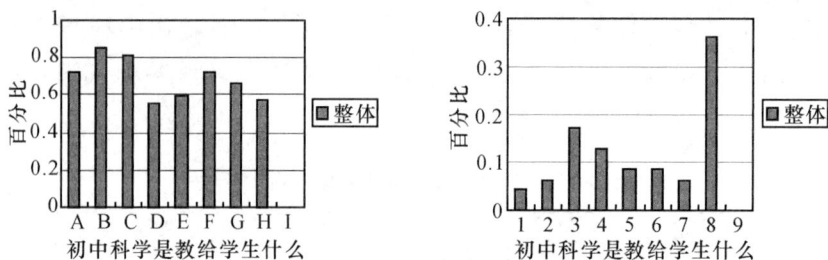

图 10-5 教师对"初中科学是教给学生什么"的看法情况

注:(1)横坐初中科学是教给学生什么 A=科学知识,B=科学方法,C=实践技能,D=对科学、技术与社会关系的理解,E=怎样进行科学探究,F=科学态度,G=科学精神,H=科学价值观,I=其他。(2)I选项,有一位教师补充了内容:知识储备及学科间的相关性。

从图 10-5 中可以看出,大多教师认为以上这些都是科学教学中教给学生的内容。并且从教师的选择项数看,多数教师有八个选项,两种结果完全吻合。显然,这一问卷调查结论与现实的初中科学新课程实施有着很大不符,实际上更多的教师是教给学生科学知识,而其他方面内容涉及很少。因此,我们可以理解这是教师对初中科学教学的理想信念,但这些信念并没有真正地影响教学的真实过程。教师现实中有关科学

教学信念是什么以及它如何影响教学，我们后面可以通过访谈和实地观察的数据进一步分析。

问卷调查表的第 28 题是从学生视角来了解教师关于科学的信念。该题目的设计，主要根据预研究中观察到的教师对学生反应的处理情况，设置了八个选项，让教师选择与其教学吻合的情况。具体回答情况见图 10-6。

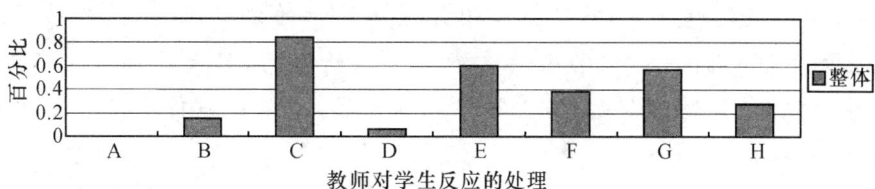

图 10-6　教师对学生反应的处理情况

注：横坐标教师对学生反应的处理 A＝不注重学生的反应，只力求讲清教材内容；B＝重视少数学生的不同意见；C＝能根据学生掌握的情况调节教学计划；D＝师生之间的交流不多或不深入；E＝允许学生讲清自己的看法，学生有较多反馈的机会；F＝能迅速解答学生提出的问题；G＝能主动向学生了解学习的困难与教学的不足；H＝对学生提出的问题有时很难讲清。

对于学生的反应，图 10-6 表明：首先，大多数的教师能根据学生掌握的情况调节教学计划；其次，也有 60％的教师允许学生讲清自己的看法、学生有较多的反馈机会和能主动向学生了解学习的困难与教学的不足；此外，还有接近 40％的教师能迅速解答学生提出的问题。

由此看出，教师教学中对学生的反应还是能积极主动去处理。至于效果上，有些结论如是否有这么多的教师都能迅速解答学生提出的问题，还需要进一步的研究。另外，不容忽视的是，还有超过 20％的教师对学生提出的问题难以讲清楚。总之，教师对学生的反应处理上，方式还是多样的。

以上两个问题从整体上可以发现，不同区域、不同教龄的教师对科学教学的信念上基本没有什么差异，原因在于教师更多的都是从应然的角度回答，并不能反映他们的真实教学情况。因此，在此就不再从区域、教龄视角专门分析。下面转而分析与教师的访谈情况。

（教学应培养学生的能力→前提是已经教会了学生自学的能力）

C1F：其实，课堂上培养学生自学能力还是很重要的，很多时候都是我们老师在呱呱地讲，学生记也来不及，这样子的话其实不太好，有时我们教得很累，学生学得也很累，到后面他的能力也没有得到提升，不利于发展。但是这也有个矛盾，有个什么矛盾呢，你的前提必须是已经教会了学生怎样自学，学生至少要知道怎么看书，怎么去划重点。

（教学要用最通俗简单的语言让学生了解深奥的科学原理→尽可能用比较通俗易懂的语言）

C2T：我的想法呢，就是希望用最通俗简单的语言，让学生能够了解科学的原理。因为初中学生毕竟不是深入研究的，只要能够让它普及，有这个概念，知道这么回事，我觉得就可以了，所以我希望尽可能用比较通俗易懂的。

（教学要对得起学生→生活中不要犯低级性或常识性错误）

J2H：就是感觉，有时候我们教学，作为老师来讲，我们办公室其他老师，讲得最多的就是要对得起学生。对得起学生，我在想啊，作为科学老师来讲，就是（让学生）在以后的人生或者生活中，不要犯一些非常低级的这种错误，常识性错误。

（教学要用比较少的时间得到比较大的收获→尽可能有效教学）

J2W：我就是想花比较少的时间，让学生掌握我想让他们掌握的东西。所以呢，我的教学尽可能提高课堂的有效性。

（教学以书本为中心→把书本上的东西让学生学会）

N2L：很简单了，就是以书为中心，把书本上的东西教会。

（没有想过这个问题）

N2X：没有想过。

（教学主要是让学生掌握很基础的知识→很难的知识，就不用多讲的）

N2Z：一些很基础的知识，学生必须要掌握的。很简单，你以后走向社会用得着啊。比如，温度计，有的学生连体温计都不会读。有些很难的知识，就没必要多花费时间的。

从上述教师的访谈实录中，教师关于科学教学的信念，不同区域的教师之间还是有着不小的差异。城市教师比较重视学生能力和教学语言的通俗化，郊区教师则比较重视科学教学与生活的联系以及有效性问题，而农村教师却是注重让学生掌握基础知识和教学以书本为中心。由此看出,整体上,教师关于科学教学的信念还是表现出了多样化,新旧两种课程理念都有所体现。农村教师多是传统课程理念,教龄 1 教师表现出的则多是新课程理念。

教师关于科学教学的不同信念,对教学确实带来了一定影响。但是,与前面章节对 12 名教师教学过程的分析对照,却可以发现教师所谈到的影响情况,有很多并没有在教学中体现。所以,教师关于科学教学的信念及其对教学的影响都还处在理论层面,并没有在初中科学新课程中实施。当然,从另一个层面看,他们提到了那么多积极影响,比如培养学生能力、有效教学等,这也让我们看到了初中科学新课程实施的较好前景。

第三节 教师的心理及其影响

较长时期内,鲜有人关注课程实施的教师的心理研究。近几年,国内外的一些学者越来越重视对课程实施中的教师的心理研究。作为课程实施影响因素的教师的心理研究,更侧重于常被人忽视的情意因素,主要关注的是教师的情感、动机和态度。教师的情感是教师对周围事物,对自身以及对于自己活动的态度体验,具有动力和信号作用。教师的动机是教师在人们意识支配下,为满足一定的需要或实现一定的愿望,去追求一定的行动目标而产生的动力。教师的动机形成的心理因素主要有兴趣、意图、理想等。教师的态度是教师对课程实施所持有的评价和行为倾向。下面先看下教师对初中科学新课程实施的态度。

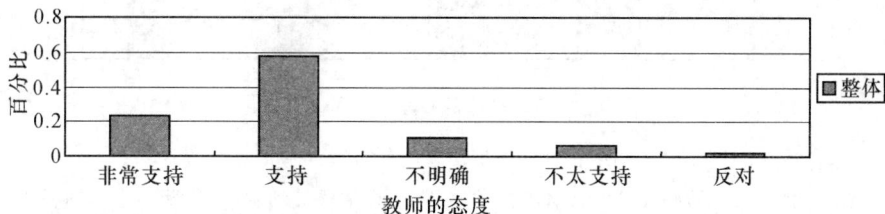

图 10-7 教师对初中科学新课程实施的态度情况

从图 10-7 中可以看出,有 80％的教师是支持或非常支持的,10％的教师的态度不明确,10％的教师是不太支持或反对。因此,基本上可以说,大多教师还是比较支持初中开设科学课程的。但是,也有少量的教师持不太支持甚至反对的态度。对于 20％的态度不明确或不支持或反对的教师,我们需要清楚持此态度的都是哪些教师以及原因是什么。

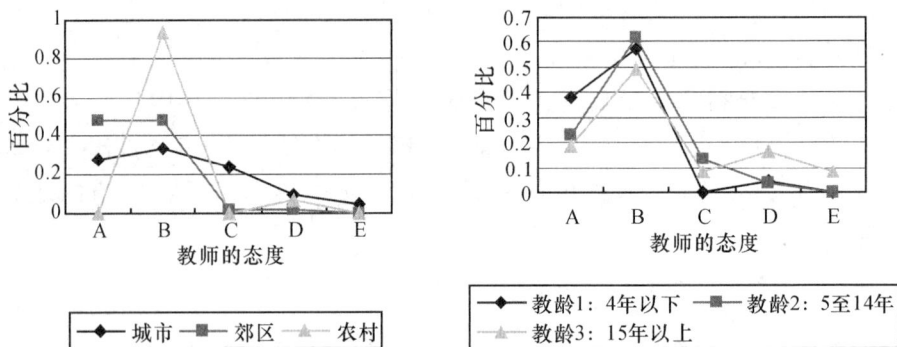

图 10-8　不同区域、不同教龄的教师对初中科学新课程实施的态度

注:横坐标教师的态度 A＝非常支持,B＝支持,C＝不明确,D＝不太支持,E＝反对。

从图 10-8 可以看出,不同区域、不同教龄的教师对初中科学新课程实施的态度差异基本不大。区域上,主要是不明确的态度上,这基本上都是城市教师。教龄上,几乎都是教龄 3 教师明确表达不支持甚至反对的态度。

问卷调查表的第 24 题是从综合的角度了解初中科学新课程实施过程中的教师的心理情况。图 10-9 是该题所反映的教师的心理情况。

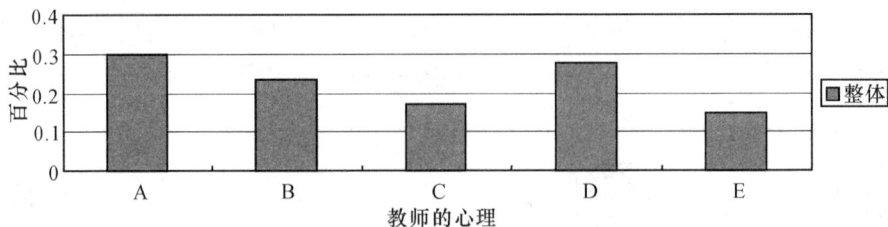

图 10-9　初中科学新课程实施中教师的心理情况(综合)

注:横坐标教师的心理 A＝喜欢做科学教师,并经常感受到乐趣,不断追求如何做得更好;B＝喜欢做教师,有时能感受到乐趣;C＝其他工作使我不能在教学上集中精力钻研;D＝谈不上喜欢,从对学生负责的角度上好每一节课;E＝巨大的中考压力与时间投入,常常使人感到厌倦和反感。

　　图 10-9 是从综合角度反映的初中科学新课程实施中的教师的心理情况。从中可以看出,教师的心理活动是复杂多样的,这与教师作为社会中的人,具有较为复杂的心理活动是完全符合的。整体上看,大多教师(选 A 和 B 合起来超过 50%)还是比较喜欢做科学教师的,并且有不少教师能经常感受到乐趣,不断地追求如何做得更好。

　　但是,也有基本上一半的教师表现出较为消极的心理。其中近 30%的教师明确表示谈不上喜欢,主要是从对学生负责的态度上好每一节课。也有 15%的教师表示因巨大的中考压力与时间投入而经常感到厌倦和反感,或者是因其他工作不能在教学上集中精力。再看不同区域、不同教龄的教师之间有何差异。

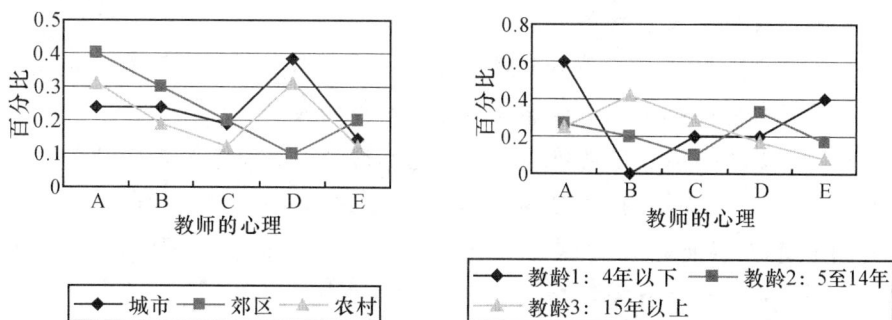

图 10-10　初中科学新课程实施中不同区域、不同教龄的教师的心理情况(综合)

　　注:横坐标选项 A=喜欢做科学教师,并经常感受到乐趣,不断追求如何做得更好;B=喜欢做教师,有时能感受到乐趣;C=其他工作使我不能在教学上集中精力钻研;D=谈不上喜欢,从对学生负责的角度上好每一节课;E=巨大的中考压力与时间投入,常常使人感到厌倦和反感。

　　区域上看,图 10-10 表明,喜欢做科学教师并能从中感受到乐趣的教师,郊区最多,农村其次,而城市最少。但是,因中考压力而感到厌倦和反感的教师,也是郊区稍微多些,城市和农村差不多。对于谈不上喜欢做科学教师只是对学生负责的教师,城市最多,农村其次,而郊区最少。由此看出,城市和郊区的教师之间的差异最大。

　　教龄上看,从图 10-10 中可以看出,教龄 1 的教师最为支持初中科学课程,高达 60%。同时,感到厌倦和反感的教师,也是教龄 1 的教师最多,远高于其他两个教龄的教师。由此看出,教龄 1 的教师在对初中科学新课程实施的心理反应上,他们之间反差较大。对于教师的心理的其他几个方面,差异不是很大。

以上是通过问卷调查的方式所了解的教师的心理情况,下面再对教师的访谈实录作一深入分析:

(刚开始蛮新鲜的→可以对自己的知识层面有所帮助)

C3D:刚开始教的时候还蛮新鲜的,好像不懂的东西,自己要去弄的啊,这样会对自己的知识层面有所帮助的啊。不懂的东西可以去问起来的。

(随众心理→我没理由现实也不允许我不接受)

C2T:当时的话,也是没办法,因为这是大势所趋,所有的学校都是用这个教材,都已经开始合科,也觉得很正常,也就接受了。老教师都在这样干,我们肯定是没话说的。

(没有自信心→非专业知识不懂、不知道怎样给学生讲,工作量也大很多;当初和现在都不愿意合科教学、压力特别大)

C3Y:我觉得自己很没有自信心,觉得这个内容,特别是物理、化学,化学还好。物理那些内容,还有地理的那些内容,简直是一窍不通,就不知道自己怎么样把这些内容给学生讲,所以心里面非常没底啊,很茫然的。然后,也觉得工作量一下重很多。

研究者:那你当时的态度呢?

C3Y:肯定不愿意这样合的,但是因为上面说一定要合,没办法的,只有这样教了。

研究者:现在呢?

C3Y:还是不太愿意,比当初好一点,也能够这样教下来啊。从心情上说,还能够接受哈。但是工作量上说,还是太累了。然后呢,中考又是180分,所以压力也特别大。

(初教很开心→自身可以学到很多东西;现在倾向于分科→非专业知识达不到、容易犯错误、回答不了学生的突发问题)

J2H:我前面也和你提过了,作为我第一轮教,我很开心。主要是因为我自身可以知道很多东西。

研究者:那你当前在心理上又是什么感受呢?

J2H:目前,从专业性所能达到的深度来讲,那肯定是有些东西是达不到的,或者说容易犯错误,或者,也就是刚才提到的,学生有些这种临时性的,或者突发性的新问题出来,我很难回答。再选的话,老实说,可能还是倾向于分科。

（支持到基本接受→非专业知识的处理把握不准）

N1C:刚开始我是支持的,现在我基本上能接受。

研究者:为什么有这个转变?

N1C:总觉得物理和化学啊,难点上处理有问题,就是把握不准啊。有些话你自己能懂啊,讲给他们听就会想,我这句话对不对,有没有科学性啊。意思是知道的,但总感觉我这句话讲出去不够具有科学性。

（基本接受到支持→能提高自己的综合能力）

N2L:刚开始,基本接受吧。现在已经适应了,支持的。

研究者:为何有此改变?

N2L:尤其教初三的时候,感觉很有体会。因为初三时候做的综合题目比较多,当你做到综合题目的时候,比如说一个题目,或者说一个探究,一个知识点,都能够展开很多,就能够把生物、化学、物理,都包括在里面,我觉得这样蛮好的。

从以上教师的回答实录中,我们可以看出教师的心理状况及其对初中科学新课程实施的影响情况:

第一,初教初中科学时,大多教师还是非常支持的,有的教师甚至很开心。最重要的原因就是感觉自身在教学的过程中,也可以学到很多东西。当然,也有部分教师如郊区的 W 老师是随众的心理,教龄 3 的 Y 老师不愿意合科教学。

第二,经过初中科学教学后,不少教师的心理发生了改变,变得不再支持甚至反对。一个重要原因就是教师的非专业知识问题。因教师对非专业知识不懂,教学上往往没有信心,不知道怎样给学生讲,回答不了学生的问题,甚至自己也容易犯科学性错误等。

第三,任教初中科学后,教师的工作量增加很多,这也是导致教师心理改变的一个原因。不过也有教师如农村的 L 老师,她的心理上发生的是从基本接受到支持的改变。她认为,经过初三教学后确实发现能够提高自己的综合能力,还是蛮好的。

第四,以上教师的心理情况,对初中科学新课程的实施产生了积极和消极两个方面的影响。积极方面看,教师的非专业科学知识得到了提高,并从中体会到了任教初中科学的快乐;同时,产生的消极影响也较为显著,比如更愿意采用传统的理科教学。

第四节　学校文化及其影响

学校文化作为社会文化的一个亚系统,其内容十分广泛。据欧用生考证,对于学校文化的研究,是由韦勒开端,经布鲁韦尔、考勒曼和麦克顿等人的发扬和深化,才引起重视。这些美国学者采用结构—功能主义的观点,将学校视为一个社会体系,分析这一体系的结构和功能。他们认为,"学校文化是由学校特有之价值、规范、传统、行为模式等构成的,具有社会控制和社会化的功能,限定教育内容,强烈地影响教师和学生的行动"。[①]

我国也有较多学者对学校文化进行了界定,郑金洲在对几个典型界定批判的基础上,认为界定学校文化至少有三个基点:一是学校文化不仅包括学校全体成员共同遵循的一些观念和行为,而且包括部分成员共同遵循的观念和行为;二是学校文化既可能会给学校预定教育目的达成带来积极意义,也有可能阻碍教育目的达成,这是由学校文化中蕴含的丰富的多样性和差异性所决定的;三是学校文化的核心(即使不是全部的话)是学校各群体所具有的思想观念和行为方式,其中最具决定作用的是思想观念特别是价值观念。由此,学校文化可界定为,学校全体成员或部分成员习得且共同具有的思想观念和行为方式。[②]

从上述学校文化的界定看,学校文化也是一种文化,具有文化的基本属性。因此,学校文化是一个群体性概念,强调学校全体师生员工或部分成员的思想观念和行为方式,个人的思想观念和行为方式是不能归入学校文化的范畴的。由此可以认为,学校文化是学校的办学理念、校本教研、备课、公开课、听课、评课、测验与竞赛等概括、升华的结果。

---

① 欧用生:《课程与教学论——概念、理论与实际》,文景出版社 1987 年版. 转引自:吴中平、徐建华、徐跃飞等:《冲突与融合——学校文化建设新视角》,上海三联书店 2006 年版,第 5—6 页。

② 郑金洲:《教育文化学》,人民教育出版社 2000 年版,第 240 页。

根据笔者的预研究以及对正式研究资料的整理,发现对初中科学新课程实施影响较大的学校文化主要是备课和校本教研活动。因为不管备课,还是校本教研活动,基本上都涉及教师之间的协作以及校长的配合。因此,为研究分析的方便,在此将一般影响因素中教师的人际关系以及校长因素顺便进行考察,后面不再专门分析。另外,因文化是一个地域性很强的概念,下面分析时只考察整体和区域的学校文化情况。

问卷调查表的第 24 题是对学校的校本教研活动的考察,在预研究的基础上设置了 7 个选项,让教师选出与其学校情况吻合的选项。回答情况如下。

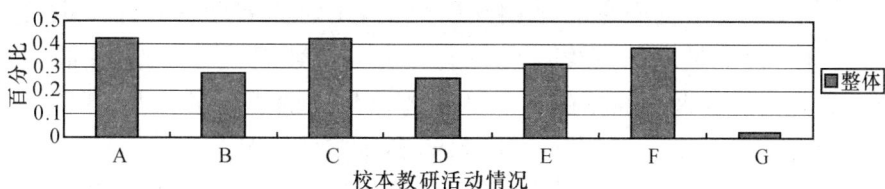

图 10-11　教师所在学校的校本教研活动情况

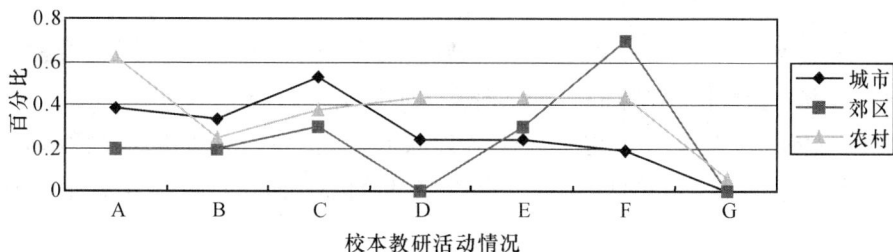

图 10-12　不同区域教师所在学校的校本教研活动情况

注:横坐标校本教研活动情况 A=经常开展教研活动,活动有成效;B=学科在全校各学科中领先;C=能按照学校的要求开展教研活动,但成效不大;D=教研组有明确的定位与奋斗目标;E=教研组能承担学校科技活动的组织、策划工作;F=教研组内教师团结一致,校内最和谐;G=教研组内有几个教师并不认同教研组奋斗目标或不积极参与教研组活动。

从图 10-11 和图 10-12 中可以看出,初中科学新课程实施中不同学校表现出丰富多样的教研文化。具体地看,主要有如下特点:

第一,基本上很多学校都能做到经常或按学校要求开展教研活动,但认为学校教研活动有成效和成效不大的教师基本上各占 40%。从中还可以看出,感觉有效的教师,大多都是主动、经常性地开展校本教研活动。相比较而言,农村教师更经常开展教研活动,感觉最有成效。

第二,不少教师(近 40%)认为初中科学教研组内教师团结一致,是校内最为和谐的教研组。针对这一特点,我们应是不容怀疑的,因为初中科学教师都需要补充很多非专业知识,大家在互相依靠中才能取得较快的进步。从图 10-12 中看出,最为和谐的是郊区教师,而相对最不和谐的则是城市教师。

第三,有三成左右的教师认为初中科学教研组是在学校各学科中领先,有着明确的定位和奋斗目标,能够承担学校科技活动的组织、策划工作。其实,这三个方面之间是相互影响的,比如如果没有明确的定位和奋斗目标,就很难取得领先地位。这三个方面数据的吻合,也让我们更相信我们的问卷调查数据的可靠性还是比较高的。区域上看,郊区教师几乎没人认为有明确定位和奋斗目标,其他差异不大。

第四,也有少量的教师认为初中科学教研组内有几个教师并不认同教研组奋斗目标或不积极参与教研组活动。从图 10-12 中看出,这部分教师主要是农村教师。

问卷调查表中第 6 题和第 7 题则是分别从备课形式、备课内容两个方面了解初中科学教师的备课文化,下面分别进行分析。

问卷调查表中第 6 题针对教师备课形式,提供了六个选项供教师选择,没有不怎么备课的教师。教师采用的备课形式见图 10-13 和图 10-14。

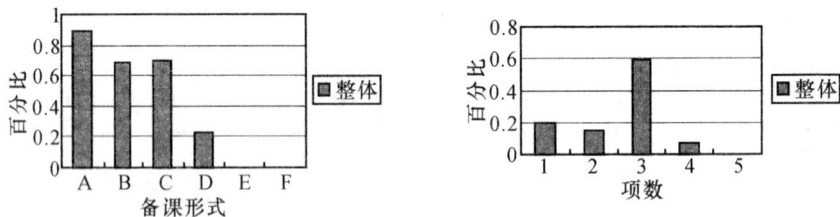

图 10-13　初中科学新课程实施中教师采用备课形式的情况

注:横坐标备课形式 A=集体合作;B=参考教参;C 借助 Internet 网;D=参照他人教案;E=什么也不参考;F=不怎么备课。

从整体上看,图 10-13 表明,初中科学新课程实施中教师的备课形式还是比较灵活多样的。具体地看,主要采用的备课形式是集体备课、借助于网络以及参考教参,也有少量教师是参照他人教案。从教师的选择项数看,很多教师都不是采用一种而是三种形式备课。

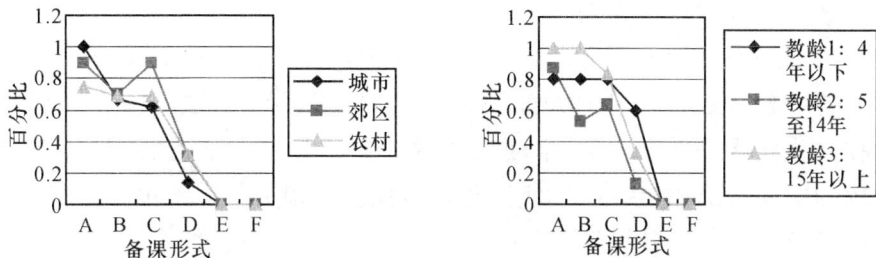

图 10-14　初中科学新课程实施中不同区域、不同教龄的教师采用备课形式的情况

注:横坐标备课形式 A＝集体合作;B＝参考教参;C 借助 Internet 网;D＝参照他人教案;E＝什么也不参考;F＝不怎么备课。

从区域上看,教师之间的差异不是很大。只是在集体备课形式上,农村教师相对少一些,城市教师用得最多;在借助于网络上,郊区教师用得最多,而城市和农村教师相差不大。

从教龄上看,教师之间存有一定差异,主要表现在参考教参和参照他人教案上。从图 10-14 可以看出,参考教参的教师,教龄 3 最多,教龄 2 的最少;而参照他人教案的教师,教龄 1 的教师最多,仍是教龄 2 最少。

问卷调查表第 7 题针对教师备课的内容,提供了八个选项供教师选择,同时也设一个选项供教师补充备课内容。图 10-15 反映了教师的备课内容情况。

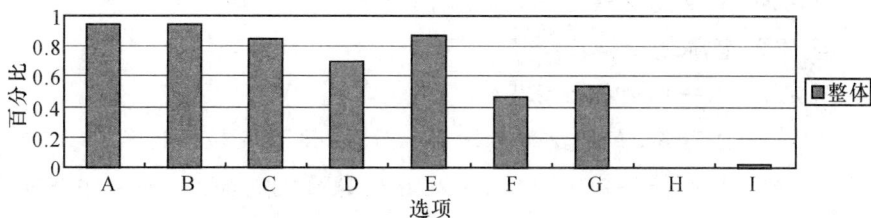

图 10-15　初中科学新课程实施中教师备课时考虑内容情况

注:横坐标选项 A＝教学目的;B＝教学方法;C＝学生已有知识;D＝情感渗透;E＝习题选择与设计;F＝板书设计;G＝时间安排;H＝不怎么考虑;I＝其他。

从图 10-15 中可以发现,教师备课考虑的内容还是比较多的,最多的几项内容是教学目的、教学方法、学生已有的知识、习题选择与设计。所以,整体看,备课的内容基本上突出的还是知识目标为主。另外,本问题的几个选项教师的回答基本比较均衡,这就表明不同区域、不同教龄的教师之间应该没有多大差异。

以上是通过问卷调查考察了学校的校本教研和备课文化,从中也发现了初中教师之间和谐的人际关系。我们再从访谈数据中进一步分析学校文化尤其是备课文化,下面三位教师的回答基本上代表了他们各自学校的备课情况,在一定程度上也分别代表了城市、郊区和农村三类地区的学校。

与 C3D 老师的交谈:

研究者:你通常用什么形式或方法备课呢?

C3D:我们采用的是集体备课。这个星期上什么内容,大家一起来备。但有时候,就是说,第一轮的时候几乎是每天坐在一起备,比如说,物理内容,物理的备好再给我们讲。一般是我们自己先看,然后再备,不懂的再问。还有,我作为化学的,备课的时候,我先给他们上一遍,重点难点给他说下,哪些地方应该讲到位。

研究者:那你备课时具体都考虑哪些内容呢?

C3D:主要就是这节课的难点。然后呢,有一些重要的地方,因为初三带过了嘛,考纲上着重点在哪里是知道的,就是每个考试的要点要讲到的。但是有些难点怎么讲,讲的形式,要考虑一下学生怎么能接受,以往学生出现的一些问题,可能在这一轮教学中也会碰到,怎么帮他们解决这个问题,主要是这些方面,然后再设计些针对性的练习。

与 J2W 老师的交谈:

研究者:你一般怎样备课?

J2W:先自己备,有问题的时候互相讨论,谁都不知道的话,我们就上网去查,要么打电话给别人,特别是生物的题目,张老师会问她当医生的同学的。

研究者:那你备课都考虑哪些内容呢?

J2W:我们首先要考虑的就是,我们这批学生的知识情况,他的知识起点是什么样子的。还有呢,我们要讲的这个知识点能不能深入下去,还是要浅显一点,然后讲到什么程度,就像我们现在这批学生的话,掌握起来,接受能力比较弱嘛,所以我们讲的点就相对来说,比较简单一点,再过段时间把难度加深下去,就这样子。

与 N1C 老师的交谈:

研究者:你如何备课?

N1C:一般是,学校一开始,都会帮我们定几本参考书,确定这门课有哪些知识点需要落实的,这些东西自己再处理一下,灵活运用一下。

研究者:这些工作是你独自完成的吗?

N1C:独自进行,也可以到网上看一看。

研究者:那你备课时都考虑哪些内容呢?

N1C:一个是目标,首先要把目标确定出来,再有重点和难点。怎么把重点和难点讲好,让他们更懂,这个是主要的。

从与以上三位教师的交谈中,我们可以发现教师的备课情况:

第一,城市和郊区教师备课的形式主要还是集体备课、借助网络、参考教参等形式,有时也会询问校外的专业人士。而农村教师更多是独自备课和借助网络。整体上看,就备课形式而言,访谈结论与问卷调查结论基本吻合。但从访谈中了解的备课形式更为具体些。比如集体备课,一般来说,每位初中科学教师在备课组都充当着三种角色,即同事、教师和学生。作为同事关系,毋庸多说。但同事之间经常性地变为师生关系,这是新课程实施中的"特色",也是初中科学教研组被号称最和谐教研组的关键因素。因为由于教学需要,每位初中科学教师既要听专业教师给自己讲解非专业知识,同时,自己还要将自己的专业知识讲给别的非专业教师。试想初中科学教师之间在相互需要且相互付出中进行备课,这样的教研组能不和谐吗?难怪有教师说,感觉对自己的教学最为有效的还是自己学校的集体备课和学校教研活动。

第二,从教师备课的内容看,他们考虑最多的就是科学知识的重点和难点,其次是学生的情况,有时也会考虑到教学方法。另外,设计有针对性的练习也是必不可少的。与问卷调查结果相比,基本上差别不大。因此,从中看出,初中科学新课程实施中教师的备课内容还是以传统教学的内容为主,离新课程理念的要求相距还较远。

第五节　科学教材及其影响

对师生来说,核心的学习材料就是教材,或者说教科书(课本)。但从较广泛的意义上说,教材也包括教学参考书以及其他学习材料。但由于对教师实施初中科学新课程影响最大的是教科书,而其他材料的影响较弱,所以,本研究采用分开阐释的方式,这里的科学教材是指狭义上的科学教科书。

教科书对于课程实施尤其是教师教学的影响已经受到了研究者越来越多的关注。尽管人们对教科书所产生影响的程度有着不同看法,但Robitaille 和 Travers 认为教师在他们的日常教学中很大程度地依赖于教科书,依据他们所使用的教科书而决定教什么、怎么教以及给学生布置哪些习题。[①] 那么,科学教材对初中科学新课程实施又有何影响呢?我们先通过问卷调查数据看教师对现行科学教材的评价。

问卷调查表中第 8 题是用来了解教师对科学教材的总体评价,共分为五个程度。图 10-16 是教师对科学教材的评价情况,图 10-17 是不同区域、不同教龄教师的评价情况。

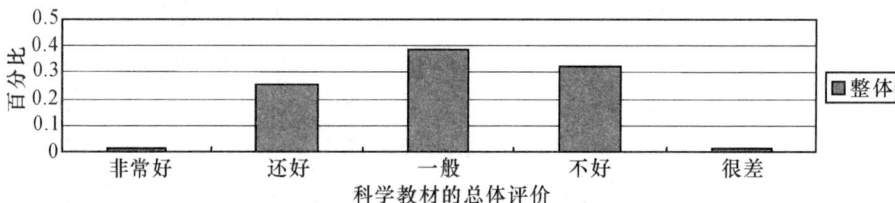

图 10-16　教师对科学教材的评价情况

从图 10-16 中可以看出,大多教师认为现行的科学教材一般,感觉不好的教师也超过了三成,甚至有教师评价为很差。而认为还好和非常好的教师合起来不到 30%。因此,从教师对科学教材的总体评价看,现行

① Robitaille D F & Travers K J. (1992). International Studies of Achievement in Mathematics. In Grouws D A (ed.). Handbook of Research on Mathematics Teaching and Learning. New York: Macmillan Publishing Company. pp. 687-709.

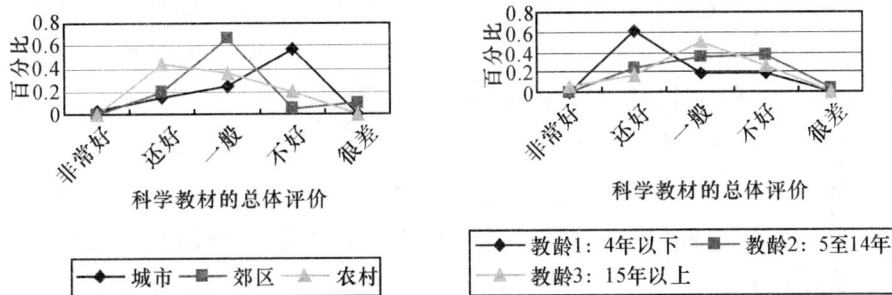

图 10-17 不同区域、教龄的教师对科学教材的评价情况

科学教材应该存在一定问题,而这些问题在很大程度上影响到了初中科学新课程的实施。具体原因,我们在访谈资料分析时再做阐释。

如果从图 10-17 看,我们会发现:在区域上,农村教师认为科学教材还好的要远多于城市和郊区的教师。而认为不好的教师是城市教师最多,高达 60%,农村和郊区的教师却不到 20%。从教龄上看,认为科学教材还好的教师最多的是教龄 1 的教师。

问卷调查表中第 9 题是对科学教材的几个常用模块的评价,也是共分为五个程度。图 10-18 是教师对各模块的评价情况。

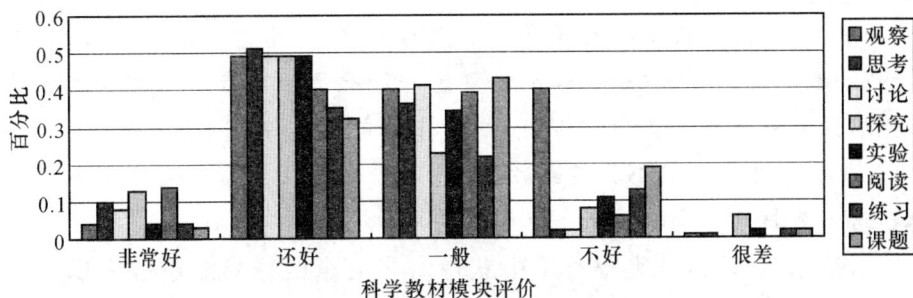

图 10-18 教师对初中科学教材各模块的评价情况

注:图例中的课题是指研究性课题。

从图 10-18 中可以看出,总体上看,教师对科学教材中各模块的评价是还好和一般,但也有个别模块如观察、研究性课题、练习、实验被超过 10% 的教师认为不好,被教师评价为很差的模块主要是探究。同时,被较多教师评价为非常好的模块也有探究,除此之外还有阅读、思考、讨论等模块。

通过以上问卷调查数据的分析,基本上可以了解到教师对科学教材及其模块的总体评价。但是,我们并不清楚教师做此评价的原因是什么,也不知道科学教材具体是如何影响初中科学新课程实施的。由此,还有必要通过访谈做进一步研究。

通过对12名教师的录音资料的整理,下面几位教师对初中科学教材的评价很有代表性,基本上能代表其他教师的看法。我们看这几位教师是怎么说的:

(编排上不太符合学生认知规律、难点较为集中→教学非常困难,补充大量的练习,远超过计划的课时;有些模块如思考、探究等还可以,让学生有一个自我思考的过程,可以动手做一做)

C3Y:这个编排上面不太符合学生的认知规律的。比方说,第一章我们考下来,学生叫也叫死了。刚刚初二哈,初一时候应该说,哦,最后那个月相啊,月食、日食啊,还有物理部分的光学,他们都会感觉难,特别是光学,很抽象。到初二够厉害了,第一章一开始他们就蒙了,学生就听不懂,以水作为主题的密度啦、压强啦、浮力啦等都混在一章了,而且都是连在一起的。一下子要接受这些内容。所以,我们教学就很困难,一下子要补充好多题目,占用可是远远超过所要求的课时。

有些模块啊,我觉得也还可以。因为它这个,感觉好像就是,跟原来传统的教材就是不太一样哈,比较多的好像就是学生有一个自我思考的过程,他有一个自己去动脑筋啊,或者有些它还有一个探究,如果说这些实验材料学生家里能够找得到,他就可以动手做一做。如果从这个角度说,这个教材比原来教材还是有进步的。

(信息量有限,学生很难从中获得太多的东西→只能通过大量练习让学生练,并且需要板书很详细;模块设计还可以,但有些讨论太简单→跳过去就不用讨论了)

J3Z:学生能从中获得的东西不太多,感觉它要求学生获得多大的信息量,但提供的是不够的。对我们农村中学来讲,要他自己去创造条件去获得这些信息很难的。所以,我们只能通过大量的上课练习了,这样其实很不素质教育。所以啊,我现在就发现,以前新教材用课件什么的,一方面形式啊,另外一方面吸引力方面啊,都比较能够体现新颖啊、灵活啊什么的,但是由于现在越来越不素质教育了,觉得那些东西,他们其实记是记不住的,像放电影一样过去了,所以又需要我板书要写得详细了,他们也记得详细,只有这样才能掌握得比以前好一点。

J3Z:这样的模块设计是没有问题的,我觉得还是蛮不错的。但是我觉得,像有的讨论,有的探究是很弱智的啊。太简单了,还让他们讨论一下。其实,他们老早就知道的。在实际的教学中,跳过去就行了啊。

(在培养学生的学习方法、能力上有很大突破,但知识上面与中考脱节→上课时候比较难,既要体现书本精神,还要抓牢知识点,确实很难的)

N2X:这个教科书在培养学生的方法、能力上,应该说比以前有一个很大的突破,但是对于知识点上面呢,它要求的不是很高,不是很深,但现在的问题是,考试的试题要难得多了,学生学习方法反而体现不出来的,所以我们上这个课有时候比较难,既要体现这本书的精神,把学生的精神、方法提升上去,又要抓牢知识点,确实很难的。

从以上教师对科学教材评价中,我们可以发现教师在肯定其优点的同时,也指出其中存在的问题。具体来说,主要体现在如下几点:

第一,现行的科学教材在模块设计上值得肯定。例如思考、讨论、探究等模块,教师都认为它能够让学生有一个自我思考的过程,也可以很好地培养学生的动手能力,这都为教学带来了积极的影响,与第四章分析的教师实施初中科学新课程的很多特征也较为吻合。但是,也有教师指出,有些模块如讨论的内容过于简单,于是在教学中没有用就跳过去了。因此,我们认为,模块设计得到认可,但内容不能流于形式。否则,很难真正得到实施。

第二,现行科学教材存在的问题,归纳起来,主要是三大方面:(1)编排不太符合学生认知规律,这是一个最为集中的问题。特别是8年级第三册内容编排,难点过于集中,原来初中物理、化学、生物的很多内容都集中于这一册,尤其是第一章内容。(2)教材内容与中考脱节。当然,这也不能完全归为科学教材的问题,但科学教材在知识的呈现上确实是信息量不大,很多内容都是需要教师和学生思考后补充,这就引出第三个问题。(3)学生很难自学教材内容。由于这三方面的问题,结果导致教师教学上很难,为了应付中考,不得不补充大量练习和其他内容。

第六节　科学教育评价及其影响

大家基本上已有一种共识,评价问题是当前新课程改革的一个"瓶颈"。那么,科学教育评价作为初中科学新课程实施的一个重要影响因素,其理由毋庸过多阐述。下面我们直接来看教师实施初中科学新课程具体收到评价带来的什么影响。

C3D:阅读的话,也要讲的,因为好像有次教研活动说,凡是书本上的都是中考的内容,这肯定要说的啊。

C1F:上课时候,有时间就讲,没时间就让他们自己看了,毕竟这块(阅读)内容,考试涉及得不多,它是作为知识的拓展,进一步理解的。

C2T:因为初三带过了嘛,考纲上着重点在哪里,然后呢就是每个考试的要点要讲到的,但是有些难点怎么讲,讲的形式,要考虑一下学生怎么能接受,以往学生出现的一些问题,可能在这一轮教学中也会碰到,怎么帮他们解决这个问题。

J2H:探究呀,第一轮可能作为老师来讲,因为把握不了中考的方向,开始因为都没有具体的要求嘛,或者啊,中考方案都没出来,所以呢,大家可能还是比较重视的。实际上,我自己来讲,我也希望。作为学生来讲,有更多的动手操作的机会。但是往往你越是这样去弄,最后学生考的成绩不很理想,所以其他学校我们后来也去问过的,都是越来越淡化。

J2W:按照教材,教参啊,还有其他该补充进去的东西要补充进去,教材上的内容其实不多,真正要考试的东西全都要补充进去的。教材上,比如说凸透镜成像,就这么一面,一张画,我要补充进去很多东西,它什么都没有啊,所以这套书根本不适合学生自学。

J3Z:应该教给学生什么,我也没有怎么想过,反正就是围绕考试,不围绕考试就待不下去了。真的,其他的东西也没时间想的。

N2X:对学生来说,合科肯定是有好处的,而且好处很大,对他们的能力啊,以后的成长啊,应该是很不错的,但是以我们中国的教育制度,考试体制来说,还是分科好。

从以上教师的回答实录中,我们可以看出,初中科学新课程实施全

方位地受中考的影响,并且程度很深。具体来说,科学教育评价(主要是中考)对教师教学的影响表现为如下几个方面:

第一,凡是中考要考的内容,肯定是要讲的。例如,针对阅读内容,同一学校的两位教师对此认识有所不同。C1F 老师认为阅读内容,中考基本不考,于是教学中没有时间就不说了,让学生自己看看就过去了。而 C3D 老师则认为阅读考,她认为书本上的都是要考的,所以她说都要讲的。不过,不管他们对中考理解有什么不同,但都表明一种意思,凡是中考要考的内容,教学中肯定是要讲的。反过来,中考不作要求的内容,教学中很少涉及。

第二,在中考的影响下,初中科学新课程要求的东西难以真正实施。比如,科学探究,是这次初中科学新课程重点突出的理念、目标和内容,它得到落实了吗? J2H 老师的回答给出了答案,中考不明晰要考什么的时候,大家都还比较重视,师生都能从中感受到科学探究对自己带来的积极作用。可中考大纲出来以后,你越是搞科学探究成绩可能就越不理想,于是大家就越来越淡了。联系到第四章内容,即使所搞的一些科学探究,也都是形式上的、"表演式"的。

第三,以现行中考体制,还是分科更利于教学。这一中考带来的影响,在教师对初中科学课程的信念中已有分析,在此不再阐述。

第七节　小　结

本章主要分析影响初中科学新课程实施的几个强影响因素,关注重点并不是各个因素自身的问题,而是了解这些因素怎样影响教师实施初中科学新课程的,以及它们是促进还是阻碍教师对初中科学新课程的实施,还有它们促进或者阻碍的原因是什么等。

(一)教师的知识及其影响

教师的知识主要包括学科内容知识、学科教学知识和实践性知识。通过对访谈资料的整理与分析,发现对初中科学新课程实施影响较大的教师的知识主要是教师的科学知识。因教师的教学知识和实践性知识与教师的科学知识有着紧密联系,所以对初中科学新课程实施的影响程度也是很大的。

教师的知识尤其是科学知识对初中科学新课程实施主要表现为消极影响,但也对少量的教师产生了积极影响。消极影响主要表现在教学内容、教学策略和教师心理等方面。在教学内容上,教师往往是照搬科学教材设计教学,不敢或没能力拓展科学教材外的其他内容,接受相关的新信息和新知识相当困难,难以对网上或其他材料中的争议科学问题做出评价,难以把握教学内容的深度和广度,建立不了学科间的结构,对学生的出错不知道或不敏感,以及下次教学仍旧不熟悉等。在教学策略上,教师有时不知道怎样教给学生,从而就照本宣科,导致课堂显得干巴巴。另外,也不敢或不能对题目灵活多变,很难进行举一反三的教学。在教师心理上,很多教师没有信心回答学生问题,也不自信讲出的科学知识就是正确的,还有因备课耗时太多感到身心疲惫等。

教师的知识对初中科学新课程实施产生的积极影响主要表现为:首先,教师比较有底气,对学生的意外问题多是表现出自信。其次,拓展空间较大,对题目可以进行灵活变化,能够进行举一反三式的教学。还有一点,作为科学教学,这也很关键,就是对学生的出错较为敏感。此外,教师最不适应的非专业科学知识主要是生物、天文和地理,尤其生物内容。

从区域、教龄上看,教师的知识影响初中科学新课程实施的情况相差不是很大,只是个别结果略有差异。区域上,城市教师认为非专业科学知识对自己的消极影响更多些,郊区和农村教师差不多,农村教师略微少些。教龄上,教龄1的教师认为非专业科学知识对自己的消极影响更少。

(二)教师的信念及其影响

教师的信念是一个十分复杂的问题。一般而言,教师的信念是教师对与教学有关的一些方面的看法或归因,这些方面常是学生、学科、课程、教学、教师、效能感等。与教师的访谈中发现,教师的信念有时很难让教师直接说出来。因此,在分析教师的信念对初中科学新课程实施的影响时,必须要借助多种分析方法如问卷调查、实地观察、访谈等,全方位地捕捉教师有关其信念对教学影响的信息。本研究主要分析教师关于科学、科学课程、科学教学的信念对初中科学新课程实施的影响。

教师的科学本质观就是教师关于科学的信念，或者说是对"科学是什么"问题的认识。研究中发现，很多教师认为科学本质上就是知识，因此在实施中非常重视科学知识的教学。但是，反过来看，教师重视科学知识教学，并不完全就因为他们认为科学就是知识，可能很大程度上还是别的因素。其实，教师的科学本质观对其教学影响较大是较多教师认为的科学是一种生存方式。因此，教师在教学中大多比较重视科学与生活的联系。但是，教师在教学中对于科学与生活的联系还停留在浅层次。

初中科学课程是由传统的理科分科物理、化学、生物、自然地理等课程整合而成。关于教师对初中科学新课程的认识，综合问卷调查和访谈数据的分析，很多教师认为，初中科学新课程有利于培养学生的综合能力，可以避免一些内容的重复。从不同区域、不同教龄的教师看，农村教师的认识较为消极些，教龄 1 的教师较为积极些。

教师对初中科学课程的认识对教学产生的影响表现为积极和消极两个方面。积极方面：节约教学时间、教学与生活的联系更为密切、会融合科学教材外的其他科学内容、教师之间不用抢时间等。消极方面：非专业知识生疏、接受新东西困难、深度上难以把握，教学方法比较死板、教学内容肤浅等。

教师的科学教学观是指教师对科学教学的看法，主要表现为两个方面：一是从教师的角度出发，教师认为科学教学应该教给学生什么；二是从学生角度出发，教学中学生的反应教师是如何处理的。问卷调查结论表明，教师认为科学知识、科学方法、实验技能等很多东西都应教给学生，这与现实的初中科学新课程实施有着很大不符，实际上更多的教师是教给学生科学知识，而其他方面内容涉及很少。

对于学生的反应，大多数的教师能根据学生掌握的情况调节教学计划，也有不少教师允许学生讲清自己的看法、学生有较多的反馈机会和能主动向学生了解学习的困难与教学的不足。此外，还有接近 40% 的教师能迅速解答学生提出的问题。由此看出，教师教学中对学生的反应还是能积极主动去处理的。不容忽视的是，有超过 20% 的教师对学生提出的问题难以讲清楚。

教师关于科学教学的信念,不同区域的教师之间还是有着不小的差异。城市教师比较重视学生能力和教学语言的通俗化,郊区教师则比较重视科学教学与生活的联系以及有效性问题,而农村教师却是注重让学生掌握基础知识和教学以书本为中心。整体上,教师关于科学教学的信念还是表现出了多样化,新旧两种课程理念都有所体现。农村教师多是传统课程理念,教龄1教师表现出的则多是新课程理念。

(三)教师的心理及其影响

关于课程实施中的教师的心理研究,较长时间内鲜有人关注。近几年,国内外的一些学者越来越重视对课程实施中的教师的心理研究,较为侧重于常被人忽视的情意因素,即教师的情感、动机和态度。从态度上看,大多教师比较支持初中开设科学课程,有少量的教师不太支持甚至反对,也有部分教师的心理发生从支持到不支持或从不支持到支持的改变。

综合地看,过半数量教师比较喜欢做科学教师,能经常感受到乐趣,不断地追求如何做得更好。但也有近一半的教师表现出较为消极的心理。其中三成教师明确表示谈不上喜欢,主要是从对学生负责的态度上好每一节课。近两成教师表示因巨大的中考压力与时间投入而经常感到厌倦和反感,或者是因其他工作不能在教学上集中精力。

造成以上教师的心理状况的原因:消极方面主要是由教师的非专业知识问题造成。因教师对非专业知识不懂,教学上往往没有信心,不知道怎样给学生讲,回答不了学生的问题,甚至自己也容易犯科学性错误等。另外,任教初中科学后,教师的工作量增加很多,这也是导致教师心理改变的一个原因。积极方面的最重要的原因是教师感觉在教学的过程中,自身也可以学到很多东西,并能够提高自己的综合能力。

相应地,以上教师的心理情况对初中科学新课程的实施,主要产生了积极和消极两个方面的影响。积极方面看,教师的非专业科学知识得到了提高,并从中体会到了任教初中科学的快乐。同时,产生的消极影响也较为显著,比如更愿意采用传统的理科教学。

区域上看,城市和郊区教师的心理状况差异较为显著。喜欢做科学教师并能从中感受到乐趣的教师,郊区最多,农村其次,而城市最少。因中考压力而感到厌倦和反感的教师,也是郊区稍微多些,城市和农村差不多。谈不上喜欢、做科学教师只是对学生负责的教师,城市最多,农村其次,而郊区最少。教龄上看,教龄1教师之间在对初中科学新课程实施的心理反应上反差较大。最为支持初中科学课程的是教龄1教师,但感到厌倦和反感的也是教龄1教师最多。

(四)学校文化及其影响

学校文化是一个群体性概念,强调学校全体师生员工或部分成员的思想观念和行为方式,个人的思想观念和行为方式是不能归入学校文化范畴的。由此,学校文化是学校的办学理念、校本教研、备课、公开课、听课、评课、测验与竞赛等概括、升华的结果。研究中发现,对初中科学新课程实施影响较大的学校文化主要是备课和校本教研活动。

初中科学新课程实施中不同学校表现出丰富多样的教研文化。具体地看,主要有如下特点:一是很多学校都能做到经常或按学校要求开展教研活动。感觉有效的教师,大多都是主动、经常性地开展校本教研活动。农村教师更经常开展教研活动,感觉最有成效。二是近四成教师认为初中科学教研组内教师团结一致,是校内最为和谐的教研组。最为和谐的是郊区教师,相对最不和谐的则是城市教师。三是三成左右教师认为初中科学教研组是在学校各学科中领先,有着明确的定位和奋斗目标,能够承担学校科技活动的组织、策划工作。当然,也有少量的教师认为初中科学教研组内有几个教师并不认同教研组奋斗目标或不积极参与教研组活动。

初中科学新课程实施中教师的备课形式还是比较灵活多样的。主要采用的备课形式是集体备课、借助于网络以及参考教参,也有少量教师是参照他人教案。从区域上看,教师之间的差异不是很大。只是在集体备课形式上,农村教师相对少一些,城市教师用得最多;在借助于网络上,郊区教师用得最多,而城市和农村教师相差不大。从教龄上看,教师之间存有一定差异,主要表现在参考教参和参照他人教案上。参考教参的教师,教龄3最多,教龄2的最少;而参照他人教案的教师,教龄1的教师最多,仍是教龄2最少。

　　教师备课考虑的内容还是比较多的,最多的几项内容是教学目的、教学方法、学生已有的知识、习题选择与设计。整体看,备课的内容基本上突出的还是知识目标为主,其次是学生的情况,有时也会考虑到教学方法。另外,设计有针对性的练习也是必不可少的。因此,初中科学新课程实施中教师的备课内容还是以传统教学的内容为主,离新课程理念的要求相距还较远。

　　(五)科学教材及其影响

　　科学教材(指科学教科书)是师生的核心学习材料。大多教师认为科学教材一般,也有超过三成教师认为不好甚至很差,而认为还好和非常好的教师合起来不足三成。从教师对科学教材的总体评价看,现行科学教学应该存在一定问题,而这些问题在很大程度上影响到了初中科学新课程的实施。从区域上看,农村教师认为科学教材还好的要远多于城市和郊区的教师。从教龄上看,认为科学教材还好的教师最多的是教龄1教师。

　　针对科学教材内的各模块内容,大多教师的评价是还好和一般,但也有超过10％的教师认为个别模块如观察、研究性课题、练习、实验等不好,尤其认为探究模块很差。值得注意的是,被较多教师评价为非常好的模块也有探究。因此,这也进一步反映了初中科学教师在探究认识上的差异。

　　教师在肯定科学教材优点的同时,也指出了其中存在的问题。现行的科学教材在模块设计上值得肯定。例如思考、讨论、探究等模块,教师都认为它能够让学生有一个自我思考的过程,也可以很好地培养学生的动手能力,这都为教学带来了积极的影响,与第四章分析的教师实施初中科学新课程的很多特征也较为吻合。但也有教师指出,有些模块如讨论的内容过于简单,于是在教学中没有用就跳过去了。因此,模块设计得到认可,但内容不能流于形式。否则,也难真正得到实施。

　　科学教材存在的问题,归纳起来有三大方面:一是编排不太符合学生认知规律,这是一个最为集中的问题。特别是8年级第三册内容编排,难点过于集中,原来初中物理、化学、生物的很多内容都集中于这一册,尤其是第一章内容。二是教材内容与中考脱节。当然,这也不能完全归为科学教材的问题,但科学教材在知识的呈现上确实是信息量不大,很多内容都是需要教师和学生思考后补充。三是学生很难自学教材内容。由于这三方面的问题,结果导致教师教学上很难展开,为了应付中考,不得不补充大量练习和其他内容。

（六）科学教育评价及其影响

评价问题是当前新课程改革的一个"瓶颈",科学教育评价对初中科学新课程改革也是如此。研究中表明,初中科学新课程实施全方位地受科学教育评价尤其是中考的影响,并且程度很深。具体来说,主要表现为如下几个方面:第一,凡是中考要考的内容,教师肯定是要讲的。反过来,中考不作要求的内容,教学中很少涉及。第二,在中考的影响下,初中科学新课程要求的东西难以真正被实施。第三,以现行中考体制,还是分科更利于教学。

第十一章 初中科学新课程实施的
其他影响因素

初中科学新课程实施是一个复杂的系统过程,任何一个因素被忽视都会影响到这个系统。因此,作为一般影响因素(包括弱影响因素)都应被进行分析,都应在初中科学新课程实施过程中予以关照。只有关照到影响课程实施的每一个因素,才有可能顺利推进初中科学新课程的有效实施。

第一节 科学课程资源及其影响

课程实施需要一定资源,课程资源影响着课程实施。课程资源主要包括学校课程资源和社会课程资源。从第9章的分析中知道,社会课程资源对初中科学新课程实施影响较弱,这里将它与学校课程资源合在一起分析,统称为课程资源。

课程资源主要有三种形式,即实物资源、信息资源和交流渠道。实物资源主要表现为学校的一些硬件资源,如实验室、实验仪器、教学设备、网络设施、标本、模型、挂图等。信息资源更多是学校的一些软件资源,如教科书、辅导资料、学校图书、校园网络资源等。交流渠道就是学校的一种隐性课程资源,如教师接受培训的机会。

以上关于课程资源理论的简单阐述,为分析课程资源对初中科学新课程实施影响奠定了理论基础。分析过程中,笔者先通过问卷调查了解教师各自学校课程资源对其教学的影响,对应的具体题目是第 30 题。

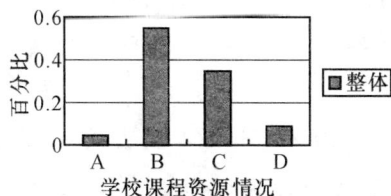

图 11-1　初中科学新课程实施
中学校课程资源情况

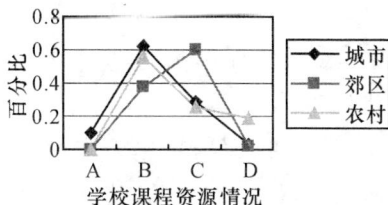

图 11-2　初中科学新课程实施中
不同区域学校课程资源情况

　　注:横坐标学校课程资源情况 A＝非常完备;B＝基本完备;C＝不足,还能应付教学;
D＝缺乏。

　　从图 11-1 可以看出,大多数教师认为自己学校的课程资源是基本完备,也有不少教师认为虽然不足,但还能应付教学。只有少量教师认为比较缺乏,由图 11-2 可以知道,这部分教师主要是农村教师。由此看出,课程资源对初中科学新课程实施的影响并不是很强,与前面实施强度的分析是完全吻合的。

　　当然,由于问卷调查表中不方便对课程资源进一步细分进行了解,所以较为笼统。后来访谈中了解,很多教师都是把课程资源仅仅理解为实验设备,而很少考虑到信息资源尤其是交流渠道这一隐性课程资源。对此,笔者又通过访谈做了进一步研究。访谈主要从实物资源、信息资源和交流渠道等三个方面考察,下面分别进行分析。

　　实物资源。从与教师的交谈中,大多教师表示实验器材有所欠缺,特别是郊区学校生物教学方面的实验材料很少。另外,农村学校还存在多媒体设备不够用的情况。给教学造成的影响是教师之间错开使用,或者就干脆放弃不做或不使用了。下面是与他们交谈的实录,波浪线部分则是反映分析结论的信息:

　　C1F:应该可以吧。但实验的一些器材,还不够,有时候我们四个老师用一套器材,也只能把这个课错开来上。

　　C3Y:我们有些,像实验室配备的一些还不够。有些实验,书上开放性实验,比较难做的实验,比方说这节课里面的百叶箱,我们学校就没有的,然后它这个出现的最高温度计、最低温度计,像这些都没有的。最好是书上面有的一些东西,还是要配起来。

N2Z:我觉得我们学校多媒体教室比较少,现在就一个移动的投影仪,还有就是一个音乐教室和一个会议室。有时候,比如一个男教师和一个女教师,有几次上生物课,我课都备好了,一个女教师说她要用,我就让她用了。

J2H:实验仪器,像天文望远镜我们才刚刚有,还都没去用过,而且像空间上这种,一般我们最喜欢的就是有类似介绍性的。那么也就是说,不光学生需要,我们老师也需要。还有就是生物,生物作为我们学校来讲,这个实验仪器的提供,是非常欠缺的。

J2W:还好吧,就是实验欠缺些,实验器材都很缺的,生物实验室还没有呢。

信息资源。对于信息资源,大多教师认为基本够用,但农村教师反映学生手中的练习资料还是比较少的,运用信息技术的能力有所欠缺。并且,很多教师关于信息资源主要是从网上获取,其次是同事之间共享的资源,还有就是校外其他教师以及自己平时积累的课件、图片、影片等。但教师表示,从别处得到的信息资源在教学时都会进行修改的,并不会完全照搬。是不是如此结论,我们看教师是怎样说:

C1F:教学资源的话,软件就是课件、习题、教案,自己找,主要从网上找,现在网络的搜索功能真强大,你看到这个题目了啊,输几个字到百度里面,这个题目马上就能找到。

C2T:嗯,我们一般是组内共享,学校里面的资源都是共享的,有的时候还借鉴外面的一些,比如说别人上公开课的课件了,或者是从一些网站上下一些,我们网上下载的,一般不会照搬照用的,全部要改过,都会经过自己的授课思路改过。否则的话,就没有办法切合学生的实际的。

C3Y:我们一个是网上,一些资料网上都可以下载,课件、图片、影片啊,还有一些我们学校自己制作的。

J2H:教学资源有些嘛,就是平时的积累,比如课件的积累,网上有些课件,还有公开课或者别的也常有。

N1C:就是有些个东西,比较抽象的东西,我想通过图画来反映,FLASH,但是自己不会做。头脑里有这么个模式,怎么给他弄一下,学生们好理解。但是自己没有这个能力,做不出来。

N2X：我们最大的问题是学生手中的练习资料，比较少。因为我们是跟 XX 市一起考，XX 市中考比较难，我们到现在都很难弄到配套的资料。关于我们教学方面，基本上能够满足。硬件虽然弱一些，但也能调整得开。

交流渠道。从教师关于交流渠道的表述中发现，初中科学教师基本上都有这一隐性课程资源，表现为校内交流和校外交流两种形式。那么，我们来看教师的交流渠道具体如何，对自己的科学教学是否产生了一定影响，产生了什么样的影响等。

C3D：我原来第一轮的时候，经常性的听课的啊，因为要学人家怎样上啊，他们都说我们科学组的人最和谐了。

C1F：说实话，听课并不是很多，这还是一个时间和精力问题。但交流还是比较多，因为你在教这门课时候，从头到尾肯定是有很多问题。

C2T：怎么说呢，了解（其他学校）是很难的，但是学校里面、区里有时会开展优质课评比啦，或者是组织老师听课学习啦，有时候会听到一些，可能最直接的就是了解一下各个学校的考试成绩了，具体的课堂也很难，你不可能平时跑到人家学校听课，只有在他们有准备的情况下，去了解学习一些东西。

C3Y：好像各个学校都是大同小异，基本上差不多吧。

J2H：交流是有的。可能真正会像你跟我这样坐下来一对一，或者几个人坐下来很仔细的还是很少的，最多嘛就是一些公开课的评课。

J2W：教研活动碰到了，都会去问问的。

研究者：了解到的东西对你有帮助吗？

J2W：有啊，比如说第一章，很多学校都是处理的。他们把第二章提上来，会把难点分解掉，会把水的密度、压强讲完后跳到后面去，把大气压强提上来，这样就给学生一个缓冲的时间。

J2Y：我很希望有这样的机会。我每次出去蛮激动的，我会从每个老师身上找他这个老师的教学风格在哪里，我会想他这种教学风格有没有好的教学设计，我自己教学能不能用在课堂当中，假如我教给我的学生，能不能有同样的效果，或者他的课堂教学中还有哪些可改进的地方哈。但是，我这人有点懒，当时听了感慨万千，可是回来我笔头整理工作就没有了，感觉这里还是要加强下了。

N1C：就是去听听课。

研究者：是否对自己教学有帮助？如有，说说看。

N1C：有帮助的。主要是创新方面，感觉就是比较新鲜，没有听到过这样上课。

N2L：很少有机会，就是，最多到区里面听听课。

研究者：是否对自己教学有帮助？如有，说说看。

N2L：有的，肯定有的，应该说他们准备得很充分，而且一般他们讲公开课啊，把那个知识扩展得很多，不仅仅书上这一点，补充很多知识。

N2Z：也有一些吧，比如看到人家处理这块东西，像月相，我第一次上的时候，真不知道该怎样上，后来这一块，刚好区里有经验的老师开了一堂课，后来上就好多了。

从上可以看出，教师校外交流渠道多是在区的范围内，尤其是农村教师能与市里教师交流的机会都不多。并且，从信息渠道这种课程资源的影响效果看，城市教师整体认为不大，而农村和郊区很多认为还是收获不小，有些东西直接就影响到了自己的教学。

交流渠道对教学的影响，基于以上教师的表述内容，主要表现为：第一，给自己对难点分解提供了思路；第二，可以学习其他教师的教学风格；第三，可以增加科学知识。不过也有教师表示，当时的想法是好的，但由于自身的一些"坏毛病"，通过交流渠道获得的东西并不一定能够真正影响到自己的教学。

综上所述，三种课程资源都不同程度上影响初中科学课程实施。比如，实物资源的缺乏可能导致教师调整或放弃计划好的教学；信息资源通过网络虽容易得到，大多教师一般都还会调整；交流渠道可以让教师多学其他教师的教学风格、设计等。但整体上看，课程资源对初中科学新课程实施影响并不是很大。尤其是社会课程资源，除了交流渠道外，教师几乎没有提到其他社会课程资源。

第二节　学生的因素及其影响

学生是教师教学的对象，是初中科学新课程实施中的主体兼客体。

因此,研究课程实施绝不应忽视学生的因素。那么,学生的因素是怎样影响初中科学新课程实施的呢? 对学生的因素分析主要围绕学生学习科学的兴趣展开,先看学生对初中科学学习的兴趣情况。

问卷调查表中第 29 题是调查学生对初中科学学习兴趣情况,图 11-3 是对教师回答数据的统计。

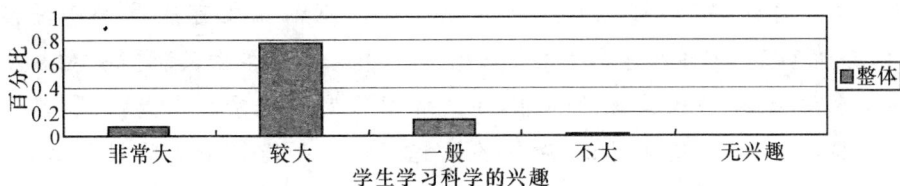

图 11-3 学生对初中科学学习兴趣情况

从图 11-3 可以看出,几乎 90％ 的教师认为学生学习科学的兴趣较大或者非常大,仅极少的教师认为学生的兴趣不大,认为无兴趣的教师几乎没有。由此看出,学生至少是不讨厌学习科学,更多的是喜欢。既然学生对学习科学兴趣如此情况,我们也就没必要再从区域角度讨论。

接下来的问题是,学生对科学学习兴趣是否真如问卷调查数据表明的这样大,是不是整个初中科学学习兴趣一直这么大,学生学习科学的兴趣对初中科学新课程实施的影响是什么等。如果澄清这些问题,我们还是先看教师怎么说学生对科学的学习:

C1F:从我观察看,从兴趣上,现在学生总体上对这门课兴趣是最大的,但是学的过程中,学生其实遇到了种种困难。比如数学能力的不够,导致对物理学科的学习困难比较大,物理的话其实是建立在数学基础之上的,数学作为一个工具,为物理学科服务的。比如他运算能力不行、科学记数法算不清楚,就很难把题目做对,题目做不对,他就自然而然地慢慢失去兴趣了。

还有,学生之间差异比较大。我一直在思考,原因其实是多种多样的。还有性别也有很大差异,男孩子跟女孩子也有很大不一样,还有学生的家里背景,一般农村来的学得比较轻松,他在家里很多东西如斧头了什么的,他们都玩惯了,这对他们太熟悉了。城市的学生,他玩得少,动手不够,体验得也少。

从 C1F 老师对学生科学的描述和分析中,可以看出,总体上,学生对所学科目中的科学课兴趣最大,但在不断的学习过程中会遇到困难,可能会渐渐失去兴趣。另外,他还认为学生之间的差异较大,具体原因一个是性别差异造成的;另一个是学生家里背景,农村孩子对生活的体验比城市孩子更丰富些。

C2T:学生的话,可能小学也学过这门课,他们上来的话,每个人的层次是不一样的,有的可能是比较精、懂一点,有的学生可能是懵懵懂懂的,啥也不懂,这样教学的时候,基础不一样。然后学生,我觉得,对初中学生来讲,还是缺少系统的训练,还是停留于实验现象的本身,比较喜欢做实验,但是不知道为什么,做实验做完了也不知道这个实验讲什么,就是觉得好玩,还没到研究的地步。真希望他们实验当中去研究一些问题,但实际上,初中生是做不到的,他基本上还是玩大于学的。

研究者:你认为这是什么原因导致的呢?

C2T:嗯,可能对于学生来讲,一个是年龄的原因,这个阶段的认知水平缺少不到这个能力,他还确实比较停留于表面的现象;第二个呢,可能是我们老师在小学里啊,因为小学里科学是当副科的,没有当成很正式的学科,他们也没有这个能力,也不知道怎么归纳。

C2T老师认为学生学习科学表现出两个特征:一是学生基础参差不齐;二是缺少系统的实验训练。尤其是后者,导致在科学实验课上,学生多是玩大于学的。具体原因可能是两个方面造成的:第一,学生的认知水平,还难以达到从事科学研究的能力,还多停留在表面现象;第二,对科学课的认识,因受小学科学地位的影响,还没有把初中科学课当作正式的学科,仍视为副科对待。

J2Y:初一学生对科学的学习兴趣还是有的,但是呢,他们学习兴趣并不是很持久性的,分阶段性的,比如说,他根据内容来的,这个内容他感兴趣,如果说这个内容理论性强或者说逻辑性强,他们就不一定感兴趣了。

研究者:你想过其中原因是什么吗?

J2Y:我一直在考虑,一个是可能跟自己教学上,可能现在教学普遍还是没有分层,还是笼统的大家一块教。然后呢,学生人数也比较多,说实在的,我个人比较喜欢小班教育,人数太多,你不可能面面俱到。

从J2Y老师的分析中可以看到,初中刚开始学生学习科学的兴趣还是比较大的,但兴趣并不一定持久,而是对内容有选择性,理论性或逻辑性强的内容,就可能不感兴趣了。针对这一现象,她分别从自身和学生身上找原因:自己教学上,认为可能是因为没有分层教学造成的;学生学习上,认为班级学生太多,不可能做到面面俱到。

N2X:他们非常喜欢,非常热爱,但是到了初二的时候,学生可能就会没有兴趣了。因为初一的课,编书的时候,初一重点体现能力和方法,到初二给大面积的知识点,初二第一章是非常难的,整个初中的物理、化学难点都在这里。

研究者:学生之间差异明显吗?

N2X:很明显。一个课堂上的态度,我班级有四个学生,手从课上举到课下。再一个是成绩,差别也特别大。

研究者:思考过这其中的原因吗?

N2X:多方面的,一个是基础的问题,小学也开,但不重视的,因为那时不算作分数的;第二个方面是他们现在还有兴趣,还有一个更大方面,对老师的态度,有的学生不太喜欢这个老师,还有就是性格。

N2X老师认为学生刚开始是非常喜欢科学课,但到初二因难点的集中可能就会没有兴趣了。初一为何有兴趣? 他分析到初一科学重点体现方法和能力。他也认为学生之间差异比较大,主要表现在课堂上的学习态度和学习成绩两个方面。究其原因,从其分析中,应该是多方面的:一是学生的观念问题,小学科学是副科,以为初中科学也是副科;二是兴趣问题;更重要的是学生对教师的态度;此外,还有学生的性格。

综合以上几位教师的分析,我们可以从中总结出:

第一,学生学习科学的兴趣可能会发生变化,即从初一时的兴趣很浓到初二越来越没有兴趣。造成学生这一改变的一个重要原因在于科学教材内容的编排上,很多教师都提出,刚入初二时,科学中的难点集中得太多。这样会让学生很不习惯,缺少了一个从初一到初二逐步过渡的环节。当然,教师、教学等因素对学生学习科学兴趣的发展、变化也有着重要影响,在此并不是讨论的重点。

第二,学生之间的差异较为明显,主要表现在学习成绩、学习态度、实验技能等方面。造成显著差异的原因是多方面的,比较可能的几个原因是:(1)学生对初中科学的观念。因小学科学是副科,到初中还未认识到这是一门很重要的学科。(2)性别之间差异。一般来说,男生比女生更爱动一些,这比较有利于初中科学学习。(3)学生的生活背景。大多农村孩子比城市孩子对生活的体验较为丰富,有利于理解科学问题情景。(4)教师教学的原因。这个又是多方面的,未能分层教学只是教师教学的其中一个原因。

第三节　学生家长及其影响

一般而言,学生家长更多的是为孩子的学习提供后勤保障,很少有人将学生家长与新课程实施联系起来。其实,这是传统观念上的认识。研究表明,学生家长也影响着新课程尤其是初中科学新课程的实施,而且影响的程度并不弱。

学生家长对初中科学新课程实施的影响,在此主要通过与教师的访谈间接反映学生家长的影响情况。经过对有关学生家长这一影响因素的访谈数据的整理分析,学生家长对初中科学新课程实施的影响主要表现在如下几个方面:

一是学生家长持怀疑的态度,担心初中科学新课程影响到孩子将来的升学考试。所以,刚开始实施初中科学新课程,家长的反应还是比较大的。

C3D:第一轮的时候,反应比较大一些,现在好像没什么了。第一轮的时候嘛,新的东西哈,说怎么这样难啊。孩子将来考不好谁负责啊。

二是学生家长想参与辅导孩子,却帮倒忙或无能为力。因现在很多家长尤其是城市学生的家长都是大学毕业,很愿意教孩子的,可能因新课程教材的特殊性,结果无能为力或者帮倒忙。还有家长自己虽然辅导不了,他就问老师为孩子买什么资料,认为只要做得多、练得多,肯定就好。对此,C1F 和 C2T 两位老师都提到了学生家长的这一影响。

C1F:还是比较重视,包括现在这门学科找家教的特别多,很现实讲,中考180分。现在大多家长都是大学毕业,很愿意教的,结果有时候是帮倒忙,很多时候我们老师思维与家长思维,或者其他老师思维,是不一样的。还有,他们就是让孩子多做练习。

C2T：家长的话，一般还是来问的比较多，不知道怎么给孩子帮助，这方面是比较多的，因为有的家长可能文化基础好一点，他自己知道，有的家长可能没有什么文化，他不知道，有的就算知道了，他也不知道怎么教。他们会问你老师，哪些参考书好。他们认为，做得多，练得多，就一定好。

三是农村学生家长的影响程度比城市学生家长弱很多。对此，大家不难理解，我们就直接看 J2H 和 N2X 老师怎么说：

J2H：家长呢，我们这个地方的家长可以分为两批，一个呢就是城镇片的，还有呢就是农村片的。那么城镇片的这些家长呢，相对来讲，对小孩子的教育的重视要好一些，有些你比如说考完以后有时候要家长签名，有些家长会比较关心。有些农村片的家长呢，可能要相对差一些，而且我们这边还有个比较大的特点就是拆迁户特别多，还有 WZ 村的孩子特别多。

N2X：但是农村中学跟城市中学还是不一样，家长关心的程度上要弱得多。

从以上学生家长对初中科学新课程实施影响看，不管是质疑新课程，还是想亲自对孩子辅导，其实，学生家长的出发点基本上只有一个，就是如何让孩子将科学学得更好，争取取得较好的成绩。但是，我们也发现，由于初中科学新课程的特殊性，现在很多学生家长其实是无能为力的。

第四节 社会教科研活动及其影响

社会教科研活动主要是指学校以外如省、市、区组织教师参加的专题研究、公开课、教学和论文评比、专家讲座等。可以说，国家新课程改革以来，各级教科研活动不少，基本上每位教师都应参加过至少区级以上的活动，有的教师甚至还参加过国家级的培训。那么，社会教科研活动对教师的影响情况如何呢？

我们先通过问卷调查大致了解下教师对培训内容的评价情况。问卷调查表第 27 题就是用来了解教师认为比较有用的培训内容，图 11-4

是对该题的数据统计情况。

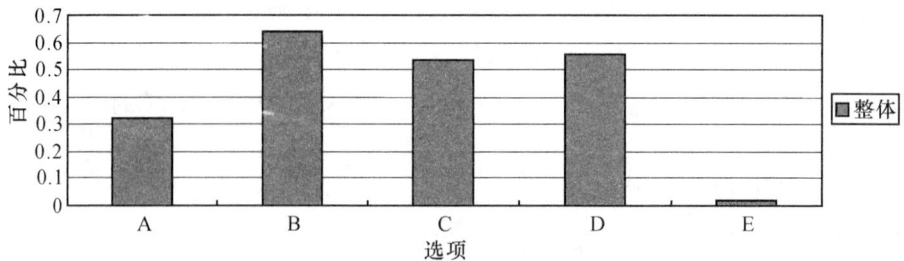

图 11-4　教师认为比较有用的培训内容情况

注:(1)横坐标选项 A=教改思想;B=科学知识内容;C=实验技能;D=教学方法;E=其他。(2)补充内容是交叉学科知识,其实还是科学知识范畴。

从图 11-4 中可以看出,每位教师都有自己的需求。相比较而言,大多教师认为科学知识内容最有用,其次是教学方法和实验技能,而教改思想则用处不是很大。那么,不同区域、不同教龄的教师之间又是如何评价呢?

图 11-5 是不同区域、不同教龄的教师认为比较有用的培训内容情况。

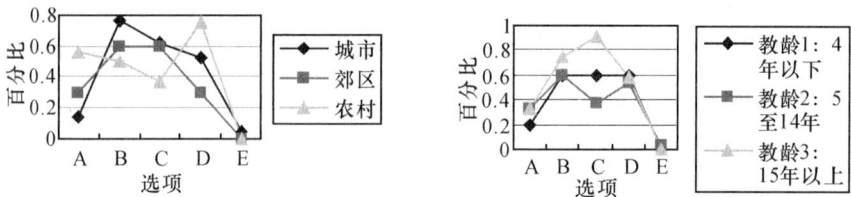

图 11-5　不同区域、不同教龄的教师认为比较有用的培训内容情况

注:(1)横坐标选项 A=教改思想;B=科学知识内容;C=实验技能;D=教学方法;E=其他。(2)补充内容是交叉学科知识,其实还是科学知识范畴。

图 11-5 表明,从区域上看,教师之间对培训内容评价上的差异还较为显著。具体地说,农村教师认为教学方法和教改思想是非常有用的,而郊区教师认为教学方法并不是很有用,城市教师则认为教改思想是最没有用的。其他两项内容即科学知识和实验技能,城市和郊区比农村的教师认为更有用些。

从教龄上看,教师之间对培训内容评价的差异,主要是在实验技能上,其他内容差别不大。就实验技能而言,认为有用最多的是教龄 3 的教师,而教龄 2 的教师却最少。

以上仅是通过问卷调查了解了教师对培训内容的评价情况,还没有反映出社会教科研活动对初中科学新课程实施的影响情况。接下来,我们通过访谈数据来进一步分析教师参加的社会教科研活动及其对初中科学新课程实施产生的影响情况。

(市里非专业知识培训→只是讲些学科教学方法,想要的东西没有得到)

研究者:你曾参加过哪些社会教科研活动?

C3D:到 HZ 后,不是要合科吗,叫我们来培训物理。然后呢,培训生物,凡是非专业的都要培训一下的,但是培训时间很短的,只有一个星期。

研究者:你感觉这些培训有用吗?

C3D:他也只是讲这些物理的教学方法,好像已经好几年了。反正他那个上课比较快的,好像没有直接的东西给我们。

(职后继续教育→刚开始对科学都不熟悉的情况下,像非专业知识、教学方法等还是有点用,后来就流于形式了)

研究者:你曾参加过哪些社会教科研活动?

C2T:就是你们学校①的继续教育,东西蛮多的,好像什么都有似的。

研究者:你感觉这些培训有用吗?

C2T:一开始,我们是不同专业的,刚合科的哈,生物啦、地理啦,这方面的内容还是有点用的,对于教学方法方面的,科学一开始吗,大家都不知道,所以还是有一点帮助的,后面有一些可能就流于形式了,感觉就不是特别有用,主要是为了挣学分。

(市里科学新课程实施动员会→主要是交代背景;区里非专业知识培训→对当时上课内容有点用;建议:培训与教师教学进度结合起来)

研究者:你曾参加过哪些社会教科研活动?

C3Y:一个是市教育局组织的科学任课教师培训,不过那个是比较粗略的,讲了些《科学》这本教材编写的意图啊,目前这个形式下为什么要这样合科啊,就是一个大背景。那么,后来,我们这个培训活动主要落实

---

① 笔者单位有个学院叫做继续教育学院,专门从事教师职后继续教育的。

到区里去了,区里是根据你的专业基本上是让一些骨干教师开设一些专题讲座。比方说,非专业教师在上到物理的时候,觉得物理有哪几个知识点特别困难,那么他就以这几个知识点作为专题来讲座,通过这样一个途径来学习。

研究者:你感觉这些培训有用吗?

C3Y:哦,我觉得,有用的话,最主要对你当时上的这节课的内容可能效果还是很明显的。其实,你一边在学,一边听他那个,一边在教学,那样效果肯定会很好的。

(教研室的非专业知识培训→效果不大,因为培训内容不具针对性)

研究者:你曾参加过哪些社会教科研活动?

J2W:学科方面,就是教研室的专业化培训。他们就是请高中的物理老师、化学老师给我们讲另外学科的知识,来补学科知识。

研究者:你感觉这些培训有用吗?

J2W:效果不是很大,因为他讲的都是一些高中的东西,高中的竞赛题目拿过来的,如果说他讲得浅的东西,那么我们都知道的,不具有针对性,所以效果不是很大。

(多种社会教科研活动如新教师培训、素质提升工程、新生代教师展示→开阔了眼界、接触到了新东西→新课程理念和教学方法)

研究者:你曾参加过哪些社会教科研活动?

J2Y:新教师培训,农村教师素质提升工程,区里教研活动,浙江省新生代教师展示。

研究者:你感觉这些培训有用吗?

J2Y:我个人觉得,作为一线教师,参加这些活动还是非常必要的,一个是可以开阔眼界,再一个就是可以接触到一些学校接触不到的东西。

研究者:眼界上有何开阔? 接触了什么新东西?

J2Y:主要还是一些新课程理念方面的东西,还有就是,看他们不同的教师怎样教学吧,也就是教法上学到一些知识。

(非专业知识培训→实验操作方面有用,竞赛题目用处不大)

研究者:你曾参加过哪些社会教科研活动?

N1C:开始是新教师的培训。就是,对新教师来说,应该确定哪些目标,特别是你以后要做哪类老师,自我定位。可能你的交际方面比较好的,处理事情比较好的,你可以向行政方面转;有些老师教育方面比较厉害,科研方面,做一个教育专家,还有一个很重要的就是班主任培训。另外,学科上一个是全区教师分学科培训的,补专业知识。

研究者:你感觉这些培训有用吗?

N1C:怎么说呢,因为这个培训不是一个老师讲的,有很多是有经验的初中老师讲,有些是请高中老师来讲。讲的东西一些方面是有用的,一些方面是用处不大的。

研究者:比如说,哪些有用呢?

N1C:比如,高中一个老师讲化学实验操作,这个比较有用。因为以前读初中时候,这方面是比较注重的,这个药什么拿法,瓶子怎么放。现在高中一读,大学一读,就全忘掉了。很多时候自己都不规范的。比如说,物理、化学讲竞赛的东西,我觉得用处不是很大,这些东西蛮难的。

(新教师培训、区教研室的全员培训、成教进修→感觉没什么用;还是自己学校的较为有用些)

研究者:你曾参加过哪些社会教科研活动?

N2Z:新教师培训,进修学校组织的培训,我们学校里的,包括一些教育局组织的,像我们这次很长的一段时间,教研室组织的全员培训。

研究者:都是培训哪些内容?你感觉有用吗?

N2Z:我2002年的时候又读了一个专业,主要是以化学和生物为主,一个成教本科,就是为了教科学,那没什么用,我觉得没多大用,说实话的,真的没什么用。就是在那里学的东西,我懂的还是懂的,不懂的还是不懂的,对深层次的,我基本上还不懂。

研究者:其他的培训有用吗?

N2Z:说实在话啊,我觉得还是学校的有用。感觉同事几个人,上一节课的时候,大家稍微点评点评,然后自己反思反思,感觉上效果还要好一些。

综合以上具体分析,我们从整体上归纳、总结一下教师参与的社会教科研活动情况:

第一,教师参与的社会教科研活动级别不高,基本上都是自己学校所属的区域范围的区教研室、区教师进修学校组织的一些活动。而对于省、市一级的教科研活动,城市教师因地理位置的优势相对好些,而农村包括郊区学校教师的机会就少很多。

第二,教师参与社会教科研活动比较单一,基本上就是学科非专业知识培训。如果是个新教师或农村教师,那就是还要参与新教师培训或农村教师素质提升工程。

第三,也是最主要的一点,很多教师认为培训对自己的教学用处并不是很大。有的教师也分析了其中原因,比如学科非专业知识培训,并不是讲非专业知识本身,而是高中的竞赛题目,很没有针对性。

由此看出,社会教科研活动虽然搞得不少,却也存在着不少的问题,还需要从质量上深入研究。因为现在的各种教科研培训活动,能够感觉从中受益的教师太少。比如,笔者访谈的 12 名教师中,只有一位教师明确说出还比较好,但这位教师更多的是口头说说,用她自己话说,就是"当时想法很好,但我个人比较懒,没整理就忘了"。还有一位教师只是认为个别培训教师讲的内容如实验操作还有用,更多的感觉用处不大。

第五节　科学教辅材料及其影响

科学教辅材料是指师生为了学习和教学而使用的一些辅助材料。广义上的科学教辅材料包括科学教科书,狭义上则指除科学教科书外的其他一切辅助材料。这里讨论的是狭义上的科学教辅材料,因为访谈中发现,教师对科学教辅材料的概念主要是指教学参考书、作业本、同步练习、教与学等。

经验证明,学生在学习过程中,阅读一些教辅材料,对于他们开拓视野,启发思维,进一步学好功课,获取理想的学习成绩是大有裨益的。[①]通过前面研究,科学教辅也在一定程度上影响着初中科学新课程的实施。这里对此分析,主要是通过与教师的交谈,了解科学教辅材料及其影响情况。

C3D:作业本还好,但是作业本分自主、巩固的,但拓展、提高还是有

---

① 张培坤、孙文旗:《学生使用教辅材料问题刍议》,《当代教育科学》2004 年第 14 期,第 64 页。

点难的。教辅最好是，上新课的时候呢，稍微详细一点，比较好，如果很大轮廓的话，点一下就可以了。如果复习呢，那就不一样了，复习最好把重点拎出来。

C1F：现在教辅，一个字，乱！很多都是按知识点拼凑起来的，没有阶梯性。有梯度对分层教学非常有用的，我现在有个想法，不过也做起来了，就把班里的学生大致分为两层，前面的学生，我讲的内容他不够吃，我再给他们加深点；后面学生感觉难，我就给他门槛降低一点。

J2H：教参呢，应该来讲，相对其他，作为我们老师来讲，因为内容非常少，有些东西，要么是去网上查的，有些呢也就是参考一下教参，教参上也有极少数的，我们也有争论的就是教参的这个可信度，有些问题到底对不对，也有这种问题。还有，学生用的材料，我感觉很奇怪，从我教第一轮开始下来，到现在来讲，都不动的，这里我也一直在想这个问题。你说作为我们科学来讲，应该来讲，最明显是跟时代发展最密切的，你说每一年，我们每一轮下来，这个作业本和同步，这个题目几乎一样的。

N1X：配过来的教参，我们用得不多，因为它那个教参呢，跟我们的课标有一点点脱离，它更多的是让我们老师清楚，并不一定让学生知道，所以，我们看是要看的，但用得并不多。

从以上几位教师的访谈实录中，我们可以发现，现行科学教辅材料存在着不少的问题，虽对教师实施初中科学新课程影响不是很大，但也有所影响。具体情况如下：

第一，与科学教材配套的教学参考书利用率不高。从功能上看，科学教学参考书主要是对科学教科书的说明、解释和其他内容的补充。但教师感觉科学教学参考书存在不少问题：（1）内容非常少；（2）与课标有所脱离；（3）有些问题答案不明确。由此导致，教师教学中虽参考教参，但并未真正使用，更多的还是网络上的资料。

第二，学生用的辅助练习资料还不够规范及科学。从教师的反映中，主要存在如下问题：（1）拓展、提高的题目难度还是比较大的；（2）习题变换不多，与科学发展不相吻合；（3）题目安排缺少阶梯性。所以，教师在教学中更多地会对这些材料做些处理，以更好地满足不同程度学生学习的需求。

第六节　小　结

本章分析的五个因素影响初中科学新课程实施的强度不如前一章的几个因素，但也会产生一定程度（一般或弱）的影响。初中科学新课程实施作为一个复杂的系统过程，任何一个因素被忽视都会影响到这个系统。只有关照到影响课程实施的每一个因素，才有可能顺利推进初中科学新课程的实施。

（一）科学课程资源及其影响

科学课程资源主要有三种形式，即实物资源、信息资源和交流渠道。实物资源主要表现为学校的一些硬件资源，如实验室、实验仪器、教学设备、网络设施、标本、模型、挂图等。信息资源更多是学校的一些软件资源，如教科书、辅导资料、学校图书、校园网络资源等。交流渠道就是学校的一种隐性课程资源，如教师接受培训的机会。

关于科学课程的实物资源，大多教师表示实验器材有所欠缺，特别是郊区学校生物教学方面的实验材料。另外，农村学校还存在多媒体设备不够用的情况。给教学造成的影响是教师之间错开使用，或者就干脆放弃不做或不使用了。

关于科学课程的信息资源，大多教师认为基本够用，但农村教师反映学生手中的练习资料还是比较少的，运用信息技术的能力有所欠缺。并且，很多教师关于信息资源主要是从网上获取，其次是同事之间共享的资源，还有就是校外其他教师以及自己平时积累的课件、图片、影片等。但教师表示，从别处得到的信息资源在教学时都会进行修改，并不会完全照搬的。

关于科学课程的交流渠道，初中科学教师基本上都有这一隐性课程资源，表现为校内交流和校外交流两种形式。教师校外交流渠道多是在区的范围内，尤其是农村教师能与市里教师交流的机会都不多。并且，从信息渠道这种课程资源的影响效果看，城市教师整体认为不大，而农村和郊区很多认为还是收获不小，有些东西直接就影响到了自己的教学。

交流渠道对教学的影响,基于以上教师的表述内容,主要表现为:第一,给自己对难点分解提供了思路;第二,可以学习其他教师的教学风格;第三,可以增加科学知识。不过也有教师表示,当时的想法是好的,但由于自身的一些"坏毛病",通过交流渠道获得的东西并不一定能够真正影响到自己的教学。

以上三种课程资源都不同程度地影响初中科学课程实施。比如,实物资源的缺乏可能导致教师调整或放弃计划好的教学;信息资源通过网络虽容易得到,大多教师一般都会调整;交流渠道可以让教师多学其他教师的教学风格、设计等,也可以增加科学知识。

(二)学生的因素及其影响

学生是教师教学的对象,是初中科学新课程实施中的主体兼客体,研究课程实施绝不应忽视学生的因素。研究中主要有两大发现:一是学生学习科学的兴趣可能会发生变化,即从初一时的兴趣很浓到初二越来越没有兴趣;二是学生之间的差异较为明显,主要表现在学习成绩、学习态度、实验技能等方面。

针对第一个发现,造成学生学习科学兴趣改变的一个重要原因是科学教材内容的编排上,很多教师提出,刚入初二时,科学中的难点集中得太多。这样会让学生很不习惯,缺少了一个从初一到初二逐步过渡的环节。当然,教师、教学等因素对学生学科科学兴趣的发展、变化也有着重要影响。

针对第二个发现,造成显著差异的原因是多方面的,可能的几个原因是:(1)受小学科学副科地位影响,学生未认识到初中科学的重要地位。(2)性别之间差异。男生比女生更爱动一些,这比较有利于初中科学学习。(3)学生的生活背景。大多农村孩子比城市孩子对生活的体验较为丰富,有利于理解科学问题情景。(4)教师教学的原因。这又是多方面的,未能分层教学只是教师教学的其中一个原因。

(三)学生家长及其影响

传统观念上,学生家长更多的是为孩子的学习提供后勤保障,很少有人将学生家长与新课程实施联系起来。研究表明,学生家长也影响着新课程尤其是初中科学新课程的实施,而且影响的程度并不弱。具体地看,主要表现在如下几个方面:

第一,学生家长持怀疑的态度,担心初中科学新课程影响到孩子将来的升学考试。所以,刚开始实施初中科学新课程,家长的反应还是比较大的。

第二,学生家长想参与辅导孩子,却帮倒忙或无能为力。现在很多家长尤其是城市学生的家长都是大学毕业,很愿意教孩子的,可能因新课程教材的特殊性,结果无能为力或者帮倒忙。还有家长自己虽然辅导不了,他就问老师为孩子买什么资料,认为只要做得多、练得多,肯定就好。

第三,农村学生家长的影响程度比城市学生家长将弱很多。

其实,学生家长不管是质疑初中科学新课程,还是想亲自对孩子辅导,他们的出发点只有一个,就是如何让孩子将科学学得更好,争取取得较好的成绩。但是,由于初中科学新课程的特殊性,现在很多学生家长其实是无能为力的。

(四)社会教科研活动及其影响

社会教科研活动主要是指学校以外如省、市、区组织教师参加的专题研究、公开课、教学和论文评比、专家讲座等。国家新课程改革以来,各级教科研活动应该还是不少,基本上每位教师都应参加过至少区级以上的活动,有的教师甚至还参加过国家级的培训。

问卷调查数据表明,大多教师认为接受培训的科学知识内容最有用,其次是教学方法和实验技能,而教改思想则用处不是很大。从区域上看,教师之间对培训内容评价上的差异较为显著。农村教师认为教学方法和教改思想是非常有用的,而郊区教师认为教学方法并不是很有用,城市教师则认为教改思想是最没有用的。就科学知识和实验技能而言,城市和郊区比农村教师认为更有用些。从教龄上看,教师之间对培训内容评价的差异,主要是在实验技能上,其他内容差别不大。较多的教龄 3 教师认为实验技能有用,而教龄 2 教师最少。

访谈数据进一步提供了社会教科研活动及其影响情况。一是教师参与的社会教科研活动级别不高,基本上都是自己学校所属的区域范围的区教研室、区教师进修学校组织的一些活动。而对于省、市一级的教科研活动,城市教师因地理位置的优势相对好些,而农村包括郊区学校教师的机会就少很多。二是教师参与社会教科研活动比较单一,基本上就是学科非专业知识培训。如果是新教师或农村教师,还要参与新教师培训或农村教师素质提升工程。三是很多教师认为培训对自己的教学用处并不是很大。有的教师也分析了其中原因,比如学科非专业知识培训,并不是讲非专业知识本身,而是高中的竞赛题目,很没有针对性。

总体上看,社会教科研活动虽然搞得不少,却也存在着不少问题,还需要从质量上深入研究。因为现在的各种教科研培训活动,能够感觉从中受益的教师太少。

(五)科学教辅材料及其影响

科学教辅材料是指师生为了学习和教学而使用的一些辅助材料。广义上的科学教辅材料包括科学教科书,狭义上则指除科学教科书外的其他一切辅助材料。本研究讨论的是狭义上的科学教辅材料,主要是指教学参考书、作业本、同步练习、教与学等。

研究中发现,科学教辅材料存在着不少的问题,对教师实施初中科学新课程主要有如下影响:

第一,与科学教材配套的教学参考书利用率不高。教师感觉科学教学参考书存在不少问题:(1)内容非常少;(2)与课标有所脱离;(3)有些问题答案不明确。由此导致,教师教学中虽参考教参,但并未真正使用,更多的还是网络上的资料。

第二,学生用的辅助练习资料还不够规范及科学。从教师的反映中,主要存在如下问题:(1)拓展、提高的题目难度还是比较大的;(2)习题变换不多,与科学发展不相吻合;(3)题目安排缺少阶梯性。教师在教学中更多地会对这些材料做些处理,以更好地满足不同程度学生学习的需求。

第十二章　初中科学新课程实施的环境

综合之前研究发现和分析,教师实施初中科学新课程的过程中,既探索出了一些成功经验,但也存在不少问题。因此,在此基础之上,通过进一步思考初中科学新课程实施的环境,从而将总结成功经验和提出问题解决策略两方面问题整合起来。那么,初中科学新课程实施需要什么样的环境呢?

首先,理应有一个保障初中科学新课程实施的多元文化环境。基于前文对初中科学新课程实施的调查研究和深层思考,多元文化环境的关键还是在于制度层面,即保障初中科学新课程实施的制度文化环境。

其次,基于当前科学教师的现状,还应有一个哥本哈根环境。[①] 因为现有初中科学教师专业上基本都是分科背景,他们在实施初中科学新课程的过程中,彼此需要互相交流、合作与学习,教师之间表现出了哥本哈根精神。

另外,为使初中科学新课程被深度实施,不容忽视科学教师专业化环境。从本质上看,初中科学新课程有效、深入实施,一定要有专业化的科学教师,而这需要科学教师的专业化环境。

---

① "哥本哈根环境"是由"哥本哈根精神"衍生而来的。20世纪初,丹麦著名科学家、哥本哈根学派的领袖玻尔,在哥本哈根大学玻尔研究所积极倡导一种"平等、自由讨论和相互紧密地合作的浓厚的学术氛围",即"哥本哈根精神"。这种精神被后人称为是玻尔所留下的"物理学界最宝贵的财富"。

事实上,以上的制度文化环境、哥本哈根环境和科学教师专业化环境是一个有机的整体,彼此之间相互影响,共同组成了初中科学新课程实施的环境(见图 12-1)。

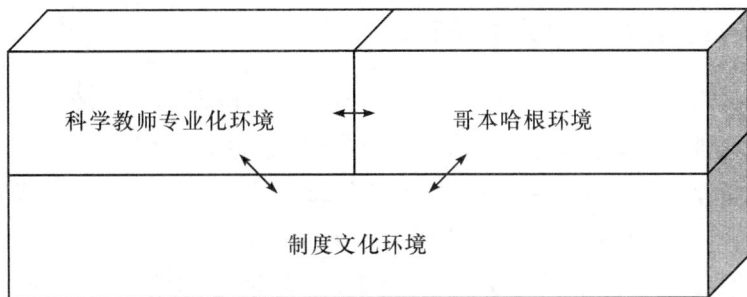

图 12-1　初中科学新课程实施的环境

第一节　制度文化环境

我国初中科学新课程实施的实践表明,教师能否顺利实施新课程,绝不只是教师的知识、心理、信念等自身的问题,也不只是学校或其他教育部门的事务,它还涉及政府部门的政策引导、经费投入以及社会对初中科学课程改革的认识等。其实,国外也是如此,课程改革的成功不仅需要成熟的课程理论指导和长期的课程实践探索,还需要法律与政策保障、必要的经费投入和良好的社会心理支持。[①]

说到底,初中科学新课程的顺利实施,需要一个良好的制度文化环境来保障。这里的制度是指学校、教科研机构或政府部门在长期的管理实践中摸索、选择、积淀下来的管理策略、思想和理念。文化是一个十分宽泛、难以厘清且又比较上位的概念,在此并不讨论也没必要讨论其具体内涵。制度和文化的高度融合就形成了制度文化,这种文化是亚文化系统中的一种。促进初中科学新课程实施的制度文化主要是指,新课程改革背景下的各种制度(包括隐性的潜规则)培育出来的行为习惯、思维

---

① 王艳令:《发达国家基础教育课程实施的经验》,《外国中小学教育》2006 年第 5 期,第 13 页。

方式、价值取向和精神追求，以及体现这种文化特征的文件系统。

就初中科学新课程实施的制度文化环境而言，主要由如下"生态"要素构成，并且它们之间不是彼此鼓励而是相互依赖。

一、具有行政效力的课程政策

由于我国尚未达到全面法治的社会，课程改革也不例外。因此，我国的初中科学新课程实施，很难像日本那样通过立法保障。日本战后的每一次课程改革，都有相应的法律依据和支持，确保了实施新课程方案的严肃性，有力地推动了课程实施的顺利进行。

反思我国的初中科学新课程改革，为何浙江能够在全省范围内推开，而其他很多实施初中科学新课程的地区则又退回传统的分科状态，其中很重要的一个原因就在于政府相关部门的强力支持，并相应地出台了一系列具有行政效力的课程政策保障实施。比如，针对初中科学教师的职称评定问题，浙江省单列初中科学职评组并给予政策上的倾斜。

因此，只有具有行政效力的课程政策作保障，教师才不至于在实施中遇到各种困难的情况下怀疑甚至反抗，而是考虑如何将初中科学新课程实施得更好。具体地说，保障初中科学新课程实施的课程政策主要应有：科学教师的相关待遇、科学教师的职称评定、科学教学的评价、科学教师的培训等。

除此之外，准确的初中科学课程定位也应是非常重要的制度文化环境。从研究中发现，作为初中科学新课程实施的管理者，其观念上更多地认为初中科学课程是一门替代性学科课程，即不再开设初中物理、化学和生物等分科理科课程而是科学课程。如此观念，很容易忽视初中科学课程作为合科课程的真实功能，即培养学生动手和动脑、综合分析解决问题等方面的能力和素养。

二、提供丰富、配套的课程实施材料

国外的课程改革表明，很多国家都在运用大量的、多种多样的配套材料支持新课程的实施，比如教材、录像带、计算机软件、计算器、设备和装置、多媒体系统和教师指导用书与光盘。在澳大利亚，国家或州的课程框架一般都有配套的辅助材料和教师指南，并越来越多地利用互联网提供辅助服务。当然,政府和准政府机构的课程材料开发工作通常受到有关部门的监督,并须通过一定的咨询程序和学校审议。

而研究发现,我国初中科学新课程实施的材料数量上较为匮乏、质量上还不够优质。据很多教师反映,即使城市学校也不具备完成所有新教材设计的演示实验和学生实验条件。还有,科学教材的教师配套用书不具有实用性,因为教师弄不明白的很多问题,配套用书要么略去,要么只是提供简单说明,教师还是从中难以确定结果。

由此,为促使初中科学新课程的顺利实施,学校和上级部门应为科学教师提供丰富多样且配套的课程实施材料。硬件上,很多学校的科学实验器材尤其是生物、天文仪器等方面还很匮乏。另外,农村学校的多媒体教学设备还满足不了教师需要。软件上,高质量的教师配套用书以及具有阶梯性的习题是教师所急需的。

三、充足的课程实施经费支持

关于课程实施的经费支持方面,我国与欧美发达国家实在无法相比,美国当时的物理课程改革(PSSC)一项方案就耗资 500 万美金。当然,充足经费并不能保证新课程实施的肯定成功。但是,课程实施若没有一定量的经费支持,却很难取得成功。可以说,经费投入水平的高低很大程度上决定着课程实施的程度甚至成败。

作为我国的初中科学新课程实施,更是比其他学科需要充足的经费作后盾。这其中关键原因之一是,当前的初中科学教师专业上基本上都是分科背景,其初中科学学科的底蕴很浅薄,还难以胜任初中科学教学。我们不难理解,如果没有深厚的科学学科底蕴,则难以称为合格的科学教师,更别提成长为优秀教师了。

显然,这些理科分科背景的教师要成长为科学教师,自主学习是一个方面,培训也是必不可少的,并且应是长期、全面、系统和深入的培训。而要做好初中科学教师的培训,在现代社会背景下,没有专项经费是不可能做到的。浙江相比其他地区能够较好地实施初中科学新课程,这与浙江较高的经济水平也是分不开的。

因此,无论如何,必要的经费投入是保障新课程实施不可或缺的必要条件,这是由课程改革的艰巨性和长期性决定的。由于现有初中科学教师基本都是分科背景,改教初中科学课程后的首要任务就是接受富有成效的非专业知识培训。所以,初中科学新课程实施比其他学科需要更多的经费支持。

四、开展科学、有效的教师培训

随着教师教育研究的不断深入,国际上基本达成一种共识,课程改革如果不落到教师的专业发展上,就不可能深入推广下去。因此,新课程的实施与教师专业的发展往往是同步进行的。教师专业的发展主要有两种途径,一是自主发展,二是他助发展。教师专业他助发展的一个重要方面,就是开展科学、有效的教师培训。

前文已述,当前的初中科学教师更需要接受培训。但研究中发现,现在初中科学教师培训内容及其形式更多的不是教师所需求的,很多教师认为所参与的培训对自己的专业成长帮助并不是很大,只是接受培训的个别内容对自己教学很有启发。

反思教师对培训内容的感受,主要有两种原因。一是当前的培训确实存有问题。总结起来,存在的问题基本是培训内容不能与教师的需求相吻合、培训形式与教师的正常教学工作相冲突等。比如,教师首先需要的任教初中科学的非专业基本知识,而不是学科竞赛知识,因为基本知识还没弄明白更难掌握竞赛知识了。二是教师自身的认识问题。部分教师其实已经从培训中获得了很大提高,只是由于其急功近利心还没有看到成绩,所以误认为培训对自己的帮助不大。

由此看出,开展初中科学教师培训肯定非常有必要,关键是一定要有针对性,能够满足教师所需,而不是流于形式。在当前的背景下,初中科学教师培训首要内容还是非专业科学知识及其教学方法,尤其是生物、天文和自然地理等内容。另外,为更好地发挥初中科学的合科功能,还应深入培训科学史、科学哲学和科学社会学等方面内容。

培训形式上,应坚持时空的开放性。也就是说,初中科学教师培训在时间和空间上灵活安排,即坚持工作日的教科研时间与假日时间相结合、校内与校外相结合、一线名师与高校专家相结合。当然,以上这些形式现有培训基本上都已做到,问题的关键是做好培训的监控和评价,这样才能保证培训的有效。

第二节　哥本哈根环境

研究中发现,推动初中科学新课程实施的一个显著特征,就是初中科学教师之间的人格平等、自由讨论和相互紧密的合作。而表现出这些典型特征的环境,常被人称为哥本哈根环境。通俗地说,初中科学新课程实施的哥本哈根环境,其实就是专业学习共同体的环境,或者说是初中科学新课程实施共同体。在此之所以使用哥本哈根环境,是因为强调初中科学新课程实施中教师之间的哥本哈根精神。

一、哥本哈根环境的特征

对于哥本哈根环境的理论探讨,我们主要是基于专业学习共同体以及实践共同体的相关理论。共同体是什么？莱夫和温格作了如下定义:共同体并不意味着一起出现,有一个明确界定身份的小组,或者存在可以看见的社会界限。它意味着对一个活动系统的参与,在这个活动系统中,对于他们在干什么,这在他们的生活中意味着什么,对他们的共同体意味着什么,参与者有着共同的理解。他们从人类学、教育学和社会学的研究中,发现共同体普遍存在下列特点(见表 12-1)。[1]

表 12-1　共同体的特点

共同的历史文化传统	共同体不是在特定时间应对某种特殊需要而进行的简单聚集。成功的共同体具有共同的文化历史传统,这种传统部分地获得了社会协商的意义。这包括了共享的目标、意义和实践。但是,与不太起作用的实习场中的社会协商不同,在实践共同体中,新成员从老成员的经验中承袭大多数的目标、意义和实践,这些方面在老成员的经验中是经过假设和验证并一致同意的。
相互依赖的系统	个体在这种境脉中工作时是更大的集体的一部分,并与共同体有着相互联系,共同体也是一个更大的集体(即社会,共同体的意义或价值是通过社会而获得的)的一部分。这有助于为个体和共同体提供一种有共享目标的感觉,也有助于提供身份。

---

① 　戴维·H.乔森纳:《学习环境的理论基础》,郑太年、任友群译,华东师范大学出版社 2002 年版,第 34—35 页。

续表

再生产循环	十分重要的是,当新成员与身旁的同伴和成熟实践的示范者一起进入成熟的实践时,共同体就有了进行再生产的能力。随着时间的推移,在这些新成员身上就会体现出共同体的惯例(和常规)中,甚至可能替代老成员。

综合以上关于共同体的研究文献,再结合课程实施的具体特点,不难发现哥本哈根环境即专业学习共同体环境主要表现出如下特征:

（一）社会性

学习共同体是发展中的一种教学隐喻,它直接与建构主义中"学习是知识的社会协商"这一学习隐喻相对应。其理论假设是社会建构主义和分布式认知,强调知识的社会性特征,知识是分布或存在于共同体中。[①] 其社会性特征表明,学习共同体强调知识建构的社会情境,要求各成员具有较强的责任感以及共同的文化历史传统。

（二）合作性和交互性

学习共同体强调共同的愿景和信念,即共同完成一定的学习任务或解决某一特定问题,因而合作性和交互性是其又一突出特征。合作性和交互性主要表现为,学习共同体各成员在学习过程中进行沟通、交流和分享各种学习资源,形成相互影响、相互促进即良性互动的人际关系,进而高效实现各成员自身的发展。

（三）开放性

学习共同体因其成员的复杂性(比如不同专业的教师、教研员、专家等),所以它又表现出开放性的时空观。开放性特征主要是指学习共同体实践活动的三结合:校内与校外相结合、现实与虚拟相结合、工作日与节假日相结合。

另外,开放性还要求成员之间的相互宽容,鼓励每个人的个性张扬。具体表现为共同体成员之间要相互信任,鼓励他人自由表达建设性意

---

① 钟志贤:《知识建构、学习共同体与互动概念的理解》,《电化教育研究》2005 年第 11 期。

见,互相接纳别人的见解并积极给予评说甚至批判等。

　　由此可以看出,哥本哈根环境突出的是教师自然合作文化①。在这种文化背景下,教师既愿意公开接受他人来观察自己的课堂,又愿意去观察他人的课堂,同事间讨论观课的体会,打破了孤立主义的樊篱。所以,哥本哈根环境的核心特征是合作。

　　而复杂时代的合作文化又具有如下特征:在相互信任的基础上扶持多元化;激发焦虑并控制焦虑;重视知识创新(隐性到显性,显性到隐性);把关联性和开放性有机结合起来;融合精神、政治和智慧三方面的因素。② 因此,哥本哈根环境是一个复杂性环境。

二、哥本哈根环境的构建

　　那么,能够推动初中科学新课程实施的哥本哈根环境具体应是个什么样的环境呢? 我们不妨基于以上哥本哈根环境的特征,借助豪德的专业学习共同体的五个维度(见表 12-2)进行建构。

表 12-2　专业学习共同体的维度③

共享的价值观和见解	从员工的工作可以看出,他们始终不渝地致力于提高学生的学习
集体学习和应用	共同应用所学到的东西来解决问题,满足学生的需要
起支持作用并权力分享的领导团体	大家联合执掌权力、共享权威,在做决策的时候,让所有的员工都参与进来
支持性条件	促进合作性工作环境形成的物质和人力条件
共享的个人实践	来自伙伴的反馈和协助,不断地支持着个体和群体的提高发展

　　根据豪德的专业学习共同体的五个维度,不难理解构建初中科学新课程实施的哥本哈根环境应突出以下几个方面:

　　(一)不同专业背景的科学教师组成一个学习共同体,都坚定不移地

---

　　① 哈格里夫斯(Hargreaves A.)根据教师之间的交往方式,将教师文化划分为四种类型:离散式文化(individualism)、巴尔干式文化(balkanization)、自然合作式文化(collaboration)、人为合作式文化(contrived collegiality)。详见:冯生尧、李子建:《教师文化的表现、成因与意义》,《教育导刊》2002 年第 4 期。

　　② 迈克尔·富兰:《变革的力量(续集)》,教育科学出版社 2004 年版,第49 页。

　　③ 吉纳·E.霍尔、雪莱·M.霍德:《实施变革:模式、原则与困境》,吴晓玲译,浙江教育出版社 2004 年版,第 245 页。

强调自己专业提升和促进学生的科学学科的学习。在这个共同体中,每一位教师都对自己的行动负责任。

(二)教师之间应进行持续性的合作,通过反思性对话加以落实。在反思性对话中,教师之间围绕非专业科学知识、教学设计、学生以及所关心的其他事情展开讨论。同时,还伴随着探究行为。反思性的探究能够引发教师之间对重要问题的争论,这也给教师提供了共同学习、相互借鉴的机会。

(三)为提高专业学习共同体的有效活动,这里面应该有专业或组织方面的领导者,这个领导者并不一定是固定的,可以根据实际情况进行轮换的。同时,这个领导者也要作为学习者参与到教职工的活动中来,并为民主决策出谋划策。因此,这里是一种新型的合作领导关系,是促进而不是统治成员的发展。

(四)哥本哈根环境还需要一定物质和人力资源条件。物质条件主要包括学习和互动的时间、教师办公室的安排、交流的程序、资源等。其中时间是一个非常重要而且最难发现的资源。初中科学教师普遍反映时间不够用,所以专业学习共同体成员不能等待时间,而是要利用各种机会创造时间。

(五)在专业学习共同体中,教师之间相互听课,以此来评价彼此的教学行为。这种做法体现的是一种同伴互助的精神。因为在听课的过程中,教师之间可以做到取长补短。

综合以上对哥本哈根环境的阐述,我们可以构建出初中科学新课程实施的哥本哈根环境(见图12-2)。

从中可以看出:

第一,哥本哈根环境中的专业学习共同体主要由学校专业学习共同体、区(县)专业学习共同体和市(地)专业学习共同体三类组成,关键还是发挥好学校专业学习共同体的功能。同时,不同类别的专业学习共同体的成员可以互相交叉,这能够更好地促进各个专业学习共同体的活动。

第二,哥本哈根环境下专业学习共同体的要素主要有学习目标、学习主题、学习资源、学习策略、学习评价和学习成员等。以上各要素都是围绕初中科学新课程实施的相关问题展开,比如学习主题,可以围绕非专业知识的学习、如何发挥科学课程的功能、如何开展科学探究等。

第三,支持哥本哈根环境主要有两个系统,即现实支持系统和虚拟支持系统。可见,哥本哈根环境是一个开放的生态环境。教师不但进行面对面的交流与合作,而且根据需要可以通过虚拟支持系统进行活动。

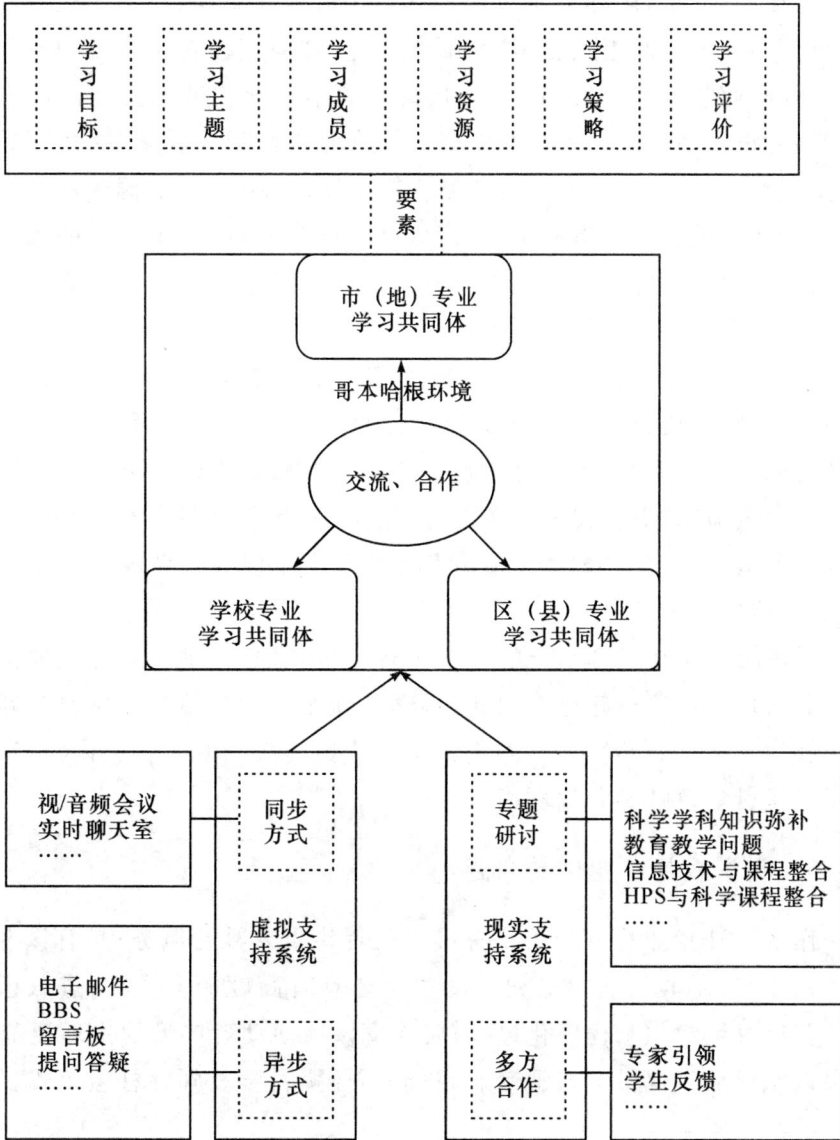

图 12-2 初中科学新课程实施的哥本哈根环境

第三节　科学教师专业化环境

早在 1966 年,国际劳工组织和联合国教科文组织在"关于教师地位的建议"文件中首次正式提出"教师专业化":"应把教育工作视为专门职业,这种职业要求教师经过严格的、持续的学习获得并保持专门的知识和特别的技术,它是一种公共的业务。"随后,"教师专业化"的教师教育观念引起世界各国师范教育改革的普遍关注。1986 年,美国卡内基教育和经济论坛、霍姆斯小组相继发布《以 21 世纪的教师装备起来的国家》、《明天的教师》,两份报告均认为只有当教师教学发展成为一门成熟专业时,公共教育质量才能得以改善。

1994 年,我国开始实施的《教师法》第一次在法律上确立了教师的专业地位:教师是履行教育教学职责的专业人员。2000 年,我国出版了第一部对职业进行科学分类的权威性文献《中华人民共和国职业分类大典》,其中教师属"专业技术人员"并定义为"从事各级各类教育教学工作的专业人员"。如今,"教师专业化"已成为国际教师教育改革的基本理念和总目标。

科学教师作为教师集合的一个重要子集,科学教师专业化是职前培养和职后培训的逻辑起点。因此,科学教师专业化环境是初中科学新课程实施的一个重要环境。下面我们先弄清科学教师专业化的内涵,这有助于构建科学教师专业化环境。

一、科学教师专业化的内涵

作为一种专业有五个关键标准,即:提供重要社会服务;具有该专业的理论知识;在本领域的实践活动中个体具有高度的自主权;进入该领域需要经过组织化和程序化过程;对从事该项活动有典型的伦理规范。[1]如果以此标准审视科学教师专业,我们不怀疑科学教师在社会上提供着

---

[1]　黄崴:《教师教育专业化与教师教育课程改革》,《课程·教材·教法》2002 年第 1 期。

重要服务、有着明确的专业伦理规范、职前经过专门的教育过程、基本上具有高度的专业自主权,但对科学教师专业应掌握哪些理论知识有很大争议。

其实,争议的症结源于一个长期困扰我国师范教育改革的问题——教师教育应突出"学术性"还是"师范性"。教师教育"学术性"强调培养教师的学科本体性知识即学科的基本概念、规律、原理等学科知识,目的是使教师成为这一学科领域的学科专家;而"师范性"较为注重教师教学水平的培养,目的是使教师成为这一学科领域的教育专家。实践证实,教师教育的"学术性"与"师范性"并不是矛盾对立而是辩证统一关系,只有当两者均受到良好熏陶的教师,才有可能成长为学科教育专家。教育部袁贵仁副部长一语道破教师专业化的本质:教师专业既包括学科专业性,也包括教育专业性。①

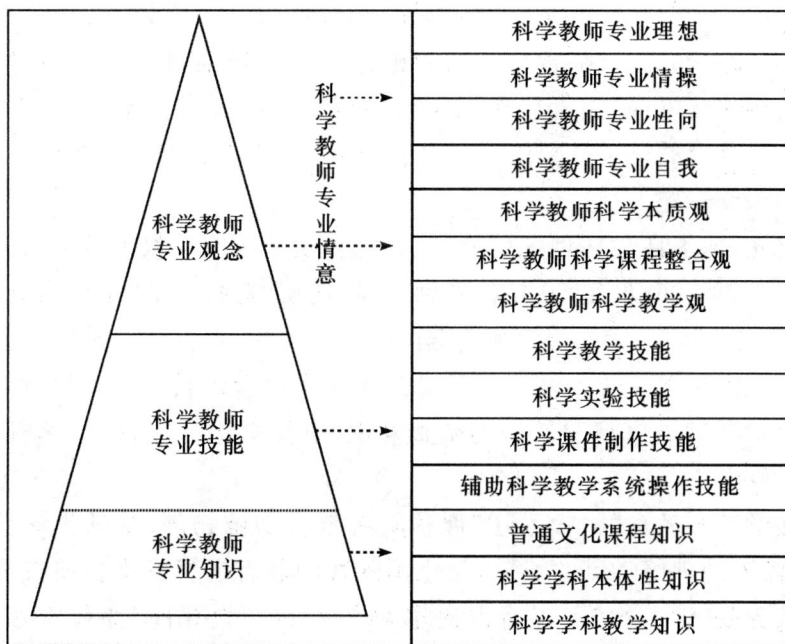

		科学教师专业理想
	科 学 教 师 专 业 情 意	科学教师专业情操
科学教师 专业观念		科学教师专业性向
		科学教师专业自我
		科学教师科学本质观
		科学教师科学课程整合观
		科学教师科学教学观
科学教师 专业技能		科学教学技能
		科学实验技能
		科学课件制作技能
		辅助科学教学系统操作技能
科学教师 专业知识		普通文化课程知识
		科学学科本体性知识
		科学学科教学知识

图 12-3　科学教师专业化的"金字塔式"结构

---

① 教育部师范教育司:《教师专业化的理论与实践》,人民教育出版社 2001 年版,第5 页。

基于教师专业化的"双专业"属性,以及科学课程的基本理念和总目标,在归纳大量学者对教师以及科学教师专业化构成要素问题研究基础上,笔者认为,科学教师专业化应涵盖四个基本范畴且呈"金字塔式"结构(见图12-3):科学教师专业知识是整个"塔基",通过科学教师专业技能逐步统一于科学教师专业观念,而科学教师专业情意则弥散在科学教师专业化过程之中。

二、科学教师专业化环境的构建

科学教师专业化的途径不外乎两种,即职前培养和职后培训。其实,不管哪种途径,关键还是在于科学教师专业化的课程。因此,科学教师专业化环境更多地表现为科学教师教育的课程结构,不论是职前还是职后的科学教师专业化,这一环境下的课程结构应突出科学教师的"特质"。

教师教育课程结构是指"学术性"和"教育性"两类课程按照一定比例和方式进行的有机组合。下面的论述主要是职前科学教师培养课程结构的构建,这虽不能直接作用于初中科学新课程的实施,但可以间接地为分科背景的科学教师培训提供有益启示,最终能够促进初中科学新课程的深度实施。

首先,两类课程比例如何分配,一定程度上影响着教师教育的成败。奥利维多斯从20世纪50年代末到70年代初,对拉美20个国家进行了15年的跟踪调查,对初等教师培养的课程设置为,教育学科课程占55%,普通文化课程占45%。根据国际劳工组织和联合国教科文组织对70多个国家的教师教育情况所做的调查发现,学科文化约占60%,学科教育约占40%。[①]

科学教师教育的"学术性"课程具有整合基础物理、基础化学、基础生物、自然地理等学科的特性,相比国际教师教育通行标准应略有增加。笔者认为其"学术性"课程所占比重70%左右、"教育性"课程所占比重30%左右为宜。为达成这一目标,可以通过适当减少必修课的学分,以增加"教育性"课程的比重。

具体操作上,将传统专业必修课程《普通物理及实验》《普通化学及

---

① 苏真:《比较师范教育》,北京师范大学出版社1990年版,第381—383页。

实验》《普通生物及实验》《自然地理学》《天文学基础》整合为《物质科学及实验》《生命科学及实验》《地球、宇宙和空间科学及实验》,增加《综合科学课程研究》《科学探究专题》《科学教育测量与评价》等"教育性"课程。另外,也可以在传统专业选修模块《物理模块》《化学模块》《生物模块》基础上增加《科学教学模块》,这样既满足了高师科学教育专业学生特长发展需要,又很好地平衡了"学术性"与"教育性"课程的矛盾。

其次,科学教师专业化"特质"——科学教师应具备分科领域知识间的相互渗透和联系整合能力,决定了科学教师教育课程的"金字塔式"结构(见图 12-4)。

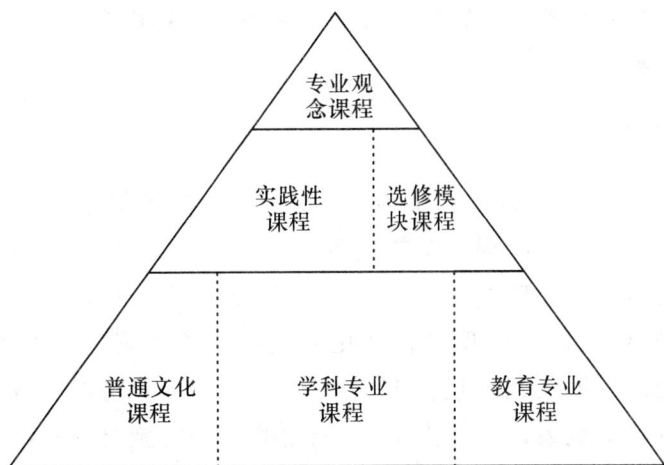

图 12-4　科学教师教育课程的"金字塔式"结构

图 12-4 表明,作为"塔基"的是普通文化课程、学科专业课程和教育专业课程,这些课程是科学教师专业化的基础平台。在夯实"塔基"基础上,通过选修模块课程和实践性课程如科学实验课程、教育见习和实习、科学教学设计、科技创新实践等,才能攀登到"塔顶",即形成和发展科学教师专业观念类课程。

科学教师专业观念主要指科学教师秉持的科学本质观、科学课程整合观、科学教学观,可以分别通过三门课程《科学史、科学哲学和科学社会学(HPS)教育》《综合科学课程研究》《科学探究专题研究》来发展,从而更深刻地理解科学本质和突出科学探究教学。

由此不难看出,科学教师教育课程的"金字塔式"结构,不但能够夯实科学教师专业基础知识,而且强化了科学教师专业技能训练,更突出了科学教师专业化的"特质"。

第四节　小　结

本章是在对教师实施初中科学新课程的成功经验和存在问题思考的基础上,构建初中科学新课程实施的环境。提出了初中科学新课程实施的制度文化环境、哥本哈根环境和科学教师专业化环境,这三种环境本质上是一个有机整体,彼此之间相互影响,共同组成了初中科学新课程实施的环境。

(一)制度文化环境

初中科学新课程的顺利实施,需要一个良好的制度文化环境来保障。促进初中科学新课程实施的制度文化主要是指,新课程改革背景下的各种制度(包括隐性的潜规则)培育出来的行为习惯、思维方式、价值取向和精神追求,以及体现这种文化特征的文件系统。具体地说,科学新课程实施的制度文化环境主要由如下几个"生态"要素构成:(1)具有行政效力的课程政策;(2)提供丰富、配套的课程实施材料;(3)充足的课程实施经费支持;(4)开展科学、有效的教师培训。并且,这几个要素之间并不是彼此鼓励而是相互依赖。

(二)哥本哈根环境

初中科学新课程实施的哥本哈根环境,其实就是专业学习共同体的环境,或者说是初中科学新课程实施共同体。本研究之所以使用哥本哈根环境,是因为强调初中科学新课程实施中教师之间的哥本哈根精神。哥本哈根环境主要表现出社会性、合作性和交互性、开放性等特征,突出的是教师自然合作文化。在这种文化背景下,教师既愿意公开接受他人来观察自己的课堂,又愿意去观察他人的课堂,同事间讨论观课的体会,打破了孤立主义的樊篱。所以,哥本哈根环境的核心特征是合作。

根据豪德的专业学习共同体的五个维度,即共享的价值观和见解、集体学习和应用、起支持作用并权力分享的领导团体、支持性条件、共享的个人实践。构建初中科学新课程实施的哥本哈根环境应突出五个方面:(1)不同专业背景的科学教师组成一个学习共同体,都坚定不移地强调自己专业提升和促进学生的科学学科的学习。(2)教师之间应进行持续性的合作,通过反思性对话加以落实。(3)为提高专业学习共同体的有效活动,应该有一种新型的合作领导关系,是促进而不是统治成员的发展。(4)需要一定物质和人力资源条件。(5)教师之间相互听课,以此来评价彼此的教学行为。

初中科学新课程实施的哥本哈根环境见图 12-2。该环境中的专业学习共同体主要由学校专业学习共同体、区(县)专业学习共同体和市(地)专业学习共同体三类组成,关键是发挥好学校专业学习共同体的功能。该环境下专业学习共同体的要素主要有学习目标、学习主题、学习资源、学习策略、学习评价和学习成员等。支持哥本哈根环境主要有两个系统,即现实支持系统和虚拟支持系统。

(三)科学教师专业化环境

基于教师专业化的"双专业"属性,以及科学课程的基本理念和总目标,在归纳大量学者对教师以及科学教师专业化构成要素问题研究基础上,科学教师专业化应涵盖四个基本范畴且呈"金字塔式"结构:科学教师专业知识是整个"塔基",通过科学教师专业技能逐步统一于科学教师专业观念,而科学教师专业情意则弥散在科学教师专业化过程之中。

科学教师专业化的途径不外乎两种,即职前培养和职后培训。不管哪种途径,关键还是在于科学教师专业化的课程。科学教师专业化环境主要表现为科学教师教育的课程结构,不论是职前还是职后的科学教师专业化,这一环境下的课程结构应突出科学教师的"特质",即科学教师应具备分科领域知识间的相互渗透和联系整合能力。

由此,科学教师教育课程应是"金字塔式"结构,作为"塔基"的是普通文化课程、学科专业课程和教育专业课程,这是科学教师专业化的基础平台。在夯实"塔基"基础上,通过选修模块课程和实践性课程如科学实验课程、教育见习和实习、科学教学设计、科技创新实践等,才能攀登到"塔顶",即形成和发展科学教师专业观念类课程。

第十三章 对策与建议

回顾研究历程和结论,浙江省初中科学新课程实施虽取得了一定成功,但仍面临着不少问题和挑战,如教师的本体性知识还有待夯实、科学课程标准尚未受到应有重视等。在《初中科学课程标准(2011版)》颁布之际,为深化推进初中科学课程实施,至少应确保其"三驾马车"——自我提升的专业成长、基于课程标准的教学和刚柔并济的课程政策——并驾齐驱。

第一节 自我提升的专业成长是前提

雅克·德洛尔曾说过,"没有教师的协助及其积极参与,任何改革都不能成功。"[1]古德森也强调,"只有当教师的个人投入被视为变革动力及其必要目标时,教育变革才最有成效。"[2]由此不难达成共识,教师是课程实施的核心主体,其自我提升是保障初中科学新课程实施的前提。

从浙江省的实施看,最为紧迫的任务就是教师专业水平提升。对

---

[1]　联合国教科文组织:《教育——财富蕴藏其中》,教育科学出版社1996年版,第15页。

[2]　Goodson I. (2001) Social Histories of Educational Change. Journal of Educational Change,2(1). pp. 45-63.

此,浙江依靠较好的经济基础,为全省不同层面的教师搭建了各类专业发展平台,如省市的"名师、学科带头人培养班"、面向全省农村教师的"领雁工程"以及全省每位教师都要必修的"90学时教师培训""浙派名师"培养工程等,希望以此来促进教师的专业水平提升。可以说,这些教师专业发展平台为浙江省初中科学课程实施做出了很大贡献,但更为关键的是,无论有否这些平台,那些自我学习能力较强的教师,其专业水平提升得最快;否则,即使再好的平台,他们也认为对其专业提升帮助不大。这很好地印证了教师专业发展的一个理论,即自我提升是教师专业发展的最有效渠道之一。

当前,初中科学教师亟待自我提升如下三个方面的专业水平:一是强化课程意识,深刻理解作为合科的初中科学课程的价值追求;二是夯实本体性知识,提高科学知识的结构化水平;三是提升科学探究教学能力,让每一学生的科学思维在课堂穿梭,引导学生逐步认识科学的本质。

第二节 基于课程标准的教学是关键

当前作为强迫义务教育时代,《基础教育课程改革纲要(试行)》(2001)中明确规定:国家课程标准是教材编写、教学、评估和考试命题的依据,是国家管理和评价课程的基础。但是,我们的研究发现,课程标准似乎并没有给教学实践带来任何实质性的影响。所以,教师必须尽快转变观念和行为,走向基于课程标准的教学。也就是说,教师应基于科学课程标准,"像专家一样"整体地、一致地思考"教什么""怎么教""为什么这么教"和"教到什么程度"这四个问题,并做出正确的决定。[1] 因此,教师要强化课程标准意识,注重自我主动地对课程标准的学习、理解和运用。

但课程标准取代教学大纲,使教师失去了久已习惯的束缚和依靠,如同刚走出"井田制"的农民,感到自由并茫然。[2] 因此,相关部门、教研

---

① 崔允漷:《课程实施的新取向:基于课程标准的教学》,《教育研究》2009年第1期。

② 朱伟强:《基于标准的体育课程设计》,北京体育大学出版社2008年版,第1页。

机构、专家、学者包括教师个人,协力做好以下三项保障性工作,也尤为重要。

一、亟待开发与内容标准相对应的表现标准

表现标准,指的是对学生掌握内容标准的熟练程度的规定,它试图回答:"优秀到怎样的程度?"其实是界定一个令人满意的、良好的学习水平。[①] 例如,课程内容"了解影响液体压强的因素",那么了解到什么程度才算是符合课程标准所指的基本要求呢,如定性(仅知道液体的密度和深度这两个因素),半定量(进一步知道液体的压强随深度增加而增大;同一深度,液体的密度越大,压强越大),还是定量(知道液体压强公式$P=\rho gh$),课程标准并没有给出界定,留给一线教师来把握,这一直让教师感到困惑。

事实上,课程标准是国家制定的某一学段的共同的、统一的基本要求,为何我们教师却反其道而行之,尽可能往最高要求努力。显然,只有如此,才能"放心",才可确保自己的学生考试"不吃亏",于是纷纷超标教学。因此,只有开发出与内容标准对应的高质量的表现标准,才可扭转这一教学"怪象",从而实现"减负增效"。

当然,开发表现性标准也不可能一蹴而就,而是一个非常复杂的工程,需要各方力量共同努力。现阶段比较可行的是,我们设法改进教参的编写,让它真正成为从课程标准到教学实践的"桥梁"。例如,作为教学出发点和归宿点的教学目标,可改为呈现课程标准中相应的课程内容以及活动建议,并预留一定空间,引导教师在前期分析的基础上细化出高质量的学习目标。更高的要求是,通过教参先呈现部分课程内容的表现性标准。

二、加强对课程标准的解读以及操作性培训

根据研究,当前有关课程标准的培训不仅较少,而且操作性还不够强,即使是解读也难称得上真正的解读。针对这些问题,应进一步加强

---

① Lewis, A. (1995). An Overview of the Standards Movement Movement. Phi Dela Kappan, 76(10):76.

对初中课程标准的解读以及操作性培训。

(一)解读课程标准

解读课程标准的根本目的,在于提高教师对课程的执行力、解读力和转化力,其过程是一个深化课程改革认识和教师知识发展的过程。当然,该过程不可能一蹴而就,需要不断感知、理解、内化、升华。[①] 那么,如何解读呢?

首先应要有课程标准意识,熟悉课程标准内容;然后结合教学实践来理解课程标准的内涵与外延。关键是,基于课程标准思考教学领域的四大核心问题,即"为什么教""教什么""怎么教"和"教到什么程度"。只有当这四个问题的解决依据正确、认知准确、阐释明确,且具有逻辑上和行动上的一致性时,才可以说教学活动是完整的、专业的。

(二)操作性培训

鉴于逆向教学设计是基于课程标准的教学的应然诉求,因此,有效的操作性培训应是,根据基于课程标准的教案设计(见图 13-1),围绕源于初中科学课程标准的课程"大观念",结合具体的教学内容,开展如下几个问题的培训:

1. 如何基于课程标准研制学习目标。这里主要包括[②]:内容标准的分解策略如替代、拆解、组合等;解析课程内容的程序如寻找关键词、扩展或剖析关键词、形成剖析图等;学习目标叙写,要求行为主体是学生、行为动词应具体、表现程度可检测、认知水平要合适、注重过程与方法等。

2. 如何开发与学习目标相匹配的学习评价。这里需要明晰:评价任务旨在促进学生学习,它本质上就是学生的学习活动,可以即时检测学生的学习表现;表现性任务设计等。

3. 如何设计指向学习目标达成的学习活动。这里培训的关键是,如何设计与学习目标和学习评价相一致且能够促进学习的问题。

[①] 蒲大勇:《新课改不可忽视课标解读》,《教育时报》2012 年 7 月 19 日。

[②] 崔允漷:《有效教学》,华东师范大学出版社 2009 年版,第 112—114 页。

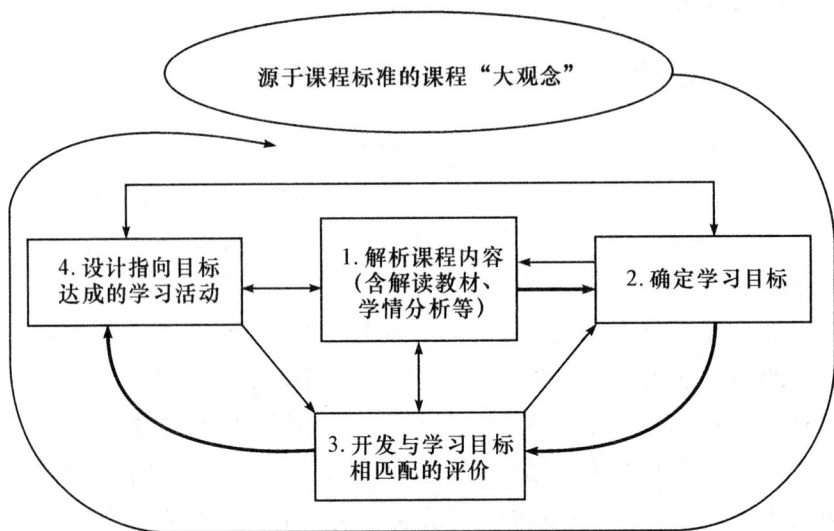

图 13-1　基于课程标准的教案设计

三、用"指挥棒"实施课程标准的评价建议

众所周知,新课程改革的瓶颈主要是考试(中考和高考)"指挥棒",上述研究也的确证实了这点。并且,至少现在很难改变它。既然如此,我们不妨换个思路,用好考试"指挥棒"的正面功能,让它发挥积极作用,也就是用它来实施课程标准的评价建议。

可行的是,改变简单通过纸笔测试考核单一知识目标的现状,建立评价内容全面、评价方式多样的与课程标准相匹配的评价体系。比如,从评价内容上,不仅注重对科学知识的考核,还应加强对实验技能、科学过程与方法、运用科学解决实际问题的能力等的评价;关于相应的评价方式,至少还应尽量创造条件让学生进行实际操作和探究,对技能和能力表现水平进行评价。

第三节　刚柔并济的课程政策是后盾

我国初中科学课程实施的成败经验表明,课程政策是影响其最强有力的因素。浙江省的经验是,用推进该课程的主要负责人之一、现浙江省教育厅基础教育处副处长方红峰的话说,就是"宏观应稳与微观当活"①。通俗地讲,就是用刚柔并济的课程政策来保障。

具体地说,就是在初中科学课程实施的关键困难时刻绝不动摇,坚定改革方向,以积极的态度,采取强有力的措施,努力创设良好的改革环境。如浙江省一方面通过政策宣传和培训让教师理解课程改革的意义,并在实验过程中不断听取教师和社会的意见;另一方面提出实施的路线图,给教师一定的适应时间,逐步要求 35 岁以下教师必须承担合科教学,45 岁以上教师可只教某个年段或部分分科内容。还有,为给教师充分的职业安全感,职称评定单设初中科学教师系列,选评初中科学特级教师,各级教研室配备专职的初中科学教研员等。

同时,允许地方、学校和教师根据自身的实际,创造性地实施初中科学课程。如就教师备课这个环节,许多规模较大的初中学校,往往有意识地将原不同专业毕业的科学教师搭配在同一年级,发挥集体备课的最大优势;而一些规模较小的农村学校,往往几所学校联合形成中心教研组,每星期定期共同研究教学问题。所以,浙江的初中科学教师常自豪地称,"谁都没有我们科学教研组和谐,因为我们彼此相互需要"。

---

① 方红峰:《浙江:为所有人的初中科学课程》,《基础教育课程》2010 年第 6 期。

附　　录

附录1　教师问卷调查表

教师问卷调查表

姓名(填否任选)＿＿＿＿＿＿　　　学校＿＿＿＿＿＿

> 本问卷是一项有关我国初中科学新课程实施的研究,旨在为初中科学新课程顺利实施以及职前、职后的科学教师教育提供参考数据。您的名字、工作学校和所有回答,都将被严格保密。
>
> 您的回答对我来说非常重要。麻烦您尽可能回答好所有问题(在对应选项打√)。为表谢意,将寄一份研究的简要报告给您。诚挚感谢您的合作。

A. 您的背景资料

1. 性别　　　　　　　　A 男　　　B 女

2. 年龄　　　　　　　　A ＜30　　　B [30,40)　　　C [40,50)　　　D [50,60)
　　　　　　　　　　　E ≥60

3. 教龄(参加工作算起)　A ＜5　　　B [5,10)　　　C [10,15)　　　D [15,20)
　　　　　　　　　　　E ≥20

4. 所学专业　　　　　　A 物理　　　B 化学　　　C 生物　　　D 地理
　　　　　　　　　　　E 其他＿＿＿＿

5. 现在学历　　　　　　A 中专　　　B 大专　　　C 本科　　　D 研究生

B. 课程实施情况

6. 常采用的备课形式（最多选三项）

　　A 集体合作　　　　　B 参考教参　　　　　C 借助 Internet 网

　　D 参照他人教案　　　E 什么也不参考　　　F 不怎么备课

7. 备课时，考虑的要素有（可多选）

　　A 教学目的　　　　　B 教学方法　　　　　C 学生已有知识

　　D 情感渗透　　　　　E 习题选择与设计　　F 板书设计

　　G 时间安排　　　　　H 不怎么考虑　　　　I 其他（请写出）_____

8. 对正在使用的《科学》教科书的总体评价

　　A 非常好　　B 还好　　C 一般　　D 不好　　E 很差

9. 对《科学》教科书设计的几个常见模块，请分别予以评价

　　9.1 观察　　A 非常好　　B 还好　　C 一般　　D 不好　　E 很差

　　9.2 思考　　A 非常好　　B 还好　　C 一般　　D 不好　　E 很差

　　9.3 讨论　　A 非常好　　B 还好　　C 一般　　D 不好　　E 很差

　　9.4 探究　　A 非常好　　B 还好　　C 一般　　D 不好　　E 很差

　　9.5 实验　　A 非常好　　B 还好　　C 一般　　D 不好　　E 很差

　　9.6 阅读　　A 非常好　　B 还好　　C 一般　　D 不好　　E 很差

　　9.7 练习　　A 非常好　　B 还好　　C 一般　　D 不好　　E 很差

　　9.8 研究性学习课题

　　　　　　　　A 非常好　　B 还好　　C 一般　　D 不好　　E 很差

10.《科学》教科书中实验

　　10.1 演示实验约做 A 100%　B 70%以上　C 50%～70%　D 30%～50%

　　　　　　　　　　 E 30%以下

　　10.2 学生实验约做 A 100%　B 70%以上　C 50%～70%　D 30%～50%

　　　　　　　　　　 E 30%以下

11.《科学》教科书中研究性课题做

　　A 100%　　　B 70%以上　　C 50%～70%　　　D 30%～50%

　　E 30%以下

12. 教学中，在《科学》教科书内容基础上增加的是（可多选）

　　A 纯粹科学知识　　B 科学史　　C 习题

　　D 培养学生情感方面内容　　　E 与生活相关内容

　　F 激发学生科学学习兴趣内容

　　G 没有增加　　H 其他（请写出）_____

13. 以下这些教学环节,每节课在时间安排上(单位:分钟)

    13.1 引入新课

        A <2   B [2,4)   C [4,6)   D ≥6

    13.2 讲解新课(包括演示实验)

        A <10   B [10,20)   C [20,30)   D ≥30

    13.3 练习(含教师讲和学生做)

        A <5   B [5,10)   C [10,15)   D ≥15

    13.4 学生自主学习(含做练习)

        A <5   B [5,10)   C [10,15)   D ≥15

    13.5 其他(如维持课堂纪律)

        A <2   B [2,4)   C [4,6)   D ≥6

14. 最常用的教学方法是(可多选)

    A 讲授法   B 一般性提问   C 启发式提问

    D 头脑风暴法   E 师生合作学习   F 生生合作学习

    G 教师参与学生自主学习   H 学生独立进行自主学习   I 学生板书

    J 让学生说(学生表述、讲解、发问等)

    K 鼓励学生运用多种方法解题

    L 课内竞赛法做练习   M 书本练习与自己设计习题结合

    N 设计有层次的习题   O 教师演示   P 电教手段

15. 每节课教学目的的决定方式是(可多选)

    A 自己想象   B 分析教材后自己决定   C 参考教参

    D 根据课程标准规定的目标   E 其他(请写出)_____

16. 每周上课总节数

    A <6   B [6,11)   C [11,16)   D ≥16

17. 每周用在科学教学(含备课、上课、辅导、批改作业等)时间(合计为天数)

    A <2   B [2,3)   C [3,4)   D [4,5)   E ≥6

18. 现在对初中科学教学

    A 完全适应   B 基本适应   C 说不清楚   D 刚能应付

    E 不能适应

    注:上题如选 A 或 B,跳过 21 题;如选 D 或 E,跳过 20 题;如选 C,则从 22 题继续做题。

19. 助你适应的因素是(可多选)

    A 自主学习   B 不断教学反思   C 他人帮助   D 参加各种培训   E 其他(请

写出)_____

20. 不适应的最大困难是(最多选两项)

　　A 知识内容　　　B 实验技能　　　C 教学方法　　　D 对分科的情感

　　E 其他(请写出)_____

21. 教学中遇到困难时(可多选)

　　A 请教相关科目教师　　　B 看教学参考资料　　　C 上网查找

　　D 集体解决　　　E 查找其他图书　　　F 参加培训

　　G 其他(请写出)_____

22. 你对初中开设科学课的态度

　　A 非常支持　　　B 支持　　　C 不明确　　　D 不太支持　　　E 反对

23. 作为科学教师,下列与你吻合的是(可多选)

　　A 喜欢做科学教师,并经常感受到乐趣,不断追求如何做得更好

　　B 喜欢做教师,有时能感受到乐趣

　　C 其他工作使我不能在教学上集中精力钻研

　　D 谈不上喜欢,从对学生负责的角度上好每一节课

　　E 巨大的中考压力与时间投入,常常使人感到厌倦和反感

24. 关于学校教研活动,下列情况与你校比较符合的是(可多选)

　　A 经常开展教研活动,活动有成效

　　B 学科在全校各学科中领先

　　C 能按照学校的要求开展教研活动,但成效不大

　　D 教研组有明确的定位与奋斗目标

　　E 教研组能承担学校科技活动的组织、策划工作

　　F 教研组内教师团结一致,校内最和谐

　　G 教研组内有几个教师并不认同教研组奋斗目标或不积极参与教研组活动

25. 关于备课组活动,下列情况与你校比较符合的是(可多选)

　　A 备课组活动主要是统一进度、布置工作

　　B 备课组活动经常讨论习题、实验等

　　C 备课组的活动经常讨论重点、难点、教学方法

　　D 备课组经常一起学习学科知识

26. 参加的培训(可多选)

　　A 国家级　　　B 省级　　　C 市级　　　D 区级　　　E 校级

27. 比较有用的培训内容是(可多选)

　　A 教改思想　　　B 科学知识内容　　　C 实验技能

D 教学方法　　　　　E 其他(请写出)＿＿＿＿＿＿＿

28. 对于学生的反应,与你吻合的是(可多选)

A 不注重学生的反应,只力求讲清教材内容

B 重视少数学生的不同意见

C 能根据学生掌握的情况调节教学计划

D 师生之间的交流不多或不深入

E 允许学生讲清自己的看法,学生有较多反馈的机会

F 能迅速解答学生提出的问题

G 能主动向学生了解学习的困难与教学的不足

H 对学生提出的问题有时很难讲清

29. 学生学习科学的兴趣

A 非常大　　　　B 较大　　　　C 一般　　　　D 不大　　　　E 无兴趣

30. 你校的科学课程资源情况

A 非常完备　　　B 基本完备　　　C 不足,还能应付教学　　　D 缺乏

31. 中考与科学课程标准的规定

A 完全符合　　　B 基本符合　　　C 不太符合　　　　D 不符合

32. 家长对初中科学的态度

A 非常支持　　　　B 支持　　　　C 不明确　　　　D 不太支持　　　　E 反对

33. 科学是(可多选)

A 知识体系　　　　B 生存方式　　　　C 解决问题的方法

D 社会建制　　　　E 其他(请写出)＿＿＿＿＿＿

34. 科学教学是教给学生(可多选)

A 科学知识　　　　B 科学方法　　　　C 实践技能

D 对科学、技术与社会关系的理解　　　　E 怎样进行科学探究

F 科学态度　　　　G 科学精神

H 科学价值观　　　　I 其他(请写出)＿＿＿＿＿＿

35. 初中科学课程(可多选)

A 不能打乱分科的知识体系,进行拼盘为好

B 突破分科之间界限,以主题进行设计

C 比分科课程更利于激发学生学习科学兴趣

D 相比开设分科,能够减轻学生学习负担

E 比分科更利于培养学生动手能力

F 合科的统一性是科学方法、态度和精神

G　初中没必要开科学课程，还是分科好

H　其他(请写出)＿＿＿＿＿＿

36.关于教学反思，你的情况是

36.1 教学反思对你来说

A 已成习惯　　B 比较多　　C 一般　　D 偶有　　E 没有

36.2 教学反思常发生在(可多选)

A 上课前　　B 课堂中　　C 上课后　D 备课时　E 生活中

37.对于科学教学，你常反思(可多选)

A 教学内容是否讲清楚　　　　B 教学方法的选择与运用

C 教学目标达成情况　　　　　D 学生的反应

E 课堂上对学生的评价　　　　F 其他(请写出)＿＿＿＿＿

C. 影响课程实施因素

38.下列各因素不同程度地影响着初中科学新课程实施，请你根据自己的教学经历和思考分别予以判断。(在对应位置的数字上打√)

影响因素	影响程度				
	很大	大	一般	小	很小
38.1 教师的科学知识(指物理、化学、生物、天文知识等)	5	4	3	2	1
38.2 教师的教学知识(指教学法、心理学、教育技术等)	5	4	3	2	1
38.3 教师的实践性知识(指实验操作技能、教育情境知识等)	5	4	3	2	1
38.4 教师的信念(指对"科学、科学教学、教师自身等"的看法)	5	4	3	2	1
38.5 教师的心理(指对科学教学的情感、动机、态度等)	5	4	3	2	1
38.6 学校文化(指办学理念、教研活动、备课模式等)	5	4	3	2	1
38.7 学校课程资源(指实验设备、校园网络、图书、师生交流等)	5	4	3	2	1
38.8 学校对教师的关照(指教师的工作量和认可度、提供的专业发展机会、对教师生活的关心等)	5	4	3	2	1
38.9 校长的因素(指其学科背景、领导风格、性格等)	5	4	3	2	1
38.10 教师的人际关系(主要是指与同事的关系)	5	4	3	2	1
38.11 学生的因素(指学生的差异、课堂反应等)	5	4	3	2	1
38.12 科学教育评价(指对教师、学生、课程等的评价)	5	4	3	2	1
38.13 科学课程标准(指其理念、目标、内容、实施建议等)	5	4	3	2	1
38.14 科学教材(指内容选择、内容整合、呈现方式等)	5	4	3	2	1

续表

影响因素	影响程度				
	很大	大	一般	小	很小
38.15 科学教学参考书(指内容、设计、附录教案等)	5	4	3	2	1
38.16 社会教科研活动(指省、市、区教研室开展的专题研究、公开课、教学和论文评比、专家讲座等)	5	4	3	2	1
38.17 社会课程资源(指大众媒体、科技馆、与校外专家交流等)	5	4	3	2	1
38.18 学生家长(指家长的文化、政治、经济背景以及对学生的期望、与学校的互动等)	5	4	3	2	1

答题到此结束,再次向您表示感谢!

附录 2 课内实地观察记录表

课内实地观察记录表

学校:＿＿＿＿＿＿＿＿　　任课教师:＿＿＿＿＿＿＿　　专业背景:＿＿＿＿＿＿＿＿

授课主题:＿＿＿＿＿＿＿＿＿＿＿＿＿＿＿＿＿＿＿＿＿＿＿＿＿＿＿＿

新的科学概念、原理(或规律)和过程:＿＿＿＿＿＿＿＿＿＿＿＿＿＿＿＿＿＿＿

教学时间	教学内容	教学方法	学生学习	体现目标	关键事件

附录3　访谈提纲

访谈提纲

下列问题旨在为访谈提供一个引导。实际访谈中的问题将取决于教师课前备课、课堂教学和课后反思的具体情况。问题设计主要是根据教师课程实施的诸多方面,如教学目标、教学内容、教学策略、教学反思、教学心理等以及教师、学校和社会三个层面的影响因素。问题主要分为课前访谈问题和课后访谈问题两部分,涵盖结构式、半结构式和开放式三种类型问题。

课前访谈问题:

1.你能谈一谈你的求学(专业、学历、学校等)、教学(教初中科学年限、任教年级等)和进修(哪些课程、是否有用、有用的课程或内容等)经历吗?

2.你每周用在科学教学(包括备课、上课、批改、辅导等)上的时间大致有多少? 对这个数量你有什么感受?

3.你备课时通常采用什么形式和方法(独自进行还是同伴合作、完全按照教材还是自己思路组织、是否查阅其他资料等)? 你的备课计划或教案中常含有哪些要素?

4.你对现行的科学教科书总体上有什么评价?

5.你怎样看待科学教科书中的观察、思考、实验、讨论、探究、阅读、习题等模块及其内容的设计? 教学中对每一模块是怎样处理的? 为什么要这样处理? 具体到这节课,你计划怎样处理(是否增删、改换内容等)教学内容呢? 并说明理由。

6.你对现行的科学教学参考书总体上有什么评价? 理想的教学参考书应该什么样?

7.你通常采用什么方式来组织课堂教学? 时间上如何分配呢?

8.你在教学中最常用的方法有哪些?

9.你能大致说下我国初中《科学课标》规定的教学目标吗? 具体到这节课,你认为教学目标是什么? 你是怎样决定(想象、分析、教参、课标等)这些目标的?

10.你现在适应初中科学教学了吗? 如适应,能说下你的经验吗? 否则,能否告诉主要是哪些方面不适应吗？就这些方面希望得到什么帮助？

11. 你对科学、初中科学课程、科学教学等总体上有什么认识？

12. 你当初任（改）教初中科学时，对这门课程的态度（支持、基本接受、反对）、情感以及动机如何？现在有什么变化？

13. 你有机会了解其他学校教师的科学教学经验吗？如有，你了解到的具体经验是什么？否则，能说出没有机会的原因吗？

14. 你过去经历的哪些事情对你的科学教学最有帮助？举出一两个例子说明。

15. 你怎样看待学生对科学的学习？学生在科学学习中有何明显差异？

16. 你在科学教学中主要评估学生学习的哪些方面？常用什么方法呢？

17. 你知道同事一般怎样进行科学教学吗？和他们经常一起讨论初中科学教学问题吗？

18. 你认为家长对学生的态度和对科学教学的期望如何？

19. 你在科学教学中的资源怎样获得？能够满足你的教学需要吗？如果不能，还需要哪些具体资源？

20. 你认为当前初中科学教学主要存在哪些问题？影响这些问题的因素是什么？有什么好的建议吗？

课后访谈问题：

21. 你对这节课的教学满意吗？能分析下存在的不足和亮点吗？

22. 你认为这节课达成了哪些具体目标？是未达成、基本达成还是超出了预计的目标？为什么？

23. 你认为这节课的策略运用成功吗？如果不成功，失败在哪里？其原因是什么？

24. 你认为这节课的内容处理怎么样？还有需改进的地方吗？如有，怎样改会更好？

25. 你认为这节课的内容学生都能掌握吗？如不能，是哪些内容难以掌握？为什么？

26. 你为什么要增加（或删减）这个教学内容？这个内容对学生会有什么影响？

27. 你为什么要提出这个问题？你对×××同学的回答怎么看？

28. 学生提出的这个问题是你备课时想到的吗？如不是，你听到这个问题第一反应是什么？为什么这样处理？

附录4　教学方法的时间分配分析表

教学方法的时间分配分析表

教师编号＿＿＿＿＿＿＿＿＿

方法＼分钟	Ⅰ	Ⅱ	Ⅲ	Ⅳ	Ⅴ	Ⅵ	Ⅶ	Ⅷ	Ⅸ	Ⅹ	Ⅺ	Ⅻ	ⅩⅢ	ⅩⅣ	ⅩⅤ	ⅩⅥ
1																
2																
3																
4																
5																
6																
7																
8																
9																
10																
11																
12																
13																
14																
15																
16																
17																
18																
……																
50																
合计																

注：

（1）分钟栏的数字分别表示第几分钟，如3表示第3分钟。教师在各时间段运用的教学方法可能并不是整分钟数，记录时采取"低30秒舍、超31秒入"的方式；

（2）教学方法：Ⅰ＝讲授与一般性提问结合，Ⅱ＝启发学生思考，Ⅲ＝讨论，Ⅳ＝电教手段，Ⅴ＝实验（或实物）演示，Ⅵ＝问答式复习，Ⅶ＝问答式练习，Ⅷ＝学生自主练习，Ⅸ＝让学生归纳、总结，Ⅹ＝让学生比较，Ⅺ＝让学生猜想，Ⅻ＝让学生设计实验，ⅩⅢ＝让学生动手，ⅩⅣ＝让学生板书，ⅩⅤ＝让学生读（或齐读）教学内容，ⅩⅥ＝让学生自学教材回答问题。

主要参考文献

[1] 白月桥.我国中学综合课程研究现状与改革前景[J].教育研究与实验,1992(2).

[2] 比格.学习的基本理论与教学实践[M].张敷荣,等译.北京:人民教育出版社,1991.

[3] 常安驹.中小学科学教育改革进入关键时期[N].中华读书报,2003-02-26.

[4] 陈承声.综合理科教学情况调查与师资培训问题初探[J].学科教育,1999(8).

[5] 陈菊.初中科学课程理念与实施[M].广西师范大学出版社,2003.

[6] 陈时见.教育研究方法[M].北京:高等教育出版社,2007.

[7] 陈向明.质的研究方法与社会科学研究[M].北京:教育科学出版社,2000.

[8] 陈旭远.国外中小学课程改革的基本趋势及其启示[J].外国教育研究,1991(3).

[9] 辞海编委会.辞海(教育、心理分册)[M].上海:上海辞书出版社,1985.

[10] 崔允漷.课程实施的新取向:基于课程标准的教学[J].教育研究,2009(1).

[11] 崔允漷.有效教学[M].上海:华东师范大学出版社,2009.

[12] 戴劲松、卢娟.初中科学"开"还是"停"[EB/OL].新华网,2005-

03-24.

[13] 戴维・H. 乔森纳. 学习环境的理论基础[M]. 郑太年,任友群译. 上海:华东师范大学出版社,2002.

[14] 丁邦平. 国际科学教育导论[M]. 太原:山西教育出版社,2002.

[15] 范良火. 教师教学知识发展研究[M]. 上海:华东师范大学出版社,2003.

[16] 方红峰,韩颖,王耀村. 浙江省自然科学教师状况调查报告[R]. 杭州:浙江省教委教研室,1999.

[17] 方红峰. 浙江:为所有人的初中科学课程[J]. 基础教育课程,2010(6).

[18] 冯生尧,李子建. 教师文化的表现、成因与意义[J]. 教育导刊,2002(4).

[19] 顾明远. 教育大辞典(1)[M]. 上海:上海教育出版社,1990.

[20] 郭玉英. 从传统到现代——综合科学课程的发展[D]. 北京:北京师范大学出版社,2001.

[21] 郭元林,金吾伦. 复杂性是什么[J]. 科学技术与辩证法,2003(12).

[22] 韩骅. 西方诸国80年代普教课程改革[J]. 外国教育研究,1991(1).

[23] 韩月红. 区域性综合理科教研工作组织方式的探索[A]. 浙江省教委教研室. 初中综合理科的理论与实践——浙江《自然科学》十年[M]. 杭州:浙江教育出版社,1999.

[24] 贺曼华. 试谈我国农村中小学课程改革问题[J]. 课程·教材·教法,1985(6).

[25] 黄甫全. 课程与教学论[M]. 北京:高等教育出版社,2003.

[26] 黄甫全. 大课程论初探[J]. 课程·教材·教法,2000(5).

[27] 黄宏伟. 整合概念及其哲学底蕴[J]. 学术月刊,1995(5).

[28] 黄崴. 教师教育专业化与教师教育课程改革[J]. 课程·教材·教法,2002(1).

[29] 黄政杰. 多元社会课程取向[M]. 台北:师大书苑有限公司,1995.

[30] 黄政杰. 课程设计[M]. 台北:台湾东华书局,1991.

[31] 吉纳・E. 霍尔,雪莱・M. 霍德. 实施变革:模式、原则与困境[M]. 吴晓玲译. 杭州:浙江教育出版社,2004.

[32] 江山野.简明国家课程百科全书[M].北京:教育科学出版社,1991.

[33] 姜勇.实践取向的课程实施刍议[J].比较教育研究,2002(6).

[34] 中华人民共和国教育部.全日制义务教育科学(7—9年级)课程标准(实验稿)[M].北京:北京师范大学出版社,2001.

[35] 中华人民共和国教育部.全日制义务教育科学(7—9年级)课程标准(实验稿)解读[M].武汉:湖北教育出版社,2002.

[36] 教育部师范教育司.教师专业化的理论与实践[M].北京:人民教育出版社,2001.

[37] 晋劲敏,胡俊娟、何立婴.教师心理[M].北京:北京师范学院出版社,1987.

[38] 靳玉乐.现代课程论[M].重庆:西南师范大学出版社,1995.

[39] 靳玉乐,尹弘飚.教师与课程实施[J].课程·教材·教法,2003(11).

[40] 蓝燕.致力挑战传统教育观、科学课四处碰壁步履维艰[EB/OL].中新网,2003-08-13.

[41] 李建平.综合课程,你了解吗[N].中国教育报,2002-12-01.

[42] 李建平.科学课程实验难在哪儿[N].中国教育报,2003-10-10.

[43] 李蔚,祖晶.课堂教学心理学[M].北京:中国科学技术出版社,1999.

[44] 李子建,黄显华.课程:范式、取向与设计[M].香港:香港中文大学出版社,1994.

[45] 励兰英.推进合科教学的思考与实践[J].浙江教育,1997(4).

[46] 联合国教科文组织总部中文科译.教育——财富蕴藏其中[M].北京:教育科学出版社,1996.

[47] 联合国教科文组织.教育——财富蕴藏其中[M].北京:教育科学出版社,1996.

[48] 刘恒玲.科学(7—9年级)课程实施的案例研究[D].北京:北京师范大学,2003.

[49] 刘明远.21世纪,谁来教综合课[M].北京:北京大学出版社,2002.

[50] 刘志军.教育研究方法基础[M].北京:人民教育出版社,2006.

[51] 吕达.中国近代课程史论[M].北京:人民教育出版社,1994.

[52] 吕达,张廷凯.试论我国基础教育课程改革的趋势[J].课程·教材·教法,2000(2).

[53] 罗海梅.综合科学实施现状的调查与研究[D].上海:华东师范大学,2006.

[54] 马云鹏.课程实施探索——小学数学课程实施的个案研究[M].长春:东北师范大学出版社,2001.

[55] 马云鹏,孔凡哲.教育研究方法[M].长春:东北师范大学出版社,2006.

[56] 迈克尔·富兰.变革的力量(续集)[M].北京:教育科学出版社,2004.

[57] 孟凡丽,于海波.课程实施研究二十年[J].西北师大学报,2003(3).

[58] 欧用生.课程实施的叙说研究[C].钟启泉,崔允漷.第八届两岸三地课程专家论坛论文集.杭州,2006.

[59] 欧用生.课程与教学——概念、理论与实际[M].台北:文景出版社,1987.

[60] 派纳,等.理解课程(下).张华,等译.北京:教育科学出版社,2003.

[61] 潘苏东.从分科走向综合——初中阶段科学课程设置问题的研究[D].上海:华东师范大学,2004.

[62] 裴娣娜.教育研究方法导论[M].合肥:安徽教育出版社,1995.

[63] 蒲大勇.新课改不可忽视课标解读[N].教育时报,2012-07-19.

[64] 乔治·A.比彻姆.课程理论[M].黄明皖译.北京:人民教育出版社,1989.

[65] 邵宗杰.浙江省义务教育课程教材改革调查报告[A].浙江省义务教育课程教材改革资料汇编[M].杭州:浙江教育出版社,1991.

[66] 申继亮.教学反思与行动研究[M].北京:北京师范大学出版社,2006.

[67] 施良方.课程理论——课程的基础、原理与问题[M].北京:教育科学出版社,1996.

[68] 苏真.比较师范教育[M].北京:北京师范大学出版社,1990.

[69] 汤菊芬.科学课程实施中的问题及对策[J].中小学教材教学,2003(33).

[70] 唐悦.教师关注与课程实施[D].上海:上海师范大学,2005.

[71] 万勇,王春华,等.物理教育研究方法[M].北京:首都师范大学出版社,2000.

[72] 汪霞.课程实施:一个值得关注的问题[J].教育科学研究,2003(3).

[73] 王斌华.校本课程论[M].上海:上海教育出版社,2000.

[74] 王策三.教学论稿[M].北京:人民教育出版社,1985.

[75] 王道俊,王汉澜.教育学[M].北京:人民教育出版社,2004.

[76] 王较过,杜鸿科,张迎春,杨承印.《科学 7—9 年级》课程专业支持的实践与思考——兼谈新课程实施中的专业支持[J].教育理论与实践,2006(1).

[77] 王伟廉.课程研究领域的探索[M].成都:四川教育出版社,1998.

[78] 王秀红.我国初中综合科学课程改革与发展的个案研究[D].长春:东北师范大学,2007.

[79] 王艳令.发达国家基础教育课程实施的经验[J].外国中小学教育,2006(5).

[80] 威廉·威尔斯曼.教育研究方法导论[M].袁振国主译.北京:教育科学出版社,1997.

[81] 魏冰.科学素养教育的理念与实践——理科课程发展研究[M].广州:广东高等教育出版社,2006.

[82] 吴杰.教学论[M].长春:吉林教育出版社,1986.

[83] 吴中平,徐建华,徐跃飞,等.冲突与融合——学校文化建设新视角[M].上海:上海三联书店,2006.

[84] 萧山市教委教研室.汤鉴澄,施志良(执笔).初中综合理科课程实施的实践与研究[J].课程教材教法,1998(11).

[85] 严先元.课程实施与教学改革[M].成都:四川大学出版社,2002.

[86] 尹弘飚,李子建.教师情绪与课程实施[C].钟启泉,崔允漷.第八届两岸三地课程专家论坛论文集.杭州,2006.

[87] 有宝华.综合课程论[M].上海:上海教育出版社,2002.

[88] 余自强.综合理科与教师的认知适应[J].课程研究,1999(2).

[89] 袁振国.教育新理念[M].北京:教育科学出版社,2001.

[90] 詹姆士·G.亨德森,理查德·D.霍索恩.革新的课程领导[M].志

平,李静译. 杭州:浙江教育出版社,2005.

[91] 张华. 课程与教学论[M]. 上海:上海教育出版社,2000.

[92] 张华. 论课程实施的涵义与基本取向[J]. 外国教育资料,1999(2).

[93] 张开逊. 科学本质十大特征[J]. 科技文萃,2003(3).

[94] 张培坤,孙文旗. 学生使用教辅材料问题刍议[J]. 当代教育科学,2004(14).

[95] 张善培. 课程实施程度的测量[J]. 当代华人教育学报,1998(1).

[96] 张增田,靳玉乐. 论解释学视域中的课程实施[J]. 比较教育研究,2004(6).

[97] 浙江省教委教研室. 初中综合理科的理论与实践——浙江《自然科学》十年[M]. 杭州:浙江教育出版社,1999.

[98] 郑金洲. 教育文化学[M]. 北京:人民教育出版社,2000.

[99] 钟启泉,等.《基础教育课程改革纲要(试行)》解读[M]. 上海:华东师范大学出版社,2001.

[100] 钟志贤. 知识建构、学习共同体与互动概念的理解[J]. 电化教育研究,2005(11).

[101] 周海英. 实施综合课程的问题与对策——来自自然科学教师的报告[J]. 课程研究,1998(3).

[102] 周勇. 综合理科课程设计[D]. 上海:华东师范大学,2003.

[103] 邹进. 现代德国文化教育学[M]. 太原:山西教育出版社,1992.

[104] 朱伟强. 基于标准的体育课程设计[M]. 北京:北京体育大学出版社,2008.

[105] Adeniyi E O. (1987). Curriculum Development and the Concept of "Integration" in Science-Some Implications for General Education. Science Education,71(4).

[106] Aoki T T. (2005). Curriculum in a New Key—The Collected Works of Ted T. Aoki. Pinar,W. F.,R. L. Iriwin (eds.). N. J. Lawrence Erlbaum Associates.

[107] Barrow & Milburn(1986). A Critical Dictionary of Educational Concept. Brighton:Wheatsheaf Books Ltd.

[108] Block J. K. & Hazelip K. (1994). Teachers' Belief and Belief Sys-

tem. In T. Husen & T. N. Postlethwaite (2th ed.). The International Encyclopedia of Education. Oxford: Pergamon Press.

[109] Calderhead J. (1996). Teachers: Belief and Knowledge. In D. C. Berliner. & R. C. Calfee(ed.). Handbook of Educational Psychology. New York: Macmillan.

[110] Clark C. M. & Peterson, P. L. (1986). Teachers' Thought Processes. In M. C. Wittrock(ed.). Handbook of Research on Teaching. Third Edition. New York: Macmillan.

[111] Cohen D. (1997). Evaluation in Integrated Science Teaching-An Introduction. In Unesco. New Trends in Integrated Science Teaching: Evaluation of Integrated Science Education. 4(10).

[112] Foecke H. A. (1974). The Education of Teachers of Integrated Science: Some Basic Questions An Proposed Answers. In Unesco. New Trends in Integrated Science Teaching: Education of Teachers. 3(1).

[113] Frey K. (1974). The Concept "Integrated Science Curriculum". Background Paper for the Symposium on the Interdisciplinary Approach Towards the Teaching of Science Subject at Secondary Level. Exeter, 8-14 September.

[114] Frey K. (1989). Integrated Science Education: 20 Years On. International Journal of Science Education. 11(1), 3-17.

[115] Fullan M. & Pomfret A. (1977). Research on Curriculum and Instruction Implementation. Review of Educational Research. 47 (1).

[116] Fullan M. (1982). The Meaning of Educational Change. New York: Teachers College Press.

[117] Fullan M. (1991a). The New Meaning of Educational Change. (2nd ed.). New York: Teachers College Press.

[118] Galen Salor. (1981). Curriculum Planning for Better Teaching and Learning. New York: Holt, Rinehart and Winston.

[119] Goodlad. (1979). Curriculum Inquiry: The Study of Curriculum

Practice.

[120] Goodson I. (2001)Social Histories of Educational Change. Journal of Educational Change,2(1).

[121] Hall G. & Hord S. M. (1987). Changes in School: Facilitating the Process. Albany: SNUY Press.

[122] Hilgard E. R. (1980). The Trilogy of Mind:Cognition,Affection, and Conation. Journal of the History of the Behavioral Science,16.

[123] Hollis L. Caswell & Doak S. Campbell. (1935). Curriculum Development. New York:American Book Company.

[124] Husen & T. N. Postlethwaite(ed.)(1985). The International Encyclopedia of Education(Vol. 8). Oxford and New York: Pergamon Press.

[125] Kuhl J. (1986). Motivation and Information Processing: A New Look at Decision Making,Dynamic Change,and Action Control. In Sorrentino,R. M. & Higgins,E. T. (eds.),Handbook of motivation and cognition: Foundation of social behavior. New York: The Guilford Press.

[126] Lawton D. (1989). Education,Culture and the National Curriculum. London:Hodder and Stoughton.

[127] Lewis A. (1995). An Overview of the Standards Movement. Phi Dela Kappan,76(10).

[128] Mauritz Johnson. Appropriate Research Directions in Curriculum and Instruction. Curriculum Theory Network, Winter, 1970—1971,No. 6. .

[129] Nias J,Southworth G. & Campbell P. (1992). Whole School Curriculum Development in the Primary School. London: The Falmer Press.

[130] Noddings N. (1984). Caring:A Feminine Approach to Ethics and Moral Education. Berkeley: University of California Press.

[131] Nespor J. (1987). The Role of Beliefs in the Practice of Teaching.

Journal of Curriculum Studies,19(4).

[132] Pajares M F. (1992). Teachers' Beliefs and Educational Research: Cleaing Up a Messy Construct. Review of Educational Research, 62(3).

[133] Richmond P E. (1974). Discussion and Comment at Plenary Sessions Relating to Integrated Science and the Integrated Science Teacher. In Unesco. New Trends in Integrated Science Teaching: Education of Teachers. 3(46).

[134] Robitaille D F & Travers K J. (1992). International Studies of Achievement in Mathematics. In Grouws D A (ed.). Handbook of Research on Mathematics Teaching and Learning. New York: Macmillan Publishing Company.

[135] Snyder J. ,Bolin F. & Zumwalt K. (1992). Curriculum Implementation. In Jackson P. W. (ed.). Handbook of Research on Curriculum. New York: Macmillan Pub. Co.

[136] Whyte W. F. (1984). Learning From the Field. Newbury Park: Sage.

索　引

后　记

　　本书是在我的博士学位论文基础上修改和扩充而成的。作为一名科学教育研究者，并且身处我国唯一在全省范围内推进初中科学课程课改的浙江省，我感到有责任探索初中科学新课程实施。我撰写本书的目的，就是希望通过我的研究把浙江省初中科学新课改的经验和教训介绍给相关教育行政部门、同仁和广大科学教师，推动我国初中科学课程的改革与发展。

　　在本书的研究和写作过程中，我得到许多良师益友的热情帮助。

　　我要特别感谢导师吴俊明教授！自投到您门下以来，您对我在生活上悉心关怀和学业上耐心指导，令我终生难忘！本书从选题、构思、撰写到修改，无不凝聚着您的智慧和心血，您的精到点拨总让我豁然开朗。更为重要的是，您严谨的治学态度、忘我的钻研精神和渊博的学识就像一种无形的力量，不断鞭策我奋发努力。您的谆谆教诲，我将时刻铭记。

　　感谢导师组的老师们！陶本一教授作为学科带头人，以其人格魅力带领我们求学、奋进。还有张民选教授、谢利民教授、林章杰教授、顾大禧教授和夏惠贤教授，对我的关心和帮助都让我铭记在心。

　　感谢陈斌教授和金鹏老师！作为我攻读硕士学位的导师，您没有因我的毕业而间断对我的关心、指导和鞭策，而是对我更加严格要求。在此，对您的感激之情绝不是用"谢谢"二字能够表达的。

　　感谢基础教育一线的教师和领导！杭州市教育局教研室曹宝龙主

任、浙江省教育厅基础教育处方红峰副处长、浙江省教育厅教研室梁旭老师和王耀村老师，还有其他很多参与本研究的一线教师们，没有你们真诚的配合与帮助，我"聚焦课堂"的研究理念就难以得到真正实施，再次谢谢你们。

感谢同窗学友！马勇军、朱晓民、代建军、叶黎明、孙芙蓉、骆红山、何玉海、王传金、黄伟、胡俊杰、胡根林、于龙、曹建召、张立新、张荣华、张红洋等，还有室友陈大为，是你们与我风雨同舟，一起品尝读博的酸甜苦辣。

本书的出版得到浙江大学出版社吴伟伟编辑的支持，在此特表示感谢。

最后，感谢我的亲人！感谢你们多年来一直给予我学业和工作上的理解、支持与关心！

蒋永贵

2014 年 3 月 8 日于杭州

图书在版编目(CIP)数据

初中科学新课程实施的理论研究与实证分析 / 蒋永贵著. —杭州:浙江大学出版社,2014.8
ISBN 978-7-308-13403-3

Ⅰ.①初… Ⅱ.①蒋… Ⅲ.①科学知识－教学研究－初中 Ⅳ.①G633.722

中国版本图书馆 CIP 数据核字(2014)第 138296 号

初中科学新课程实施的理论研究与实证分析

蒋永贵 著

责任编辑	吴伟伟 weiweiwu@zju.edu.cn
文字编辑	刘姗姗
封面设计	春天书装
出版发行	浙江大学出版社
	(杭州市天目山路148号 邮政编码310007)
	(网址:http://www.zjupress.com)
排 版	浙江时代出版服务有限公司
印 刷	杭州日报报业集团盛元印务有限公司
开 本	710mm×1000mm 1/16
印 张	18.5
字 数	290 千
版 印 次	2014 年 8 月第 1 版 2014 年 8 月第 1 次印刷
书 号	ISBN 978-7-308-13403-3
定 价	49.00 元